INTERNATIONAL BUSINESS ENVIRONMENT

国际商务环境

贺　瑛　编著

復旦大學出版社

目　录

第1章
问题的提出

1.1 选题背景与选题意义

1.1.1 选题背景

人类社会发展离不开商务活动。应商而起、依商而立的国家、地区比比皆是。商务活动在人类历史相当长的一段时间内将始终存在。谈及商务活动，不得不提及商务环境。商务环境是指一个机构在开展、从事商务活动中所必须面对，抑或必须考量的各种内外因素，这些因素足以影响商务活动的发生、发展。当商务活动的开展超越了国界或域界，机构将不得不面临国际商务环境问题。国际商务环境（International Business Environment，IBE）是指一个国家、一个地区，乃至一个企业从事国际商务（International Business，IB）活动所必须考量的各种内外因子的总和。我们可以把国际商务环境看作国际商务开展的条件、国际商务活动中的一些事件以及能够对企业国际商务活动产生影响的不可控的外部因素的总称。人类社会最早的商务活动始于易货交易，货币的出现使商品交易浮出水面，伴随着国际航运的发展，国际贸易成为可能，而国际支付结算体系的确立更是促进了国际贸易的发展。16—18世纪，伴随着工业革命的进行，世界市场加速扩大，世界各国间的贸易往来大大超过历代水平。20世纪70年代以来，尤其是90年代以来，以信息技术革命为中心的高新技术迅猛发展，使先进技术得以在国际大规模转移；技术进步带来了金融基础设施的完善，诞生了一大批世界性金融机构网络，构建了全球性国际支付结算体系，金融业务的跨时、跨国、跨界成为可能，全天候的国际金融市场业已形成；金融的国际化加速了投融资便利化，促使生产要素跨国流动和国际分工的进一步发展，国际生产、国际经营活动、国际经济以前所未有的速度发展，见证了人类历史上的辉煌时刻——经济全球化。

对于经济全球化，至今没有一个公认的定义。我们只知道这个词最早是由T. 莱维于1985年提出的。一般认为经济全球化是指商品、资本、技术、人力等诸多生产要素跨界、跨国、跨地区的自由流动及优化配置。一些国际组织对于经济全球化有过自己的解释。国际货币基金组织（IMF）把经济全球化看作跨国商品与服务贸易的增加，资本流动规模和形式的扩大，世界各国经济相互依赖的增强。经济合作与发展组织（OECD）则把经济全球化视作一个过程，一个经济、市场、技术全球特征不断增强，民族区域特征不断减少的过程。尽管定义表述不一，但核心思想、内涵诠释却高度吻合，那就是经济全球化是各国各地区经济在生产、分配、交换、消费、流通等环节的全球融合和全球趋同。由此我们可以得出结论：经济全球化催生了国际商务活动，而国际商务活动则又推动了经济全球化。

经济全球化俨然使地球成了“地球村”，拆除了藩篱、消除了壁垒，商品、服务、贸易、投资、资本、人员、技术、信息得以自由流动、自由配置。理论上遵循市场规则的这种自由流动一定是最有效的，也一定能做到资源的最优配置，但实际的情况并非如此，全球化过程中出现了一些失误、失灵、失衡、失态、失常、失速，乃至最后的失宠。所谓失误指政策的失误；所谓失灵指市场的失灵；所谓失衡指地区的失衡；所谓失态指经济的失态；所谓失常指行动的失常；所谓失速指增长的失速；所谓失宠指概念的失宠。于是就出现了“逆全球化”，甚至“反全球化”浪潮。全球化进程是否可逆？全球化究竟何去何从？国际商务环境又会因此而发生怎样的变化？带着众多的问号，我们开启了国际商务环境的研究工作。

1.1.2 选题意义

当人类社会进入了21世纪20年代，一场突如其来的新冠肺炎疫情扰乱了正常的社会秩序，全球经济处于前所未有的"准停摆"状态，全球商务环境发生了翻天覆地的变化。准确把握这一变化对世界经济、国际贸易、国际投资、国际金融产生的重大影响，继而探究这一重大影响下的商务经济、商业模式、商业业态、商业活动的可能变化，从而重塑后疫情时代的商务环境、复苏后疫情时代的世界经济，具有十分重大的意义。

有观点认为，新冠肺炎疫情的暴发会引发甚至扩大本已存在的"反全球化""逆全球化"思潮，全球化几十年来形成的生产体系、贸易格局、经济合作、商务联系将毁于一旦，经济全球化和自由贸易将面临严峻挑战。但我们认为，新冠肺炎疫情更可能滋生"霍布斯式萌芽"，因为各国(各社会)的"退缩自闭"存在巨大的风险，经济全球化势不可当。可以肯定的是未来几十年"全球化"与"逆全球化"的博弈将不断存续，我们需要思考的是全球化和逆全球化两股力量互相博弈的过程会给未来世界商务环境带来哪些不确定性？全球化曾经给世界带来过什么，又将为世界进一步贡献什么？逆全球化可能会怎样影响并改变整个世界？

经济全球化开启了生产要素的国际流动，提高了全球资源的配置效率，促成了生产分工的国际合作，促进了贸易、投资繁荣发展。经济全球化为世界经济增长提供了强劲动力，应该说过去二十年，经济全球化对世界经济持续增长与人类福祉不断增进作出了巨大贡献，功不可没。然而，经济全球化也是一把"双刃剑"，它在给我们带来收益的同时也存在种种弊端与不足。这些弊端与不足主要表现为：不确定的发展速度、不均衡的发展状况、不公平的收益获得。

伦敦政治经济学院经济学终身教授邓钢将经济全球化的这种弊端和不足归因于经济全球化与生俱来的"资本套利模式"。在经济学上，这一"资本套利模式"是从全球化机制层面展开研究的。事实上，全球化机制就是工业和商业资本在全球范围内自由追逐廉价资源、廉价劳工从而获取最大利润的一种机制。

邓钢将由"资本套利模式"引发的对全球化的质疑和挑战归纳为五个方面：

一是资本和技术占有方是全球化利益的最大获得者。这是因为全球资本套利模式中的生产四要素中唯有资本和技术是可以在全球自由流动的，资源和劳动力则不然。因此，资本和技术不断地从资源和劳动力“相对高地”移出，移入资源和劳动力“相对洼地”。由此可得：作为资本和技术拥有方的发达经济体获得的收益远超只能依靠出卖廉价资源、劳动力的发展中经济体，出现了全球化获益的不公平现象。

二是全球化造成资本和技术输出国实体经济“空心化”。这是因为“热钱”，亦即一国经济中“过剩”的金融资本是全球资本套利的急先锋，“热钱”在海外投资的获利会催生“冷钱”，亦即一国经济中产业实体资本的“出逃”，而“冷钱”参与全球资本套利的结果必然是资本和技术输出国实体经济“空心化”，继而造成大量劳工失业的现象。因此，从这个意义上说，发达经济体是全球化的“受挫方”。

三是发展中国家难逃“一时繁荣”魔咒。发展中国家往往被认为是经济全球化的“搭便车”者，然而即便是在全球化中搭便车成功的发展中国家也很难做到“一世繁荣”，因为由资本和技术引入而诞生的世界工厂是有代价和成本的。鉴于市场容量，当市场饱和变为“买方市场”之时，昔日的辉煌将不再永续，“扩张—破产”的悖论将不断上演。从这个意义上说，发展中经济体只是全球化的短暂受益方，而非永久受益方。

四是U形曲线式的不公平现象。和“扩张—破产”悖论相伴而生的是“微笑曲线”。“微笑曲线”表示在全球产业链分工中不同经济体的不同投资回报率，通常处于高回报区间的U形两端为作为研发、销售方的发达经济体，而处于低回报区间的U形底端为作为生产、加工方的发展中经济体，这一全球化衍生的怪象已到了“见怪不怪”的地步。

五是资本套利造成了资源的掠夺和环境的破坏。从表面看，这一现象影响的只是发展中经济体，而真实的情形是，它影响的是全人类，因为我们生活在同一个地球上，资源的缺乏、环境的恶化，带来的影响无人可以幸免。

上述分析表明，全球化既对发达经济体也对发展中经济体产生了一定的负面影响。首先，经济全球化加剧了发达国家国与国之间内部经济利益的冲突，某些发达国家出现了所谓“第三世界化”；其次，经济全球化扩大了发达国家内部不同阶层的贫富差距，出现了“富者更富，穷者更穷”现象；再次，经济全球化拉大了“南北”差距,发达国家和发展中国家的不平等地位差距不降反升;最后,经济全球化使发展中国家付出了资源、环境的巨大代价。于是乎,反全球化、逆全球化的呼声此起彼伏,其中既有部分发展中国家面对全球两极分化的现实从而“反全球化”,也有部分发达国家将本国衰落归咎于全球化进而“逆全球化”。

反全球化、逆全球化将在今后相当长的一段时期长期存在,但我们的判断是它终究难成气候,理由有二:其一,全球化有其经济基础。因为世界市场、国际分工、各国经济相互依存是不以人的意志为转移的客观存在,难以被完全割裂,难以被完全取舍,此为全球化之经济基础。其二,全球化有其科技基础。因为科技发展具有跨越国界的全球化特质,互联网技术将世界联成一片,互联互通造就了经济全球化的强大物质支撑,此乃全球化之科技基础。当前,经济全球化确实遇到阻力,这些阻力既来自外部,亦来自内部,但这并不等于全球化必须“因噎废食”,要相信办法总比困难多。我们必须科学、全面、准确地看待经济全球化,在将其一分为二的同时强调利大于弊。只要人类社会齐心协力,克服全球化过程中的种种弊端,放大全球化溢出效应,全球化必然拥有灿烂的明天。因为我们始终坚信:经济全球化赖以生存的跨越国界的分工与交换是无法阻挡的经济规律,经济全球化是不可逆转的时代潮流和历史必然,我们必须顺势而为。

我们进入了“全球化 4.0”时代。世界经济论坛主席施瓦布揭示了“全球化 4.0”的三大原则,即更可持续、更具包容、多方协作。世界必将朝着更高级别的经济全球化方向迈进。把握经济全球化终极趋势,了解经济全球化进程特征,从而分析不同阶段、时点的国际商务环境,以便作出准确的预判和应对方案。

1.2　研究思路与研究方法

1.2.1　研究思路

本书首先从商务环境的界定出发,给出了商务环境的内涵、外延。在厘定本书研究的基本对象后,围绕着本书界定的商务环境的概念和范围,进行文献综述，以便站在全球的视角、世界的维度，对国内外学者的前期研究作一梳理，总结商务环境领域的理论贡献，寻找商务环境研究方面的不足和空白，并试图给出本书对于商务环境理论研究方面的研究观点、基本结论，用于指导当今的商务实践。

遵循这样一个研究思路，本书第 1 章安排了问题的提出，阐明写作此书的目的、背景、意义；第 2 章着手国际商务环境理论研究，为全书的研究做好理论铺垫；第 3 章从国际商务环境的影响因素出发，对国际商务环境不同因子分别作出具体分析；在此基础上，开启第 4 章国际商务环境评价，重点聚焦评价原则、评价方法、指标体系；接着以典型案例的形式，选取比较具有代表性的境外国家和地区案例，进行比较研究，这就是第 5 章国际商务环境比较研究的内容；在作出比较分析的基础上，反观中国的情形，于是就有了第 6 章中国营商环境研究的章节安排；最后的第 7 章则是对全书作一概况总结。

本书研究的基本安排如上所述，研究的基本框架如图 1-1 所示。

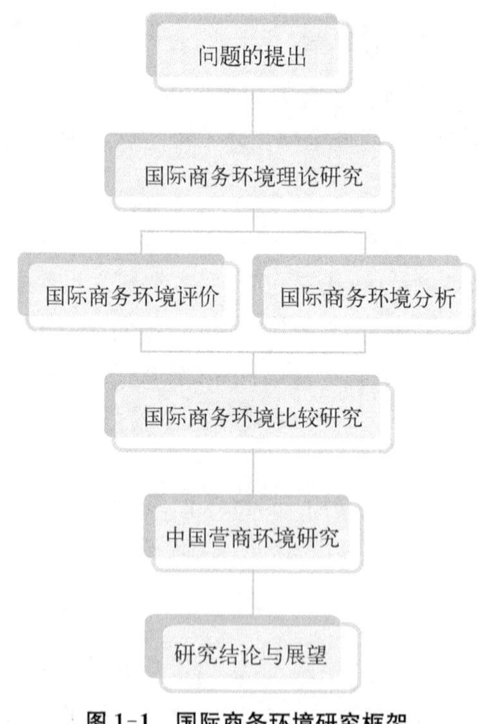

图 1-1　国际商务环境研究框架

1.2.2　研究方法

本书的研究采用了“四结合”的研究方法，即理论研究与实证研究相结合，定量分析与定性分析相结合，田野调查与案例研究相结合，国内调研与国际比较相结合。各章并非采用单一研究方法，而是各种研究方法的集成。例如，在第 3 章的国际商务环境分析和第 4 章的国际商务环境评价部分，既有定性研究，又有定量分析；在第 5 章的国际商务环境比较研究和第 6 章的中国营商环境研究部分，既有理论研究、比较研究，又有实证研究。故而，本书采用的是“混搭”的研究方法，研究的技术路线如图 1-2 所示。

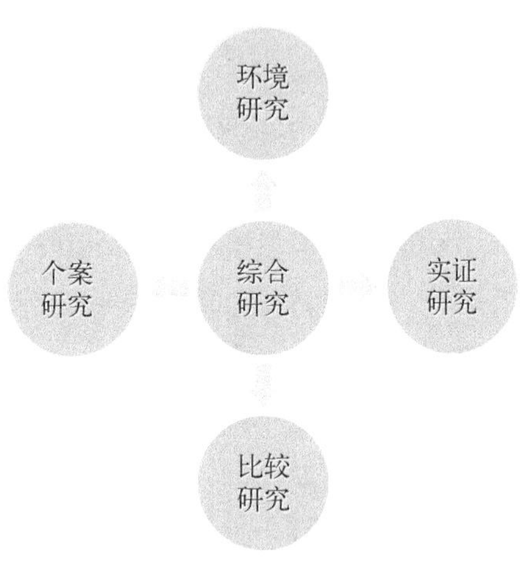

图 1-2　国际商务环境研究方法

1.3　创新与不足

1.3.1　创新点

国际商务环境研究是个成熟的命题，研究方法、研究工具、研究手段、技术路线，甚至研究框架很难有大的突破，但这并非意味此项研究必须因循既有套路，受传统研究思路的束缚和影响。为了做出与以往不一样的研究，我们在研究内容、研究视角、研究安排上进行了部分创新，取得了部分创新研究成果。

一是研究视角创新。众所周知，国际商务活动是基于全球化的背景，基于产业链、供应链、价值链的全球布局而开展的。没有了全球化，抑或失去了产业链、供应链、价值链的全球布局，国际商务活动就成了无源之水、无本之木，更何谈国际商务环境。真可谓，皮之不存，毛将焉附？然而，新冠肺炎疫情的暴发恰恰使国际商务活动赖以生存的基本环境、基本条件发生了深刻的变化。因此，以往的研究都将全球化作为不变的前置条件，而本研究则是综合考量了

"反全球化""逆全球化"的因素,综合考量了产业链、供应链、价值链的重塑与再造因素,全面分析了产业链、供应链、价值链"暂时休克""部分断裂""逐渐复苏""强势补位"的不同情形,并在此基础上展开国际商务环境的深入研究。从这个意义上而言,本书的研究视角与以往有所不同,自变量、因变量的选用也发生了些许的变化。

二是研究内容创新。以往的研究都将国际商务环境作为一个既定的概念,即将国际商务环境定义为一个国家、一个地区,乃至一个企业从事国际商务活动所必须考量的各种内外因子的总和。而本书则在开篇之首即对国际商务环境做了全新的诠释,由于国际商务环境内涵、外延界定的变化,研究的内容理所当然发生了变动。在本书中,我们对商务环境、国际商务环境、国际贸易环境、国际投资环境、营商环境等做了全面的梳理。

三是研究安排创新。以往研究对于国际商务环境的分析有两种安排:其一是从宏观、中观、微观层面展开研究;其二是从政治、经济、金融、贸易、投资、税收、法律、社会、人口、自然、文化等维度进行分析。本书则是多维度、分层次立体研究的综合和集成。

四是研究成果创新。对于国际商务环境的评价,国际上的评价方法不一,由此构成了不同的评价指标体系。不同种类的指标体系均有各自的优点和不足。本书力求在汲取不同指标体系优点,同时摒弃不同指标体系不足的前提下,提出新的衡量、评价国际商务环境指标体系——"飞行鸟"指标体系。该指标体系是以平衡计分卡为原理,以文献分析为基础,以对指标体系的理解为来源,以专家意见为指导,结合国际商务环境的特征与发展趋势编制而成。

1.3.2 不足

大千世界,变幻莫测,在全球唯一的"确定"即为"不确定"的情形下展开对国际商务环境的研究确实不易,由于作者知识、能力、水平的不足,在研究过程中对于一些问题的分析不够到位、研究不够深入。尤其是在当前全球遭遇前所未有的新冠肺炎疫情,对于这场疫情基本走向、持续时间、趋势演变还未能有肯定、明确的基本结论的情形下,我们很难完整把握未来全球经济形势,充分预判全球贸易、投资状况,从而精准判断国际商务环境。因此,本书所呈现的观点、结论都是基于“常态”情形下的一种判断，鲜有涉足“非常态”情形，从这个意义上而言，这无疑是本书的一个缺憾。

本书在撰写过程中力求有所创新，但一些创新点的力度依然有所欠缺，不够完美。比如，对于国际商务环境指标体系的构建。本书创作的初衷是通过研究最终能形成一个相对完美、可靠、科学、综合的指标体系。由于国际商务环境从来就是一个复杂的系统，因此这一指标体系的构建从来就被认为是一个棘手的难题。因为国际商务环境的评价不是一个简单的项目评估问题，而是一个复杂的综合过程。国际商务环境是特定历史境况下的商务环境，是不断变化和发展的环境，是受各种突发事件影响的环境，其复杂性和对企业的影响程度超过了以往任何一种单一因素。这就造成了对国际商务环境的评价也变得更加复杂和困难。国际商务环境的特点决定了国际商务环境指标体系构建的复杂性，选取普遍适用的指标是非常困难的。因此，本书构建的国际商务环境评价“飞行鸟”指标体系在指标的选取上也不尽完善，这些都是研究过程中的一些不足。

第2章

国际商务环境理论研究

2.1　国际商务环境的内涵及研究范畴

2.1.1　国际商务环境释义

商务活动从广义上来看，指一切以营利为目的的企业活动。关于国际商务所包含的具体内容，学术界并没有一个统一的定论。一派认为，国际商务就是国际贸易、国际金融和国际投资的综合，这类观点持有者多具有经济学科背景；另一派认为，国际商务就等于国际管理(International Management)，或者是管理职能(如营销、财务、人力资源)的国际扩展，此类观点多由工商管理背景者持有(王炜瀚等，2019)。综合来看，国际商务主要是指以国际企业(跨国公司)为主体所从事的国际贸易与国际投资活动，当然也包括为促进这些活动的顺利进行所发生的管理活动。

所谓环境是指系统的外部条件，也就是系统外部对该系统有影响、有作用的诸因素的集合。系统与环境是一对相互关联的概念，任何系统都处在一定的环境之中，在一个大系统中，对某一个特定的子系统来说，其他子系统就是它的环境。从本质上看，环境是一种更高级、更复杂的系统。按其基本特征，环境因素一般分为三大类——自然地理、科学技术和社会经济。它们的作用是综合的，常有相互的交错影响，同时也是动态的，处于不断的运动变化之中

(王效俐等,2000)。国际企业面临的外部环境可以用图2-1表示。商务环境一般包括企业面临的外部宏观环境以及企业的内部环境,前者包括制度环境、监管环境、经济环境、科技环境等。后者包括企业的内部组织结构、企业资源、核心竞争力等。王效俐等(1999)从人口与自然环境、文化环境、法律环境、政治环境及经济环境几个角度论述了环境对国际商务活动的巨大影响,从而说明了进行国际商务活动时开展环境研究的必要性。

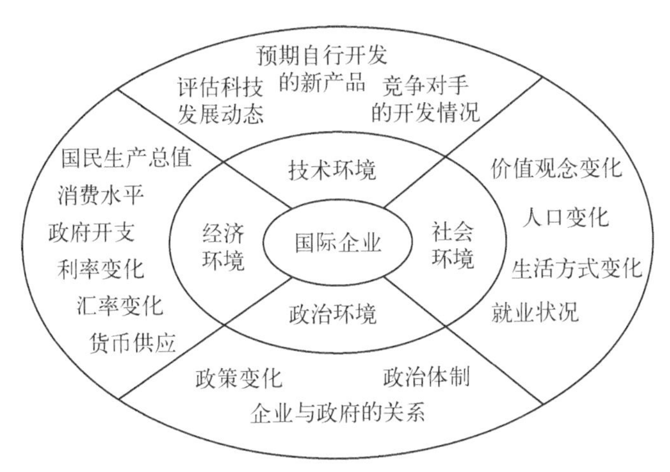

图2-1　国际企业面临的外部环境

当企业的商务活动从国内扩展到国际,其基本功能和原则并未发生本质的变化,企业可控制的内部基本因素也未发生变化,关键在于由不可控因素组成的外部商务环境发生了变化,由单纯的国内环境变成了多元的国际环境,国际与国内环境甚至会发生相互作用,使得国际商务环境更为复杂。由于商务环境的这种变化,企业在进行国际商务活动时,必须清楚地了解他们所处的国际环境。国际商务活动一般包括进口、出口和国际直接投资。国际商务环境可以看作国际商务开展的条件、国际商务活动中的一些事件以及能够对企业国际商务活动产生影响的不可控的外部因素的总称。从这个角度上看,投资环境、营商环境只是国际商务环境的子系统。所谓的国际商务分析,是在内外部环境审视的基础上,分析国际企业的优势和劣势,从而帮助国际企业进行竞争战略选择。在这个过程中,企业还要把内部资源条件同相关的国家和地区联系起来加以分析,以确定企业对环境的配合和适应程度。必须要明确的是,本章所讨论的国际商务环境不涉及跨国企业的内部环境。

具体而言,国际商务环境要分析的是超越国别的限制,具有影响全球性国际商务活动的规律性、共性、广泛制约性的因素。它主要解决以下问题:

(1) 首先在决定国际经营方向时,国际商务从业人员必须对目标区域的政治、社会、文化和经济发展有一个基本的了解,同时对国际收支及其对国际商务的影响有一个清晰的认识,这样才能做到胸有成竹。

(2) 一个国际商务从业人员要与许多使用不同货币的国家或地区打交道,因此他必须具备足够的外汇、汇率、外汇市场和国际货币体系的知识,以避免因这方面知识欠缺而带来经营损失。国际商务的运营离不开一定的资金筹措与投入,因而从业人员对国际资本流动和运作以及国际商务运营环境要十分了解,以把握住机会和回避风险。

(3) 国际贸易是国际商务最基本、最广泛的形式,对国际贸易和世界市场总体趋势和特征的了解,对于国际商务人员也是十分必要的。由于贸易投资活动都处于一国的法律和国际管理的框架之下,因此,企业必须要熟悉相关的法律法规,如政府的限制性措施和奖励制度、技术诀窍、资本品和原材料的进口限制、出口产品和服务的限制、对产品定价和分销的限制以及开展业务所需的程序性手续。当然,这也包括各种非正式制度。

(4) 随着互联网经济以及通信与信息技术的进步,新兴业务模式不断涌现,互联网深度应用生成的快速、便捷、个性、科技等特征,正推动制造业、服务业逐渐走向高端化。因此,技术因素也是影响国际商务环境的重要因素,是开展国际商务活动需要关注的重要方面。

(5) 开展国际商务所面临的竞争环境。竞争环境也因国家而异。竞争环境部分取决于经济、政治和文化环境。这些环境因素有助于确定一个国家存在的竞争类型和程度。竞争可以有多种来源。它可以是公共部门,也可以是私营部门;可以是大型组织,也可以是小型组织。从单个企业的角度来看,国际商务环境中的核心主体是那些在全球生产和销售的跨国公司(MNEs)。

国际商务活动的内容决定了国际商务环境涉及和包含的要素。国际商务环境所包含的内容十分广泛,它远远超出了经济领域,而涉及各国的政治、社会及文化生活的各个领域。由于各个国家或地区之间在政治、经济、文化、法律、社会习俗等方面存在显著的差异，因此，国际商务环境要比国内市场环境复杂得多。它是一个多种因素的综合体，正确认清这种环境，并努力去适应这种环境是从事国际商务活动所必需的（王效俐等，1999）。

事实上，国际商务环境在很多研究中并没有唯一的定义。需要注意的是，明确国际商务研究的范围十分重要，研究范围既不能过小，又不能无限放大，过于宽泛的研究范围将失去其研究意义。

2.1.2　国际商务环境的研究范畴

国际商务环境较为系统的论述基本都来自一些学者出版的著作。国内代表性的研究有：

薛求知等（2002）在《国际商务管理》一书中指出，企业国际经营环境分为两个部分：一部分是东道国的经营环境。这类环境分析中，尽管也可以找出一些规律性和共同特征，但更多的却是因国而异的特殊性。另一部分国际商务环境分析中，超越国别的限制、讨论国际经营环境中具有规律性、共性、广泛制约性的方面。进一步地，他们将国际经营环境分成两个层次：第一个层次是一般的特征，如政治、经济、技术、社会、人口、教育、法律、文化、自然资源、地理位置，这些因素对国际企业经营的关系比较间接，称为刺激影响因素；第二层次是特殊环境特征，包括一些能够直接影响企业微观环境的因素，如需求者、供应者、竞争者、社会政治技术等方面的特征，这些因素与企业的国际经营的关系比较密切，影响比较直接，称为一级影响因素。在他们看来，企业国际经营环境可以用图 2-2 表示。

窦卫霖（2009）在其编著的英文教材《国际商务环境》中，探讨了国际商务活动的发展背景，并对企业的内外部环境进行了分析。在此基础上，该书对国际商务政治环境、经济环境、文化环境、社会环境、法律环境、伦理环境以及技术环境逐一进行了分析。

王文潭（2010）在其《国际商务管理》一书中指出，国际商务环境具有不同的范围和层次，从范围上讲，分为经济环境、社会文化环境、政治法律环境、技术环境；从层次上讲，分为全球化环境及国别环境。

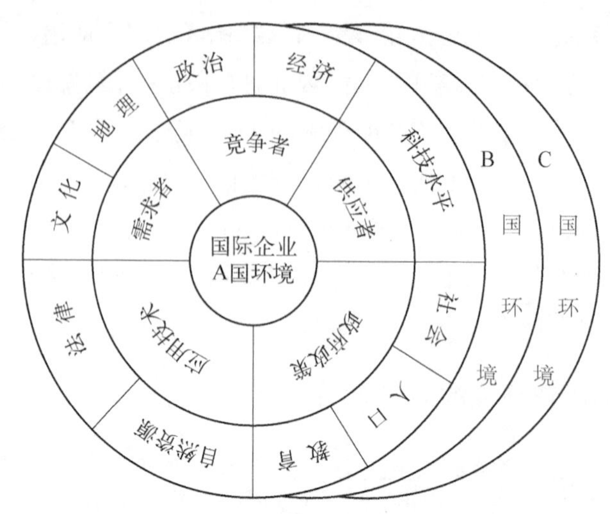

图 2-2　企业国际经营环境(薛求知等,2002)

在齐绍洲等(2011)编著的《国际商务环境》一书中,作者首先在经济全球化、经济一体化以及低碳化的背景下对变革中的国际商务环境进行了分析,然后在接下来的七章内容中分别介绍了国际商务的贸易环境、投资环境、金融环境、政治环境、法律环境、文化环境、技术环境等问题,进行了全面深入的理论阐述和案例剖析。

杨言洪(2011)在《国际商务环境研究》一书中将国际市场分成6个经济区域(分别是东亚、南亚、东南亚与大洋洲篇、中东篇、欧洲篇、北美篇、拉丁美洲篇、俄罗斯与中亚篇),围绕其政治体制、经济制度、文化传统、贸易做法、税收规章、外资政策等多个方面进行了分门别类的介绍,涉及贸易环境、投资环境、金融环境、法律环境以及社会文化环境等五个维度。

王建华等(2012)在其主编的《国际商务:理论与实务》一书中指出,国际商务环境是指企业在进行各种形式国际商务活动时所面临的政治、法律、经济、文化等因素的总和。任何企业的经营都是和环境密不可分的,环境的变化制约或促进着企业的经营活动。与国内经营活动相比,企业进行跨国经营时,更需要考虑环境对企业的影响,因为国际商务的环境更复杂,变化更频繁,可控性更低,不确定性更高。在国际商务的环境扫描中,一般重点考察经济、政治与法律、社会文化等因素。

田明华(2013)在其编著的《国际商务》一书中,将国际商务环境定义为围绕并影响国际企业生存与发展的各种外部因素的总和。企业经营决策的根本目的是谋求企业外部环境、企业内部条件、企业经营目标三者之间的动态平衡,在这三个因素之中,企业的外部环境是最为重要、最为活跃的因素,也是企业最难驾驭的因素。企业的经营决策,归根结底是要适应和服从外部环境的变化,要根据外部环境的变化调整企业自身的条件。企业经营环境和内部条件可以用图 2-3 表示。

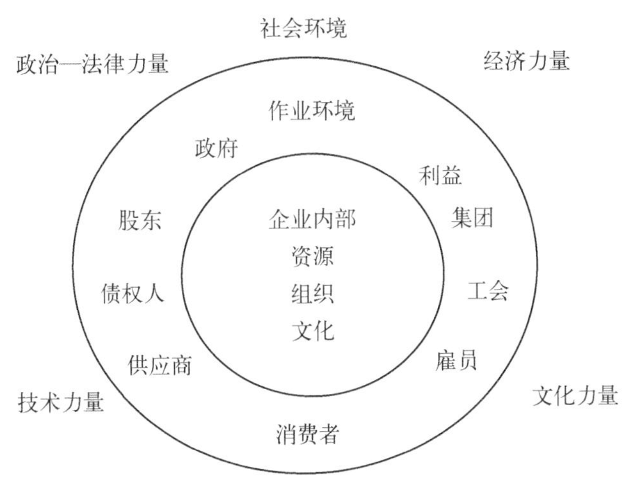

图 2-3　企业经营环境和内部条件(田明华,2013)

在他们看来,国际商务环境的构成尽管是多种多样的,但从不同角度可以将其划分为不同的类别。一是以其对国际商务活动的影响方式为标准,可以分为直接环境和间接环境。间接环境又称一般环境、客观环境或社会环境,是所有企业在国际商务活动中必须面对而又无法控制的各因素的总和。直接环境又称作业环境或任务环境,是对具体企业经营活动产生立竿见影作用的各因素的总和,这些因素主要包括市场环境(如产业、客户和竞争)和事务环境(如供应商、客户、投资者)等。二是以国际商务环境涉及的地理范围为标准,可以分为母国环境、东道国环境和国际环境。在其具体研究中,他们将国际商务环境的研究范畴界定为国际环境、东道国社会环境和作业环境,并把它们分别叫作国际商务宏观环境、中观环境和微观环境。在宏观层面上,他们重点考虑了国际经济组织、国际法律环境和国际金融环境；在中观层面上，他们重点考虑了经济环境、政治环境、法律环境、技术环境及社会文化环境；在微观层面上，他们考察了产业与竞争、客户与市场、资源来源等问题。

罗建兵(2014)主编的《国际商务管理》一书介绍了国际商务环境的基本构成要素，对国际商务的政治、经济、法律、社会、文化等环境进行了分析，并介绍了国际商务环境的新进展，如企业社会责任标准与低碳环保要求等，同时介绍了国际商务环境评估的基本方法。

王炜瀚等(2019)出版的《国际商务(第3版)》一书中，在第二篇介绍了国际商务环境，具体包括国际商务的国别制度环境(含政治、经济、法律及文化四个基本维度)、国际贸易与投资制度环境、国际税务与金融制度环境三个方面。另外，肖光恩(2011)编著的《国际商务概论》中也提及了关于国际商务环境的内容，对国际商务的国别文化环境以及国际环境进行了一个概括性的介绍。

从以上的研究可以看出，学者们在分析国际商务环境时均有所侧重，做出了不同的取舍，但同时也有一些共性的因素，如政治、经济、制度、社会、文化等。国外一些学者对国际商务环境的关注要更早一些。丹尼尔斯(John Daniels, 2009)在《国际商务环境与运作》也介绍了国际商务的发展背景，并对国际商务的文化环境、政治与法律环境以及经济环境进行了探讨。事实上，自国际商务术语形成之初，许多研究者如弗农(Vernon, 1966)、费耶韦瑟(Fayerweather, 1960)等就已经指出国际商务环境在国际商务研究中的意义。尼赫特、特鲁伊特和赖特(Nehrt, Truitt and Wright, 1970)建议国际商业研究“关注商业公司的经营与公司经营所处的国际或国外环境之间的相互关系”，并“更多地关注国际商业环境”。圭辛格(Guisinger, 2000,2001)认为，国际商务环境是建立国际商务学科的核心要素，因为国际商务环境是区别于其他管理领域和大型企业管理研究的独特特征。博亚奇吉勒和阿德勒(Boyacigiller and Adler, 1997)认为，“根据定义，国际商务是基于一定的背景之下。它具体包括企业经营的外部国际环境，即企业所处的国际环境。正是这种植根于外部国际环境的性质，使国际商务区别于其他管理研究领域”。

在国际商务研究领域，世界排名领先的一些重要期刊包括 *Journal of International Business Studies*(JIBS)，*International Business Review*(IBR)，

Journal of World Business（JWB），*Asia Pacific Journal of Management*（APJM），*Journal of Common Market Studies*（JCMS），*Journal of International Management*（JIM），*Management International Review*（MIR）等。一些学者对上述期刊利用文献计量法进行了研究。以 IBR 为例，自 IBR 1992 年发刊到 2016 年的 25 年间，被引用最多的 50 篇论文涉及 5 个研究主题，其中两个研究主题与商务环境相关：一是新地理市场中的文化、文化距离与信任感知研究；二是制度环境与产品/服务适应策略研究（Alex et al.，2019）。这与我们对该期刊 2017 年至今发表的论文的研究结果一致：该期刊对商务环境的关注主要集中在制度环境和社会文化环境上。JIBS 的情况也是类似的。在文献的筛选过程中，如果环境因素仅仅涉及企业内部微观活动，而不对企业的国际商务活动产生影响或体现出国别的差别，那么这类文献就不包括在我们的研究范畴中。

2.1.3　国际商务环境的新发展

经济全球化导致了全球商业环境的变化。与国内商务环境相比，国际商务环境具有高度不确定性，其游戏规则往往模棱两可、相互矛盾，而且变化迅速。在国际商务中，由于组织不是在一个可识别的环境中运作，而是在一个国际环境中运作，存在语言障碍、特定国家的经济政策、文化差异和更高的复杂性、风险等问题。尽管存在各种各样的问题，国际商务仍有许多积极的方面，如通过出口产品和提供更好的服务，促进新技术、管理技能、基础设施发展、创造就业机会等，也可以从其他国家引进投资资本。

一些研究使用文献计量法，给出了当前研究的一些新动态。卡尔马等（Calma et al.，2020）的研究查找了 13 937 份文献，分析了迄今为止 10 种以国际商务为中心的期刊所涵盖的国际商务核心领域，系统地了解了国际商务领域的现状，并描述了该研究领域的未来发展趋势。该研究发现，关于国际商务的期刊中提到最多的关键词是绩效、前景和新兴经济体（跨国公司）。在国际商务政策（International Business Policy，IBP）领域，吸引外资、跨国治理和促进国际商务发展这三个主题在十多年来一直引领着其发展。20 世纪 60—90 年代，人们关注的是通过外国直接投资的国际扩张战略，特别是跨国公司的国际扩张战略,包括它们在宏观环境层面的管理和战略。后来外国直接投资依旧对跨国公司起着重要的作用,然而从宏观层面到企业层面,尤其是战略、绩效和管理方面已经发生了重大转变。同样改变的是国际营销在国际商务领域的主导地位,全球企业战略、跨文化管理、公司治理和企业社会责任等越来越受关注的话题渐渐超越了营销策略,或已将其营销重点转移到了解改变消费者行为和价值创造。此外,该研究预计制度和国际化理论仍将是核心,而代理理论将崛起,并且有关中国、跨国公司、新兴市场和外国直接投资的研究将继续进行。民族文化、文化距离和跨文化管理将对国际商务发挥着重大影响。

劳顿(Laughton, 2005)的研究参考了钱德拉和纽伯里(Chandra & Newburry, 1997)对国际商务的研究,分析了国际商务的研究主题,提出了对国际商务中新兴问题的研究,将宏观、中观、微观的国际商务环境以及跨文化能力结合起来进行研究。利希(Liesch et al., 2011)的研究通过对 JIBS 的内容进行分类,发现国际商务已经从相关学科引进了思想和方法并且将跨国公司作为其核心的领域进行了研究。此外,该研究还总结了影响跨国公司的宏观环境因素的形成、扩展以及微观经济、企业内部问题对跨国公司发展的影响。格里菲斯等(Griffith et al., 2008)通过分析 1996—2006 年领先的 6 种国际商业期刊确定了国际商业研究的新兴主题。该研究旨在确定推动国际商务研究的因素,以及哪些因素对未来研究更加重要。

近年来,随着世界政治、经济的发展,在研究内容上国际商务环境方面也出现了一些新的发展趋势,比如企业社会责任标准和低碳环保要求(罗建兵,2014)。

企业社会责任是指企业在创造利润、对股东承担法律责任的同时,还要承担对员工、消费者、社区和环境的责任。企业的社会责任,要求企业必须超越把利润作为唯一目标的传统理念,强调要在生产过程中对人的价值的关注,强调对消费者、对环境、对社会的贡献。目前,世界上一些国际组织对推进企业社会责任非常重视,并成立了相关机构和组织,与企业社会责任相关的工作正在全球迅速扩展。欧盟是推进企业社会责任的积极倡导者。2005 年,欧盟所有国家都制定了企业社会责任战略。在全球化浪潮的不断推进下,企业社会责任的发展必将带来管理理念新的变革,对于跨国公司从事国际商务管理而言,必须注意其伦理责任。伦理责任是社会对企业的期望,企业应努力使社会不遭受自己的运营活动、产品及服务的消极影响，加速技术创新，降低能耗，大力发展绿色企业，增大企业吸纳就业的能力，为环境保护和社会安定尽职尽责。现阶段，构建和谐社会的一项重要责任是要大力发展社会事业。企业应充分发挥资本优势，为发展社会事业贡献自己的力量；支援社区教育，支持健康、人文关怀、文化与艺术、城市建设等项目的发展，帮助社区改善公共环境（罗建兵，2014）。

另外，一些研究开始关注绿色供应链管理（Environmentally Conscious Supply Chain Management）、数字平台和生态系统（DPE）等，其研究对国际商务的理论和实践具有重要的意义（Nambisan et al.，2019）。作为跨国企业创造价值和获取价值的场所，通过跨境平台和生态系统双重视角，一些研究关注了DPE和国际商务交叉点的三个重要主题，即DPE提供了新的国际化方式，促进了知识和关系建立的新方式以及为全球客户创造和交付价值的新方式。一些研究解释了与DPE相关的具体概念和构成这些主题的结构，并讨论了如何将它们纳入现有的国际商务理论，以增强它们的丰富性和持续相关性，并提升预测大量新兴国际商务现象的能力。

当前，一些学者开始关注去全球化的问题，去全球化的现象大约在十年前就已发生。去全球化本质上是全球化缔造者（也是其早期核心受益者）在后期失去利益分配主导权后的反戈一击。尽管自由贸易等开放政策为全球所有参与贸易开放的国家创造出巨大的社会福利，但即使是如英国、美国这样的发达经济体，全球化福利在各个产业部门、利益群体，进而在地域间的分布都是极为不均衡的，这导致了国家整体福利提升与部分地区和人群整体福利损失并存的矛盾（佟家栋等，2017）。尽管以全球价值链分工体系为基石的经济全球化的大趋势不会因为某些国家的单边政策改变而发生根本性的逆转，但去全球化带来的冲击和风险仍然值得业界人士和学者们的重视。维特（Witt，2019）在研究中分析了去全球化对国际商务研究产生的一系列影响。研究表明，国际商务在去全球化的背景下会发生实质性的转变，国际制度正在削弱，国内政治利益似乎已转向有利于减少经济相互依存的方向，而要适应这种转变，需要在国际商务理论和研究中更深入地整合政治因素——去全球化的关键驱动力。研究从政治学的两个角度——自由主义和现实主义理论介绍了全球化的相关理论。这两种理论都对未来世界经济的全球化做出了不同预判：

自由主义的观点是经济联系将呈现拼凑化(globalization patchwork)、碎片化的状态,大量的双边或区域贸易协定而不是全球协定就是典型表现,而现实主义则预测主要国家周围会出现区域性的经济集团。

随着新冠肺炎疫情在全球的暴发,一些学者也敏锐地意识到疫情对全球经济产生的影响。阿尔特曼,Altman(2020)在2020年5月份的《哈佛商业评论》中刊登文章,对新冠病毒是否会持续影响全球化问题进行了讨论。研究指出,新冠肺炎疫情可以看作全球化的一个转折点,投资、贸易等国际流动量正在急剧下降。尽管跨国公司的管理变得更复杂,但全球化——以及逆全球化——仍将继续为企业带来机会和挑战。关注全球化未来的驱动力,可以帮助企业渡过全球化的动荡,甚至从中获利。一个由部分相互关联的国家经济组成的动荡世界扩大了全球战略的实施空间,全球企业可以利用世界上各种力量来结束疫情,并促进经济复苏。

2.2 国际商务环境分析的相关研究

2.2.1 国际商务环境分析的一般性维度

国内关于国际商务环境的研究在2005—2010年达到高峰。国外研究国际商务环境的历史要更长一些。在本节中,我们尝试对构成国际商务环境的诸多因素进行逐一分析。

2.2.1.1 经济环境

企业的国际商务活动需要对目标国经济环境和国际经济宏观环境进行分析。经济因素是影响企业国际商务活动的最重要方面,它会直接影响企业国际商务所面临的市场的大小、市场的吸引力,也会影响到企业在各种市场的获利能力及可运用的各种资源。

经济环境因素包括不同的层面,最基础的是经济制度。根据对经济运行的调节、控制以及资源配置方式的不同,世界经济制度可以分为计划经济、市场经济以及由计划经济向市场经济转型的过渡性经济。不同的经济制度对国际商务活动有不同的影响。

除此以外，经济发展阶段、市场规模、经济自由度、人口数量及就业水平、国内生产总值、国民收入水平、储蓄投资率、税收结构（内外资企业的税收差异）、国际债务、政府的产业政策、货币政策和财政政策等都是构成经济环境的重要方面。一些研究也提到，涉及汇率、国际收支、通货膨胀或紧缩的金融环境和贸易环境因素也可以看作广义的经济环境因素，但由于其对国际商务活动的重要影响，我们对金融环境进行了单独讨论。这里我们从狭义的角度理解经济环境。我们重点从经济自由度、市场进入壁垒、贸易环境等层面介绍近期学者的一些研究。

经济自由（Economic Freedom）是指"绝对的财产所有权、劳动、资本和商品流动的完全自由流动，或对经济自由的限制仅限于必要的对公民自身自由的保护和维持"（Beach and Miles，2005）。经济的自由程度反映了市场机制的完善程度，是企业跨国经营考虑的重要因素。乌丁（Uddin et al.，2019）考察了巴基斯坦外国直接投资流入的制度决定因素，并考察了这些因素的相对重要性。研究结果表明政府的规模、法律结构和强大的产权、贸易自由和公民自由等制度决定因素对外国直接投资的流入具有很强的正向影响。

一些学者则分析了跨国企业进入及其与本地企业之间的竞争问题。Wu et al.（2019）采用基于 agent 的仿真模型和竞争经济模型相结合的方法研究跨国企业（MNE）进入及其与本地企业之间的竞争动态，认为跨国公司进入国外市场在短期内显著降低了当地企业的生存率，但这种影响随着时间的推移而逐渐减弱。该研究得出，学习能力和信息获取能力较强的本土企业能够更好地应对外国企业进入所带来的负面影响。杨（Yang et al.，2020）认为国外公司和本地公司竞争时，他们及时且不断采取行动的能力分别受到海外不利因素和本地不利因素的影响。结果表明海外不利因素导致政府关系减弱，抑制了跨国子公司竞争行为的积极性，而本地不利因素导致技术能力减弱，抑制了国内企业的竞争积极性。其研究使用中国的调查数据建立结构方程模型并检验假设，得到实证支持，为新兴经济体的竞争态势提供了新的视角。Chang Hoon Oh et al.（2019）根据产业特征将企业划分为三种国际扩张路径（即制度驱动、能力驱动和关联驱动），研究了三种国际扩张路径和地理范围的差异。研究结果显示，在制度驱动型产业中运作的公司大多在国际上拓展上游业务，但其地理范围有限。相比之下,那些以能力和关联为驱动的产业主要扩大其下游国际活动,可能超出区域地理边界。跨行业的公司在不同的地理范围内会采取不同的国际扩张道路。

就贸易环境而言,随着国际大分工的进一步深入,世界范围内的贸易往来会越来越频繁。近年来尽管自由贸易与贸易保护交替上升,但是自由贸易、低关税是历史发展的大潮流,逆全球化现象的出现阻挡不了经济全球化的大趋势。

从贸易公司层面,随着经济全球化的发展,人民币汇率呈现双向波动的"新常态",频繁的波动使得外贸公司面临着交易汇率风险、会计风险、经济风险等诸多挑战,汇率的复杂性和不确定性日益凸显(黄卫东,2016)。汇率成了影响涉外公司对外贸易不断发展、获得效益的关键因素,汇率风险将会对涉外公司的市场竞争力与市场份额占比产生严重的影响。外贸公司应当提升规避意识,创建规避体制和规避策略,注重外汇人才培养,选取安全性高的结算方式,持续优化自身生产经营措施,与政府有效协调(黄闻涛,2019)。

从国家层面看,国际贸易政策是指一国政府针对本国的进出口所制定和实施的政策,政府往往通过制定本国的国际贸易政策来对国际商务活动进行干预和协调,如关税、补贴、进口限额、反倾销与反补贴政策、禁运等。国际贸易的发展离不开制度环境的支持。一些国际经济组织对国际商务活动具有重要的影响作用,在一定程度上,这些组织是国际经济秩序和贸易制度的规划者和维护者。一些国际经济贸易组织会对其成员国的贸易制度和做法产生重大影响,例如世界贸易组织是有关国际商务活动最重要的一个国际经济组织,其成员必须严格履行世贸组织协议规定的义务,并按照世贸组织的规则处理贸易争议,这无疑保证了国际商务环境的稳定性。其他一些重要的国际经济贸易组织还包括国际货币基金组织、世界银行、经济合作与发展组织、国际商会、国际标准化组织等。

近期的文献指出,贸易和投资越来越多地交织在一起。布拉纳等(Brana et al.,2016)的研究指出,自20世纪80年代末以来,贸易模式一直在变化,反映出经济体逐渐融入全球生产链。国际贸易和投资自由化以及信息和通信技术的迅速发展使这一演变成为可能。贸易自由化降低了国际交易的成本和外国直接投资避开关税壁垒的必要性。技术进步可以分解生产过程，并将世界各地工厂生产的复杂最终产品组件结合起来。此外，改进的信息和通信技术允许协调分散的生产活动和复杂网络的管理（Amador & Cabral，2014）。资本流动自由化有助于扩大外国直接投资流动，在跨国公司中建立垂直生产网络。阮等（Nguyen et al.，2018）研究了贸易融资的有效性与跨国公司外国子公司出口强度之间的关系。研究发现，子公司适当的外汇风险管理与出口强度呈正相关。

第二次世界大战后，得益于国际贸易分化、WTO成员扩展以及多边贸易规则的弱化，中国对外贸易迅速发展（张亚斌和范子杰，2015），不同层级、规模、紧密程度的贸易并存，推动了双边贸易协定的制定，面对国际贸易的变革，中国应积极主动应对不断变化的格局以及秩序并努力将自身的利益最大化（贺鸿为，2016）。随着亚太区域合作的推进，王金波（2014）提出中国有必要在深化国内改革的基础上，加快完成更高标准的自贸区战略布局，在世界经济规则的重构中提出新的战略议程，以增强中国在国际经济治理中的话语权。

跨国公司的企业税收筹划，即跨国公司运用多种策略合法地减少税收账单来筹划其税收事务的能力，是国际商务、公共经济学、税收、金融、法律和会计等文献研究的中心问题之一。因此，税收环境也成为国际商务环境的一个重要因素。梁学平等（2003）对电子商务环境下国际税收利益的分配问题进行了研究。他们指出随着电子商务在全球范围的迅速发展，国际税收理论和制度面临一系列严峻的挑战。在电子商务环境下，传统的国际税收准则和惯例难以有效实施，由此导致国际税收利益分配格局发生重大变化。有鉴于此，必须对现行的国际税收利益分配原则和分配方法作合理的调整，建立与电子商务发展相适应的国际税收利益分享机制，切实保障世界各国的税收利益。何飞云（2002）也指出，电子商务和网络经济的快速发展，在相应各项制度欠缺及完善滞后的情况下，使得商品特别是服务贸易可以通过数字通信渠道无痕迹地进行。文章从电子商务的技术特点出发，提出了实施反避税必须解决的两个基本问题——反避税技术和国际标准。Ting et al.（2019）指出跨国公司的避税动机可以激励管理者在低税收地区寻找利润，却不影响其实际经营地点。该研究认为，向股东和消费者征税而不是向企业利润征税的提议面临着重大的理论和实践障碍。该研究将一个模型扩展到基于全球销售的综合利润对跨国公司征税，由此可以防止跨国公司将利润转移到低税收地区，并减少国家间的税收竞争。

2.2.1.2 金融环境

在经济环境中，对跨国公司商务活动影响较大的是国际金融环境，我们对其进行重点阐释。

21世纪以来，国际金融格局出现了许多全新的变化趋势，欧美国家的金融危机使现有国际金融秩序面临越来越大的改革压力。国内也有学者对国际金融环境的变化做了分析，文学和郝君富(2012)分析了国际金融格局出现的新趋势：欧美金融危机的发生，金砖国家金融一体化的推进，东亚国家金融合作的逐渐形成，不同经济体在国际金融机构的博弈愈演愈烈。张丽平(2013)认为受发达经济体债务危机、全球性宽松货币政策、国际金融监管制度改革及各国经济实力变化等影响，未来三到五年的国际金融环境仍将“动荡不定”，主要表现为危机短期内难以彻底解决，大宗商品价格难以预料，短期资本流动更加频繁，国际主要货币币值有竞相贬值之虞，国际货币体系日益走向多元化，并指出中国对国际金融环境变化有重要作用，同时也受到国际金融环境变化的影响。可见，国际金融环境的变化影响着世界各国经济活动的方方面面。

那么，什么是国际金融环境？文献中并未对其做出明确的定义，学者们主要以其所研究的环境来描述。大部分学者主要研究不同年代的金融危机下的金融环境，并将其描述为国际金融环境(Kregel，2004；李婧，2009；冯石岗和李大赛，2013；朱峰，2014；赵忠伟，2016)，有学者将欧债危机作为当时的国际金融环境(杨跃胜，2013)，有学者主要以国际金融环境的动荡或变化为背景展开研究(Hayami，2000；陈春生，2001；张永海，2007；于上钧，2018)，也有学者将经济的发展视为国际金融环境(黄卫东，2016；贺鸿为，2016；黄闻涛，2019；程缓，2019)，更有学者将经济制度(Laporta，1997；Rajan，2003)、政治、法制、文化等(李扬等，2005；李延凯和韩廷春，2011)与国际金融环境联系在一起，等等。就国别金融环境而言，需要考虑外汇管制、汇率制度、融资渠道、利率环境等。

本书认为，国际金融环境应当包含两方面：一是国际金融体系；二是金融领域中重大事件的发生，如金融危机。

国际金融体系主要包含国际贸易、国际货币体系、国际收支等因素。金融危机指金融资产、金融机构、金融市场的危机，具体表现为金融资产价格大幅下跌或金融机构倒闭或濒临倒闭或某个金融市场如股市或债市暴跌等。无论是国际金融体系还是金融危机的发生，都将会改变国际金融环境，进而对经济主体产生影响。在金融环境的不断演化下，法律制度、政府力量和文化环境都会影响金融环境，进而影响金融市场和经济发展(李延凯和韩廷春，2013)。内生金融发展理论研究的正是区域内金融发展与本地区内部因素的关系。而以制度为视角的现代内生金融理论，则主要强调法律制度、文化传统、利益集团等制度因素与金融发展的关系。Rajan 和 Zingales(2003)的经典文献指出，贸易和金融开放都可能有利于金融发展，两者的同时开放是促进金融发展的必要条件，并据此提出利益集团理论，开始关注利益集团力量对金融发展的影响。他们研究发现，政治因素是决定一国金融活动的关键因素，利益集团的力量往往左右着一国金融的发展。

国际金融体系主要聚焦国际货币体系和国际收支两个方面。就国际货币体系而言，金融危机爆发以后，对国际货币体系改革的探究再次受到人们的高度关注。在全球经济一体化的发展趋势下，现行的国际货币体系发挥着重要作用，同时也暴露出其缺陷。目前对国际货币体系的研究主要体现在国际储备货币的币种选择问题、汇率制度改革问题、国际货币基金组织职能的新探讨三个方面(张音，2014)。

在币种选择方面，Salvatore(1995)认为当今世界最优的国际货币体系必然是一个多元化的货币体系。Fratianni 和 Hauskrecht(1998)认为国际货币体系将演变成一个由美元区和欧元区构成的两极格局，形成吸引其他国家的引力中心。李稻葵和尹兴中(2010)认为金融危机后国际货币体系主要有两种可能的发展方向：一是各国之间相互合作建立超主权国际货币；二是欧元与人民币的地位不断上升，从而与美元形成三足鼎立的多基准货币的新国际货币体系，并且论证了第二种可能性更大。蒙震等(2013)从实证角度探讨惯性、贸易规模、经济实力、军事力量和货币的稳定性对一国货币的国际化有显著影响。Hayami(2000)则认为日元应当国际化，以提升日本经济地位，同时稳定世界经济。Mundell(2003)概括了货币国际化的影响因素,包括货币发行国的经济规模、贸易规模、金融市场的发展程度、币值的稳定性、强有力的政治和军事实力、充足的黄金和外汇储备等。邹平座等(2017)通过构建国际货币竞争力指数体系,为提升人民币货币竞争力提供路径指引,把人民币国际化推向新的高度。

在汇率制度改革方面,Mussa(1995)指出一个国家低而稳定的通货膨胀率可能会有助于稳定国际主要货币的汇率变化。Mundell(1995)则认为需要一种世界货币来稳定汇率。孙晓青(2005)从美元贬值、美元与欧元的汇率动荡中认为,国际金融体系十分脆弱,中国的汇率改革一方面要循序渐进,另一方面应在经济战略层面加强与美欧以及周边国家的协调与合作,重点避免汇率波动对经济造成损伤,破坏稳定增长的基础。

在国际货币基金组织改革方面,Rugina(2001)建议国际货币组织重组,应当重新建立引导其平稳发展的路径。傅华强(2003)认为固定汇率制的施行、过度举借外债尤其是短期债务、仓促开放国内资本市场、宏观经济调控和金融政策不力是产生金融危机的主要原因,国际货币基金组织应发挥作用以改善国际金融环境。Amra Koariz(2008)认为国际货币基金组织改革应当制定合理的配额指标,建立双重投票体系。

从国际收支方面看,国际收支环境能够很好地反映一国经济,国际收支平衡表也能反映相关经济活动。陈卫平等(2019)从国际收支角度,对比分析了全球主要发达国家和发展中国家国际收支结构,并着重分析了国际收支结构及变化与经济增长的关系,认为由长期经常账户与非储备性质的金融账户“双顺差”向更为均衡的方向收敛,且这种国际收支新格局将大概率延续。

从以金融危机为背景的金融环境看,国内外涉及“国际金融环境”的文献,相当一部分集中于以金融危机背景为金融环境,来具体研究该环境下的各种经济、金融问题。自布雷顿森林体系崩溃后,浮动汇率合法化,国际储备多元化,国际收支多种调节机制并行,国际金融市场动荡不定。进入21世纪以来,一系列“黑天鹅”事件的发生,比如美国次贷危机、欧洲债务危机以及英国脱欧事件等,导致国际金融环境不稳,处于一轮又一轮的动荡之中。

学者们总结了动荡的金融环境所具有的基本特点:不可预测性(Emery

and Trist，1965），缺乏控制性（Stigter，2002）以及波动性、不确定性、复杂性、模糊性（Steihm and Townsend，2002）。Kritzman et al.（2010）将金融动荡定义为资产价格根据其历史行为模式，以一种非典型的方式表现，包括极端的价格波动、相关资产的脱钩和不相关资产的趋同的情况。有不少学者认为金融环境动荡经常与危机联系在一起，比如衰退持续2年或以上的经济负增长季度（Okpara and Wynn，2007；Sobri et al.，2016）。学者们提出了两种机制解释金融动荡的传播，即溢出效应和相互依赖性。Forbes（2012）将溢出效应定义为在一个国家（或市场）遭受冲击（例如金融危机）之后，国家（或市场）之间的联系显著增加；将相互依赖定义为始终存在的两个国家（或金融市场）之间的紧密联系，包括金融危机之前的时间以及危机期间的时间。识别金融动荡的传播渠道至关重要，在1997年东南亚危机之后，金融联系被确定为金融动荡的传播渠道，银行和证券投资者在危机传递中起着重要作用（Kaminsky and Reinhart，2000；Forbes，2012）。De Haas and Van Lelyveld（2014）指出，银行母国的危机可能会影响其他国家的金融动荡。在危机期间，银行业可能面临流动性短缺，银行资产的市场价值可能下降，如果银行通过重新平衡其投资组合来做出回应，他们会减少其在国外的风险敞口并且减少外国银行债权的数量，那么这些国家面临金融动荡的可能性就会增加。Mendoza and Quadrini（2010）的研究表明，资本流动在金融危机的蔓延中起着重要作用。除此之外，贸易也会将金融动荡从一个国家传播到另一个国家（Calvo and Reinhart，1996；Kaminsky and Reinhart，2000）。而且，Glick and Rose（1999）认为，危机在地区盟友中发生，这表明距离也很重要。

关于2007年由美国次贷危机所引发的全球性金融动荡，Brunnermeier（2009）认为美国宽松的货币政策创造了一个容易产生住房和其他资产市场泡沫的环境，而这些泡沫一旦破裂便会造成全球性的金融动荡甚至是金融危机。Luis Felipe Céspedes et al.（2010）参考Rajan（2005）关于金融创新和不良激励以及不当监管给世界经济带来的风险和警告，认为证券化产品使用的增加和缺乏足够的监管框架这些因素结合在一起，形成了不良的激励机制、廉价和过度的信贷，以及增长资产价格泡沫的沃土。余永定（2008）指出，美国作为一个高负债国家是其国内次贷危机引起全球性金融动荡的原因。易宪容（2008）通过研究发现由外国投资者持有的美元债权从 2000 年的 3.56 万亿美元迅速上升到 2006 年的 7.77 万亿美元。美国通过工资套利、金融套利、知识套利、技术套利及监管套利带来了全球经济繁荣，也造成了全球经济失衡（沈联涛，2009），对全球金融市场造成了流动性过剩与泛滥。Yu and Lindsay（2016）指出，在国际金融动荡的环境下，会因为管理者对出口的态度以及危机时期管理者对出口市场不确定性的看法影响国际贸易承诺。Corsetti et al.（2000）认为，贸易可以通过竞争和双边贸易转移金融动荡，竞争者可以互相影响。Garbelli（2018）回顾了意大利自 2008 年以来十年间的发展来说明全球金融动荡对意大利的影响，也佐证了这一说法。他认为自危机出现以来，国内外的贸易都受到影响而下降，与此同时国民收入下降和信贷紧缩导致了企业破产数量增加，以及多个行业竞争地位的丧失。

1997 年亚洲金融危机之后，亚洲经济体出现，新兴市场国家增多。在此国际金融环境下，Hayami（2000）认为，日本应该推进日元国际化，强化日本经济在全球经济和金融中的地位。2008 年世界经济危机之后，全球经济增长速度放缓、欧债危机逐步缓解、美国经济逐步复苏、日本经济发展困难等国际金融经济环境更加复杂，这种环境对于我国经济发展既是机遇，也是挑战。机遇体现在企业可利用环境转变与国际企业合作，汇率制度的改革可能会更进一步，新兴产业和实体经济得到更好的发展（赵忠伟，2016）；挑战则是次贷危机影响仍未完全消除，经济复苏困难，欧元危机对我国相关产业的影响还在，如黄金、石油价格波动，引起我国企业成本上升，制约企业发展，扰乱我国经济（杨亚男，2018）。

亚洲金融危机之后，1998 年欧美的减息风潮促使亚洲经济逐渐复苏，1999 年欧元启动，对整个世界金融体系产生巨大影响，欧元区外汇交易减少，银行每年 650 亿美元的换汇收益消失，导致银行业竞争加剧。傅家骥等（1999）认为国际金融体系改革势在必行，各国政府和金融监管局都应该高度重视风险意识和金融防范。Krege（2004）认为频发的金融危机体现了金融机构和市场的治理不完善，并提出一种可供选择的资产负债表管理方法，以改善接受大量资本流入的发展中国家的金融稳定。

欧洲债务危机始于 2009 年希腊的债务危机，2010 年起欧洲其他国家也开始陷入危机，希腊已非危机主角，整个欧盟都受到债务危机困扰。宋建奇(2013)指出，为应对主权债务危机，欧洲执行更加严格的紧缩性财政政策，从而减少了市场需求，减缓了世界经济复苏的进程。面临金融和经济困境，欧洲的贸易保护主义倾向抬头，给新兴市场国家的出口贸易带来了不利影响。持续的欧洲主权债务危机重新引发了关于信用评级机构在危机中扮演的角色以及不同金融市场之间相互依存的讨论。Arezki 等(2011)使用 2007—2010 年选定欧洲国家的主权信用违约掉期(CDS)价差、股票市场指数，以及银行和保险子指数的每日数据，研究了主权评级新闻在各个国家和金融市场之间的溢出效应。报告发现，主权评级被下调在国家和金融市场之间在统计和经济上都具有巨大的溢出效应，这意味着评级机构的声明可能会引发全球性的金融动荡。杨飞(2014)运用 DCC-MVGARCH 模型检验了发达市场与新兴市场之间的危机传染效应。结果显示，在欧债危机期间，下调评级事件所引起的市场恐慌是危机传染效应的主要原因，而国际贸易因素对欧债危机传染效应影响不明显，同时欧债危机对金砖国家都存在不同程度上的传染效应。但 Gorea et al.(2013)认为，除了信息渠道、金融渠道外，贸易渠道也在欧债危机传染渠道中起到重要作用，且传染性强于金融联系。他们基于 CIMDO 方法观察欧洲 13 个经济体资产的联合违约概率，认为金融传染渠道只在欧元区外围的危机经济体活跃，而真实的经济联系在欧元区外围国家向核心国家传染中起到关键性作用，与危机中的经济体有更多贸易往来的国家更趋于面临联合违约风险。张梦露和吴凤(2015)应用时变的动态权重和向量自回归模型检验了欧债危机对中国宏观经济的负面影响，发现在贸易渠道、金融渠道以及非接触途径传染途径中出口贸易最先受到影响。

Christiansen and Charlotte(2010)分析了欧元与其他货币之间的波动性和时变性。研究结果显示，在危机中，欧元汇率与美元汇率之间的相关性较欧元与新兴国家货币之间的关联性强。研究还发现欧元汇率与其他国家货币汇率之间的时变性特点，在加入欧元区之后，欧元与其他货币之间汇率波动的联动性在逐步降低，欧债危机之后，这种波动溢出效应在进一步降低。Matesanza and Ortegab(2015)基于金融联系构建了动态的欧洲公共债务网络，发现欧债危机后期各国间形成了多样化的子群结构，这种分散化的拓扑形式会由于极端事件的冲击迅速变成更容易遭受传染效应的集中型网络拓扑结构。余永定(2010)通过对比欧洲主权债务危机与美国面临的财政问题得出结论：在中长期，世界经济面临的最严重挑战不是欧洲主权债务危机，而是全球性的债务危机，特别是美国的财政危机和国际收支危机。

2016年的英国"脱欧"事件，显然是又一个"黑天鹅"事件，也再次给国际金融环境带来了震荡。许安拓(2017)认为，英国"脱欧"短期内将直接导致全球金融市场产生过激反应，英镑、欧元急剧下跌，美元、日元进一步上涨，全球股市大幅震荡，全球避险情绪加重，黄金、白银等避险金融产品的价格大幅上涨。金瑞庭和李大伟(2016)指出，英国"脱欧"会重创欧盟经济，并导致全球金融市场剧烈动荡，其所带来的极大不确定性不仅会拖累欧盟经济并使其陷入恶性循环，而且会造成对全球其他主要经济体以及汇市、股市、债市、大宗商品市场的根本性打击。Belke et al.(2018)通过数据分析发现，英国退出欧盟公投引发的政策不确定性导致了金融市场的巨大溢出效应，其程度之大前所未见。赵琼和郭程翔(2019)通过研究发现，英国脱欧会对外汇市场收益率造成巨大的冲击，且事件的冲击类型是持续性的。吴标(2017)通过复杂网络的收入支出模型的数据模拟分析得出，英国作为世界贸易网络中的重要节点国家，"脱欧"事件无论初始冲击是仅限于欧盟国家还是所有与其有直接贸易联系的国家，都会带来世界贸易网络中各国出口和进口的下降，这与Samps(2017)的观点相吻合。Vandenbussche et al.(2017)构建了一个全球网络贸易模型，该模型的一个关键发现是，进口关税不仅影响国家之间的直接双边贸易，而且还影响通过"第三"国家的间接双边贸易，这些间接贸易大大加强了英国脱欧等贸易冲击对其他国家贸易的破坏程度。在全球金融市场的参与者中，英国脱欧通常被认为会严重破坏欧洲的金融一体化，威胁到伦敦作为全球金融中心的卓越地位，并让所有市场参与者付出沉重代价。但Ringe and Wolf-Georg(2018)借鉴了过去欧盟金融市场一体化的例子，认为当政治或经济需要时，正式的法律问题或结构就会被置之不理，因此英国脱欧带来的负面影响并没有想象中那么大。

2018年以来中美贸易摩擦不断，全球经济增速缓慢，英国脱欧促使欧洲局势更加复杂。在这一背景下，程缓(2019)认为我国的经济可与国际对接实现产业升级,可以增加进口,增加贸易顺差弹性,发达国家的措施可使国际经济金融环境趋于稳定,松弛了金融管制体系同时加速了我国金融市场的开放程度。很多学者还分析了不同金融环境对我国金融市场的影响,陈春生(2001)认为金融创新和金融一体化的环境,强化了发达国家实施金融压制的能力,在此条件下我国必须选择一条既能不断增强我国金融体系稳定性又能不断提高金融效率和功能的超常规发展道路。特别是在2008年金融危机之后,美元持续疲软、国际大宗产品价格高位震荡、次贷危机外溢效应扩散并波及国内外金融市场,李婧(2009)指出以上国际金融环境的动荡影响了中国金融开放的步伐,认为采取独立货币政策是在动荡金融环境下保证中国金融安全的关键。这场危机也导致以金砖国家为代表的新兴经济体的崛起,金砖国家间的新合作模式威胁美国的金融霸主地位,中国作为“含金量”最大的金砖国,其崛起影响着全球格局。冯石岗和李大赛(2013)认为在此国际金融环境下,中国金融改革的机遇与挑战并存,西方国家经济地位的下降弱化了遏制中国金融发展的能力,国际金融危机却阻碍了中国经济和金融的发展。

2.2.1.3　法律环境

在形成一国商务环境的种种因素中,法律因素起着很重要的作用,任何其他因素的作用,或者社会机制的运行往往通过一定的法律形式表现出来,而且还通过一定的法律法规对国际商务产生直接影响。国际商务法律环境是指与企业从事的国际商务活动有关的法令规章。当前大多数国家的现行法律制度大致可以分为两个系统:习惯法系(Common Law)和成文法系(Code Law)。前者的代表国家有英国、美国、澳大利亚、印度、埃及及英联邦系统的国家;后者又称大陆法系、法国法系,以德国、法国为代表。成文法系和习惯法系的区别不仅体现在不同的历史渊源、法律结构和风格技术上,而且在性质上也有很大的区别,对于同一事务可以有完全不同的解释和处理。

对企业来讲,法律环境就是“商业游戏”的竞争规则,一国的法律制度与其政治体制之间存在密切的联系,也反映着该国政府的政治意识形态。法律环境是企业开展国际商务活动所面临的最复杂的环境因素之一。国际经营者一方面依据法律规定来把握企业的海外经营活动,另一方面也可凭借这些法律来维护自己的正当权益。国际商务的法律环境相当复杂,一般企业会面临三个层面的法律——国内法律、国际商法、东道国法律。这里我们重点关注政府的监管政策、监管强度以及知识产权保护政策。

环境规制与外商直接投资之间的关系一直受到学者们的关注。Copeland and Taylor(2004)根据环境规制对比较优势的影响,区分了两大理论概念:环境规制水平对工厂选址和国际贸易流的影响,称为“污染避难所效应”,预示着环境规制使贸易流发生改变;自由贸易促使污染密集型产业从环境规制严格的国家向较弱的国家转移,此为“污染避难所假说”。王小云(2016)分析了中国环境规制与外资企业技术创新之间的关系。通过对2004—2013年中国28个省份外资企业进行面板数据检验,发现东中部地区环境规制强度和外资企业技术创新之间呈现“U”形关系。因此,政府应制定合理的环境规制政策激发外资企业的创新,为实现环境保护和引进外资提供技术支持。Levine et al.(2020)指出,在劳工法规规范的地区收购公司的非正常收益和交易后绩效较小;收购方更有可能在监管薄弱的国家收购劳动力导向型企业,当目标位于监管较强的国家时,更有可能利用跨境收购进入新市场,但收购方的成功率会下降。

知识产权保护也是影响跨国公司的重要制度之一。Papageorgiadis et al.(2013)基于美国企业的面板数据分析了专利保护制度对企业进入模式的影响,区分了法律上和事实上的两种专利保护制度。在这两种不同的制度下,企业选择是在海外附属机构直接使用专利技术还是通过授权的方式给海外非附属机构,倾向是不同的。该研究通过分析1998—2007年美国母公司从海外收取的专利使用费的数据发现,加强法律保护会导致更多的附属机构专利许可,而加强事实保护则会导致更多的非附属机构专利许可。当考虑制度对企业国际活动产生的影响时,研究指出,应该更多地考虑事实上的保护措施,而不是看法律上的保护措施。国内学者沈国兵(2020)使用2000—2013年中国工业企业数据库和海关数据库的匹配数据,探究了外资进入与行业知识产权保护的交互作用对中国内资企业出口技术含量的影响。研究发现,外资进入与行业知识产权保护的交互作用促进了内资企业一般贸易出口技术含量,并且对高技术水平内资企业出口技术含量的提升作用更大。

对外资进入的管制是国际法律环境的重要内容。以我国为例,当前以《外商投资法》为基础架构的新一轮外商投资立法,推动了我国已实行40多年的外商投资法律制度的根本性变革,具体体现在:以开放促改革,逐步把成熟的政策上升为法律;实现从“单独立法,双轨管理”向“内外资一致,并轨管理”转变;利用自贸区先行先试,从局部经验到全国推广;跟进国际投资规则的发展,吸收先进立法经验;等等(刘志云等,2020)。

当今社会,企业承担一定的社会责任是必须的。法律环境应当有助于企业更好地承担社会责任和环境责任。Demirbag et al.(2017)指出在普通法环境下,社会责任水平低于民法环境,而在慈善捐赠领域则相反。该研究认为在所有者权利更强的情况下,企业不太可能在一系列自愿承担社会责任的措施上花费更多。

2.2.1.4　政治环境

一般而言,政治环境是与政府事务有关的一切因素,如执政政府的类型、政治领导人的偏好、政府对不同社会群体的态度、政府干预商业活动的程度、政党的价值观和意识形态、不同政府实施的政策体系等。一个国家的政府对企业竞争和利润的态度,对企业活动的限制或鼓励,政局是否稳定以及政府机关办事效率的高低,都会影响国际商务活动。近二三十年中,虽然技术以及由此导致的交通和通信成本下降可能会推动全球化,但政治因素决定了企业和个人能否利用由此带来的机遇(Chase Dunn, Kawano & Brewer, 2000; Jones, 2007; O'Rourke and Williamson, 2014)。同时,政府出于地缘政治和国内原因会考虑介入经济活动并减少贸易和资本流动(O'Rourke and Williamson, 2014)。这意味着,不管是全球化还是去全球化,政治因素都是一个极为重要的影响因素。

在现代经济生活中,政府是企业活动不可分割的组成部分,而各种社会政治集团也各有其代表的政治力量,并不同程度地影响着企业的经营。所以政治环境是国际商务环境的另一个重要方面(薛求知等,2002)。它具体包括基本政治环境因素(如政府组织结构及形式、政党体制等)、政治环境和政府政策的稳定性、东道国对国际企业的态度和政策等。Jackson and Deeg(2008)指出,在国际商务的研究中,有必要对制度进行系统、全方位的分析,深入理解制度的差异性。在他们提出的比较资本主义(Comparative Capitalism, CC)的分析方法中，不同的制度安排具有不同的优势和弱点，通过强调企业或其他经济行为体的社会嵌入性(Granovetter, 1985)，制度不仅仅被视为约束条件，而且被视为解决经济协调关键问题的源泉，同时也影响着企业生产要素的获得。这种制度分析方法非常适合于解释不同国家的比较优势的形成——以渐进式创新和扁平化组织为基础的日本等国家或以更激进的创新和网络组织形式为基础的美国(Aoki, 2001)。另外，比较资本主义的分析方法可以借助国际商务更好地了解跨国公司如何进行制度套利和扩散，战略性地管理其全球价值链，从而创造可能引发制度变革的制度竞争。其研究将国际商务文献中的方法与比较资本主义文献中的方法进行了对比，这两种方法都提供了有助于我们更好地理解制度变革以及跨国公司如何应对它们的见解。首先，制度动态的概念探讨了政府和企业如何影响和应对国家制度的变化。这对于研究新兴市场内外活动的大量学者来说应该是最重要的，因为这些市场具有非常活跃的制度环境。其次，制度构造的概念表明，除了了解制度环境是由调节性、规范性和认知性因素组成外，我们需要研究这些组成部分的构造如何在不同国家/地区内协同工作。通过将制度概念化和研究其一系列主导因素(而不是不同的组成部分)，我们可以更深入地了解跨国公司如何利用不同国家提供的各种制度来支持总体战略的实现(Verbeke, 2018)。

罗建兵等(2014)指出，政治环境是指一个国家或地区在一定时期内的政治大背景，比如说政府是否经常更迭、政策是否经常变动等。政治环境是各种不同因素的综合反映，诸如国内危机、针对商业的恐怖主义行动以及国家之间在特殊地区的冲突，这些问题可能偶尔发生，也可能经常发生。从国际商务的角度来看，政治环境是指企业国际经营所涉及的国家或地区的政治体制以及在一定时期内由一定执政党掌权的政府的政策等政治环境，是政治体系存在和从事政治活动、进行政治决策的背景条件的总和。

在王文潭(2010)看来，国际商务活动所面临的政治环境主要取决于三个方面的情况：第一，政府在经济发展中的作用(作为参与者还是管理者)。第二，政治环境的稳定性(如政权更迭率、政治对立程度以及政府政策的稳定性与持续性等)。对国际商务活动影响比较大的政府经济政策还包括没收、征用与国有化、外汇管制、出口控制、进口限制、税收管制、价格管制、劳工管制等。

第三，国际经济关系，指东道国与其他国家，特别是从事国际商务管理活动的企业的母国的关系。

一些研究关注到了企业的政治关系对商务活动的影响。Deng et al. (2018)通过考察政治关系的异质性，研究了政治联系与对外直接投资的关系。研究结果为具有所谓政治关系的企业对外直接投资承诺较低，没有任何政治关系的企业有对外直接投资承诺，具有获得性政治关系的企业对外直接投资承诺较高。Yayla et al. (2018)从战略灵活性的视角研究了在东道国市场动荡条件下，市场导向、关系资本和国际化速度对市场退出和再进入决策的影响。其结果表明，市场导向较强的公司在市场退出决策上比市场导向较弱的公司更灵活。东道国特有的关系资本对政治冲突条件下的市场退出决策具有负面影响，与东道国合作伙伴的紧密联系增加了重新进入市场的倾向。Sobel (2002)阐述了跨境资本借贷，他发现政治制度有助于我们了解全球资本获取方面的系统性差异。

国际商务不确定性的另一个重要来源是政治不稳定以及国家的政策决策过程不稳定。政治不稳定只是影响国际商务市场战略的制度特征之一。国际商务中企业行为的另一个重要决定因素是一个国家的政治机构对游说的敏感度。在政治制度更容易被操纵的国家，获得可观的经济回报在很大程度上取决于政治活动(Dailami and Leipziger, 1998; Zelner and Henisz, 2000; Henisz and Zelner, 2001)。

因此，政治环境的不稳定和腐败问题也成为政治环境研究的一个焦点。Inmaculada et al. (2017)研究了货币不确定性和政治不稳定性对东欧和中亚地区广泛而密集的贸易(出口和进口)利润率的影响，前者涉及汇率波动、汇率制度和内部对冲，而后者涉及政治制度。首先，汇率波动对企业出口概率和出口强度有显著的负向影响。其次，以欧元或ERM II成员身份签署的有约束力的货币协定对广泛的贸易差额产生了重大的积极影响，成为这些协议的缔约方可以使企业以较低的内部对冲程度参与国际贸易。最后，政治稳定与出口增长有关。Aggarwal et al. (2010)认为金融中介的结构受到国家文化、政治和经济因素的影响。研究结果表明，市场融资相对于银行融资的偏好越大，权力距离越远，股市集中度越高，腐败控制越严，债务执行效率越高。Contractor et al.(2020)指出,政府管制的变化对外国投资有直接影响。该研究根据企业生命周期的不同阶段来划分监管变量,它利用世界银行 189 个经济体的数据,研究了影响外国直接投资流入的东道国的监管因素。其中,合同执行力更强、国际贸易监管效率更高的国家吸引了更多的外国直接投资。Krammer et al.(2018)指出新兴经济体企业的出口绩效既取决于企业的具体能力,也取决于其本国的制度环境。该研究通过金砖四国的 16 000 家公司的数据发现企业在政治不稳定、非正规竞争和腐败严重的情况下,更容易出口劳动力。Bailey(2018)综合和回顾了数十年来关于制度因素与外国直接投资吸引力之间关系的研究。该研究发现政治稳定、民主和法治等体制因素吸引外国直接投资,而腐败、税率和文化距离等其他因素则阻止外国直接投资。具体来说,发展水平、目的地区域、竞争性产业环境等效应对其关系的强度和意义有着不同的影响。

2.2.1.5 制度环境

2002 年《国际商务评论》曾经出版专辑讨论制度环境与国际商务之间的关系,剖析那些影响跨国经营的制度,试图了解制度的基本背景、组成要素和作用过程。值得一提的是,国际商务领域的学者将跨国公司战略作为分析的基本单元,并试图将制度理解为约束或影响国际商务活动成本的变量或特定维度。

在国际商务文献中,制度的重要性来源于这样一个事实:制度代表着全球化市场中的最主要的不可动摇因素。在一个企业和生产要素快速流动的国际环境中,法律、政治和行政制度往往是国家固定的框架结构,决定了一个区域的国际吸引力。制度影响企业的互动能力,因此也会影响与生产和创新有关的交易和协调成本。国际竞争环境在相当大的程度上也体现了制度体系之间的竞争(Mudambi et al., 2002)。将制度环境与国际投资和贸易活动关联起来的工作受到经济学家、企业管理者以及政策制定者等多个群体的关注。另外,制度也可以被视为影响企业特定资源的战略性开发以及不同企业战略成功可能性的重要来源(Wan, 2005)。

制度包括正式制度(通常称为规则)和非正式制度(通常称为标准)。通常,制度环境被认为应该包括政治制度(如政权类型、国家决策结构和司法制度）和经济制度（如国内要素市场的结构，获得国际生产要素的一些条款规定，诸如非正式的规范、习俗和宗教等社会文化要素）。不同领域的研究者对制度环境的内涵有不同的认识，也赋予了构成要素不一样的相对价值。Keig et al.（2019）指出正式和非正式的制度对企业社会绩效有不同的影响。该研究以制度距离为理论视角，提出并实证检验了制度差异对不同类型跨国公司社会绩效的不同影响。Yan et al.（2020）认为制度因素对国际化具有显著影响，其研究特别关注了母国制度在国际市场选择中的作用。研究结果表明，虽然心理距离在某些情况下仍然很重要，但无论是政府支持等正式制度，还是商业和政治关系等非正式制度，都使中国中小企业能够选择心理距离较远的市场。同时，非正式制度与正式制度相互作用，会进一步影响中小企业的国际市场选择。更普遍地，作为对较不先进或不完善的制度基础设施的回应，企业倾向于采用非正式的网络组织（Peng and Heath，1996）。Tang et al.（2020）认为东道国风险对公司所有权战略的影响受公司所在国的正式和非正式制度调节。Yi et al.（2018）的研究考察了正式制度（作为宏观机制）和外部审计（作为微观机制）在控制跨国公司受贿行为方面的有效性。结果表明，一家公司的贿赂行为与其外资所有权正相关，在正式制度薄弱的情况下，公司的内部治理机制在控制贿赂方面起着至关重要的作用。

制度结构与组织行为之间并不是一一对应关系，也就是说具有完全相同制度的两个社会，其产出结果可能完全不同。制度只是社会目标达成的必要条件，而不是充分条件。进入方式的选择和进入策略的动态变化、投资的规模、生存的可能性和各种各样的国际扩张战略都与制度差异有关（Henisz，2000；Delios and Henisz，2000）。国际商务中的一个关键战略决策是选址，政治制度也会对跨国公司选址决策产生影响。Donnelly et al.（2020）的研究指出，虽然人们普遍认为制度因素影响区位决策，但对制度影响的具体层次和机制知之甚少。其研究回顾了 1998—2019 年在 19 家综合管理和国际商务期刊上发表的 106 篇文章，对制度因素对跨国公司区位选择的影响进行了综合分析，探讨了制度如何影响区位选择的边界条件，并为改进区位选择研究中的制度理论提供补充。

制度环境的国际差异为新的外国业务增加了不确定性，进而提高了最低回报率，并阻碍了进入。政治结构、要素市场结构或文化上相似的市场，经营不确定性较小，进入成本相对较低，最低回报率要求也更低。因此，投资者更有可能进入未来政策机制相对容易预测的国家（Vernon，1971；Lore and Guisinger，1995；Gastanaga et al.，1998；Wei，2000）。同样，投资者也不太可能进入文化上距离遥远、组织结构不同的国家（Lore and Guisinger，1995；Hanson，1999）。

制度分析必须置于一定的背景之下。跨国企业有时会在不稳定的制度环境中寻求发展机会。Parente et al.(2019)研究了跨国公司如何在弱制度环境中进行适应调整和维持运营。其研究利用商业生态系统框架，对一家进入中非刚果民主共和国(DRC)的中国国有跨国公司进行定性案例分析。研究结果表明，跨国公司在进入刚果民主共和国后，通过采取集体行动并以与商业生态系统内的主要利益相关者共同参与的方式开展业务。这些利益相关者包括母国和东道国政府、国有企业、私营企业和当地社区。定性数据进一步表明，跨国公司的商业生态系统经历了探索、建立和嵌入三个阶段，在这个生态系统中，随着时间的推移，主要利益相关者也通过采用新的角色与跨国公司共同发展。Jonsson et al.(2010)研究了国际商务关系中的制度障碍、知识和信息交换对中小企业在国际商务关系中的特定投资的影响，以及这些投资对中小企业绩效的影响。其研究结果表明，制度障碍和商业关系中知识和信息的交换导致关系特定投资(RSIs)的增加，这样的投资为有国际化背景的中小企业带来了更好的业绩。

制度环境对企业行为以及由此导致的经济增长的影响是显而易见的。Ketteni et al.(2019)考察了发达国家和发展中国家不同正式制度下，外国直接投资对经济增长的影响。结果表明，东道国的体制环境决定了跨国公司活动的战略、结构和竞争力，进而导致不同的经济增长。Cherchye et al.(2016)研究了母国制度与竞争对企业盈利能力的影响，结果表明企业盈利能力取决于企业特征、行业结构和母国制度，企业盈利能力与制度质量呈负相关，进入管制对盈利能力的影响是通过竞争产生的，而法律和政治制度的影响只是部分通过竞争产生。Lewellyn et al.(2014)认为，IPO 活动在不同国家存在的差异是由正式制度下整体素质的差异和民族文化的非正式制度效应的直接和交互作用造成的。其研究结果表明，以正式和非正式文化为基础的机构是IPO活动的重要决定因素，更高质量的正式制度与更高水平的IPO活动相关，文化的绩效导向维度与IPO活动呈正相关，文化的不确定性规避维度与IPO活动呈负相关。另外，Ismail et al.(2019)研究了东道国制度环境在新兴市场企业创新动态能力与其国际绩效关系中的作用。该研究发现，创新相关的三种动态能力(创新性、供应链敏捷性和适应性)与国际绩效之间的联系受到制度发展和制度距离的调节，但它们的影响是相反的。Clercq et al.(2010)的研究指出，不同的制度环境为大量的国际业务研究提供了基础，且证明了新兴经济体中制度因素与新业务发展之间的关联，尤其是新的业务发展对经济转型和增长的重要性。这是第一个通过实证检验社会关系和制度之间可能的替代效应来预测新的商业活动的研究。

国际商务文献的另一个重要焦点是关注东道国制度如何通过创造障碍、提高成本或增加风险来改变跨国公司的进入模式(Brouthers，2002；Meyer，2001)。制度(如对外资股权的法律限制)会以不同的方式影响外企进入时机、地点或进入模式。当交易方机会主义风险增加时，跨国公司可能会选择全资子公司。当政治风险增加时，跨国公司会选择以合资企业的方式进入(Henisz，2000)。Peng(2003)还认为，在支持市场的正式制度“不完善”的情况下，作为处理非正式制度约束的一种方式，跨国公司将更多地依赖于合资企业而不是全资子公司。Wu et al.(2014)认为母国的制度环境决定了新兴市场企业的海外扩张，结果表明较发达的母国制度环境促进了新兴市场企业向比母国更先进的外国市场的扩张，而母国制度的不稳定性会降低这种倾向。

2.2.1.6　技术环境

一般而言，技术环境是指以提高产品质量为目的的生产方法的改变以及新设备、新机械的使用等。企业必须密切关注他所在行业的技术变革，因为它必须实施这些变革，才能在竞争激烈的市场中生存。一家公司希望在另一个国家销售其产品之前，两国的技术必须是兼容的。如果企业的运作依赖于便捷的技术获取，那么企业在进入新市场之前必须充分考虑接入互联网、电力、清洁水或其他各种技术的便捷性。

在现代经济中，技术进步的影响直接反映在从事国际商务活动的成本上。

对于国际商务活动而言,有两种成本是至关重要的:一是信息沟通成本,二是运输成本。在国际商务活动中,人员和设施分布在不同的国家,无论是信息的传递还是人员设施的协调,都依赖大量的信息沟通,因此迅速、便捷、低成本的信息沟通活动就成为国际商务活动大规模展开的首要条件,信息技术的飞速发展刚好满足了这个条件。信息技术的发展大大降低了信息处理和全球管理的成本,同样,国际商务活动必然涉及大量的人员和物资的国际流动,如果运输成本过高,就会降低企业的竞争力。运输成本的降低,一方面得益于现代先进的运输方式,另一方面得益于新材料的发展,物品的体积和质量都在降低。同时也得益于信息技术的发展,大大提高了处理货物的效率,减少了迂回运输和重复装卸。

同时,技术进步也改变了国际商务活动的模式,电子商务的蓬勃发展就是一个典型的例子。电子商务是各参与方之间以电子方式而不是以物理交换或直接物理接触的方式完成业务交易,这里的电子方式包括电子数据交换、电子支付手段、电子订货系统、电子邮件、传真、网络等。信息革命以来,发生了一些新的古典经济学无法解释的经济活动和经济现象,由于它是一种与过去不同的经济,所以有人称它为新经济,也有人从不同侧面称之为网络经济、信息经济、知识经济、数字经济等(王文潭,2010)。

企业正在面临着一个全新的技术空间,新的产业范式和技术发展正在改变当前的价值创造方式。在当今政治、经济全球化的背景下,受全球市场和企业技术战略推动,工业活动出于技术需要而表现出国际化的发展趋势,即不同民族、国家之间不再为了垄断技术优势而单独开发关键技术,而是合作开发关键技术,以维持经济的持续增长。按照这种观点,随着高技术企业的日益全球化,企业和技术的民族性日渐式微,那种仅仅支持国内企业的技术政策已经过时。能够对企业的商务活动产生重大影响的技术有以下几种。

(1) 区块链(Blockchain)。区块链是最新的“颠覆性创新”,引起了学者们的关注。开发商、企业家和技术爱好者等利益相关者声称,区块链有可能重新配置当代的经济、法律、政治和文化格局(Frizzo-Barker et al., 2020)。

(2) 物联网(IoT)。物联网作为服务化商业模式的关键推动者,其潜力正受到学者和业界人士的关注。然而,关于这一新兴概念的学术研究正在增加,但总体上尚未得到充分的探索。

(3) 工业生产及信息与通信技术(ICT)。工业生产及信息与通信技术的日益融合引发了制造业中所谓的“工业4.0”革命。这使得信息、物和人的连接由于物理和虚拟(网络空间)世界的融合成为可能,并以网络物理系统(Cyber-Physical Systems, CPS)的形式出现。因此,它使传统工厂能够转变为智能环境。根据一些学者的研究,这种现象被认为是第四次工业革命,将是未来几十年创新的强大驱动力,并将引发下一波创新浪潮。因此,与工业4.0主要相关的特性,如基于ICT的生产系统的实时性、互操作性以及水平和垂直一体化,被认为是对当前挑战的回应。由于全球化和竞争的增强、市场需求的波动性、创新和产品生命周期的缩短以及日益复杂的产品和工艺,企业必须直面挑战并保持竞争力。通过这种方式,商业世界的快速数字化正在打破行业的传统壁垒,许多学者和实践者强调需要重新思考现有的商业模式。然而,近年来的研究主要集中在技术开发上,对通过技术创新整合而产生的新的商业模式的研究较少(Ibarra et al., 2018)。

与过去几十年相比,传统企业正在实施越来越多的绿色战略,因为企业必须立即应对环境影响。这项研究对实施环境保护措施、建立社会保障和提高企业稳定性具有经济、社会和商业意义。Hasan et al. (2019)通过系统的文献回顾研究,考虑企业价值链各个功能中的绿色业务实践,探讨绿色战略在每个业务流程中的含义。其研究还表明,在绿色资本的背景下,绿色商业的实践对当今世界是必不可少的。

影响技术进出口的因素也是我们关注的国际技术环境要素。Sultana et al. (2020)指出,技术进步是经济和技术发展的重要手段。该研究对2009—2016年的全球外国直接投资网络进行了建模。实证结果表明,全球外国直接投资网络具有核心-边缘结构,核心国家的技术发达程度高于外围国家。即一国的外国直接投资网络中心地位与其技术优势之间成正比关系。而吸收能力不仅会影响外国直接投资网络结构与技术优势的关系,还会调节新技术中的知识强度。Azar et al. (2017)指出只有通过持续的组织创新和技术创新,才能直接或间接地提高出口绩效。该研究利用218家瑞典出口企业的数据,采用结构方程模型对组织和技术创新与企业出口绩效之间关系的假设进行了检验。该研究通过对技术创新对组织创新的中介作用的分析，得出了只有技术创新的广泛性才有助于提高出口业绩。Wu et al.(2019)提出一个适度中介架构，以描述国际多元化、技术能力、市场导向与新兴市场跨国企业新产品绩效之间的关系。其研究结果表明新兴市场跨国企业的技术能力促成了国际化对新产品绩效的影响。这种中介效应对于进入较发达市场的企业比进入较不发达市场的企业更为显著。

2.2.1.7 社会文化环境

文化是制约一个群体行为的一整套社会规范和反应，塑造个体行为和个体感知。正是这些社会规范和反应，使得一种社会环境与另一种社会环境迥然不同，并且使每一种社会环境以其自身的面貌出现。一个社会的政治、法律乃至经济都受到该社会文化背景的深刻影响，因此可以说整个国际商务环境都可以归为广义的社会文化环境。另外，社会文化环境也包括生活在商业社会的人们的生活水平、品位、偏好、消费习惯和教育水平。跨文化管理(Cross-cultural Management)需要在工作团队管理中充分考虑国际和全球商业环境下客户在文化、偏好和实践方面的多样性。张昆鹏等(2007)指出，在经济全球化背景下，企业纷纷走出国门参与全球竞争，通过不断设立业务分支机构，收购以及结盟，创造其所需的规模和范围，随之而来的真正挑战是企业要在当地凝聚跨越边界的企业文化。而一个跨国经营的企业，适应各国的文化需要是最基本的。

著名的国际营销专家菲利普·凯特奥拉认为，国际商务人员应具备市场文化的两种知识：一种是明显的事实性知识，如不同的宗教信仰、不同的语言、不同的传统习惯、不同的审美观等，这些关于某一特定文化的事实，基本上是可以看到和了解到的；另一种是领悟性知识，即一种理解不同文化特征之间的差别的能力，如对于工作和成就的态度、对于权威的态度、对于未来的态度、对自己在社会中作用的理解以及人生的意义等，这些较之事实性知识更难，更需要注意，是要靠时间、经验和体会才能获得的(薛求知等，2002)。

国际商务交往中多元文化与单一文化在不断发生碰撞与融合。Breuer et al.(2018)认为文化是影响基本经济决策的一个重要因素。文化是包括以习得态度、价值观和信仰为基础的各种规范。几乎每个人都同意不同国家民族文化存在差异。但是,多数学者对于具体文化差异是什么存在分歧。Dastmalchian et al.(2020)指出,权力距离是社会文化评估的重要维度之一。在高权力距离文化中,提高机会的做法(例如参与式工作设计和决策制定)效率较低。

许丽芹等(2007)以 Hofstede 的文化维度模式和 Hall 的高-低情境模式为理论指导,以国际商务环境活动中的大量实例,论证分析了跨文化商务环境中的多元文化价值观以及文化的多维度,认为在跨文化商务交际活动中,交际者必须对全球文化的多元性和多维度有深刻的认识,对跨文化商务环境中的多元文化差异非常敏感,随时调整自身的商业决策、管理行为和交际方式,以适应国际商务环境中多元文化价值观的差异。

葛朝霞(2008)提出要避免国际商务环境下跨文化交际活动中的"文化负迁移",认为企业应增强文化差异的敏感性,加强对文化差异的研究,从而在不同文化背景下有效进行交际。她强调,对一个国家文化的理解会影响到商务活动以及战略决策过程中对市场领域的选择。要有效地进行国际商务环境的跨文化交际,就要提高对外文的适应性,自觉调整好民族情结和文化情结。

Johanson and Vahlne(1977)在分析瑞典企业国际化过程的基础上提出渐进式企业国际化理论,即乌普萨拉模型(Uppsala Model)。他们认为国际化是一个企业系列递进决策的结果,并将模型的重点放在企业通过逐步收购、整合和利用国外市场和知识,从而逐步加深在国外市场参与的行为模式上。该模型还率先提出了"心理距离"的概念,即阻碍市场信息流动的因素的总和。比如在语言、教育、商业惯例、文化和工业发展上的差异,认为投资国和东道国之间文化和语言的差异会决定对外直接投资的模式。因此,从这两个观点出发,该理论分别从内外两条路线发展(朱巧玲等,2011):

第一条路线关注企业的战略和决策。Root 将该模型发展为阶段模型。认为随着市场知识的积累,企业会经历从无国际化活动、依靠代理商出口、建立销售子公司出口到最后建立海外生产基地四个阶段的国际化过程。实证检验证明企业国际化常常是跨越式的发展,与模型描述并不相符。Johanson and Vahlne(1977)完善了乌普萨拉模型。在阶段模型的基础上,补充了三种例外:一是具备充分知识资源的企业可以采取更大的国际化步骤;二是当市场稳定和均衡时,相关市场知识可以从其他路径获得而不是完全依靠经验;三是一个公司从相似市场上获得的经验能够推广到任何特定市场上。这构成了目前公认的乌普萨拉国际化模型。

第二条路线关注“心理距离”，即文化等环境因素对企业对外直接投资模式的影响。Kogut and Singh 认为投资国与东道国之间文化距离越大，企业就越有可能会选择合资或新建投资而不是收购。Barkema 则补充了组织学习可以克服文化障碍的观点。

文化差异是社会文化环境研究的重点。文化差异会影响企业的并购活动。Wang et al.(2020)的研究围绕国际化经验、文化差异以及东道国背景特征如何影响完全收购和部分收购策略的选择。研究以 1980—2005 年芬兰公司在不同国家进行的 1 275 宗收购为样本，结果表明完全收购和部分收购的企业存活率没有显著差异。研究结果还显示，如果在文化相似的国家、欠发达经济体和进入后国家风险增加的市场进行收购，完全收购的积极影响更大。Wang et al.(2020)认为文化差异对跨国并购绩效很重要。民族文化差异与组织文化差异均对隐性协同效应的实现产生了消极影响，对显性协同效应没有影响。民族文化差异在协同实现上比组织文化差异具有更强的负面影响。其研究以跨国并购中的协同实现为重点，提出民族文化/组织文化差异与协同实现之间的关系将由尽职调查和收购后协调的质量和程度来调节。在并购前，充分的文化和人力尽职调查能够显著缓和高度文化差异的影响。Hofstede (2001)认为文化背景在很大程度上决定了个人的选择。House et al.(2004)也认为不同的文化背景会影响个人对管理和领导力的价值观和偏好。由于文化背景对个人的选择有着至关重要的影响，因此文化价值观对于理解全球并购绩效可能是非常重要的。Contractor et al.(2014)指出完全所有权、多数所有权和少数所有权之间的选择是根据机构、文化和部门关联性三个区位因素来解释的，即收购方和目标公司所在国家之间的差异。该研究调查了来自 33 个国家的收购者 11 年内在印度和中国进行的 1 389 宗收购，发现当收购涉及行业关联性时，少数股权收购超过全部或多数股权的可能性会降低。

一些学者则认为，母国和东道国文化对跨国公司的进入模式选择、国际多元化战略和绩效具有重要意义(Tihanyi, 2005)。这里文化差异增加了进入的成本，降低了运营的效率，并阻碍了企业转移核心能力或母国实践经验

(Barkema and Vermeulen, 1997; Brouthers and Brouthers, 2001)。

Safari et al. (2019)指出心理距离会对企业进入外国市场产生影响。一些研究分析了语言和宗教的影响。Fernando et al. (2020)指出语言和宗教在公司国际化进程中对区位选择的作用影响很大。该文章根据西班牙酒店业的数据,研究了宗教和语言这两个不同但相互关联的非正式制度因素对连锁酒店选址决策的影响。研究结果表明,非正规制度差异越大,饭店在国外的存在率越低。Richardson et al. (2018)认为在国际商务谈判中,谈判对手之间不同的宗教信仰实际上加强了谈判,而不是阻碍了谈判。Aichhorn et al. (2017)认为外语焦虑(FLA)作为一种潜在的情感机制,增加了语言障碍的产生,对跨国公司员工的人际交往有较大影响。Mohr et al. (2018)研究了企业资源、文化距离与零售业的同步国际扩张,结果表明同时扩张需要的资源超过连续国际扩张所需的资源。文化距离强化了其中一些资源对零售商同时进行国际扩张的影响。

2.2.1.8 自然资源环境

自然资源环境是国际商务环境中最容易进行分析的部分。自然资源环境包括自然资源、土地面积、地形和气候条件等。自然资源情况会影响到一个国家经济发展的潜力水平以及市场供求变化的特征,地形直接影响企业的分销成本,同时恶劣的地形条件可能造成市场的分割,不利于企业营销。气候一方面影响消费者需求的特征,另一方面也影响着很多农产品供给的数量和品质(王文潭,2010)。Nuruzzaman et al. (2019)指出自然资源的丰富程度也会影响企业的创新和其在外国市场的竞争力。

自然资源环境的范畴也包括基础设施。基础设施指为经济活动提供服务的公共设施,包括交通运输网、通信设施、仓库等。在一个高度分工和专业化的世界经济体系中,交通运输条件直接影响着营销活动的经济和时间成本。能源供应是企业开展经济活动和消费者进行消费行为的基础条件。一方面,企业生产经营过程中需要不同类型的能源,如电解铝的生产需要大量消耗电能;另一方面,很多产品的消费使用过程需要消耗大量能源,如汽车需要燃油,家电需要电力。通信条件则直接影响着信息交流的效率和容量,在一个高度信息化的社会,信息已经成为企业和消费者最重要的资源之一,因此通信条件的好坏也就在客观上制约着生产和消费活动的种类及规模，如网络营销就是通信条件高度发展的产物。除此以外，基础设施也包括与商务活动有关的基础设施，如金融服务、广告服务、分销服务、中介服务、咨询服务等。一个国家或地区的商业基础服务能力，直接影响着企业营销决策的水平和各种营销手段能否快速、经济、有效地运用。

另外，城市化指标也是国际企业开展商务活动的一个重要参考指标。通常一个国家或地区城市化程度越高，市场规模也往往越大。城市化用城市人口占总人口的百分比来表示。随着国家收入水平的提高，城市化程度也越高。目前发达国家的城市化已经达到了很高水平，进展缓慢，提供的新市场机会比较少。相反，低收入国家和中等收入国家城市化水平较低，正处于快速城市化过程中，提供的新的市场机会比较多(王文潭，2010)。

随着人们对以更绿色、更可持续的方式开展商业活动的强烈呼吁，与可持续性相关的创业已成为创业研究的一个重要分支。诸如“可持续创业”“生态创业”“环境创业”“绿色创业”等术语的多样性，反映了这一研究领域的碎片化，因此研究结论也不一致。基于可持续发展的一个支柱模型，即生态可持续性，Suppatvech et al. (2019)系统地回顾了有关生态可持续创业的文献。这项对 114 篇专业文章的分析揭示了生态可持续创业的参与驱动力，以生态可持续方式开展业务的驱动力，生态可持续企业采取的战略行动以及生态可持续的结果、有利因素和挑战。

自然资源中最为重要的一项资源是人力资源。Konara et al. (2019)指出在跨国环境中，人力资本的影响取决于语言资本。该研究结合国际商务和人力资本经济理论中关于语言型跨国公司的文献，建立了一个语言型跨国公司和语言资本共同决定外商直接投资的分析框架，利用 1995—2008 年搜集的 3 315 个国家的数据建立一个分析框架，审查语言资本和人力资本在外国直接投资中的作用。

在国外开展商务活动时，企业管理者也需要考虑基础设施的问题。一个国家的发展水平往往在一定程度上取决于其基础设施。基础设施是支持一国经济活动的有形设施，如铁路、公路、港口、公用事业、发电厂、学校、医院、通信系统和商业配送系统。在欠发达国家经商时，企业可能需要对基本的分销物流和通信系统进行额外补贴。

2.2.2 国际商务环境的特殊性

当前，关于商务环境的相关分析，现有文献中涉及的关键词包括市场环境、营商环境、投资环境等。我们对基于中国知网数据平台(CNKI)2000 年以来的近 20 年相关文献进行了初步的计量分析，篇名中含有关键词"营商环境"的研究文献高达 1 821 篇；从发表年度来看，2000—2016 年相关文献数量较少，2017 年以后数量逐步增多，2019 年数量达到顶峰，共 828 篇，是上一年度的近两倍，这与近年来业界和学术界对营商环境的高度关注有关。类似地，近 20 年间，篇名中含有关键词"投资环境"的研究文献高达 2 648 篇，篇名中含有关键词"市场环境"的研究文献高达 1 693 篇，篇名中含有关键词"制度环境"的研究文献高达 1 397 篇，文献数量的年度分布基本均匀。

我们也尝试对篇名中含有关键词"贸易环境""金融环境""社会环境"的文献进行了检索，发现数量分别达到 266 篇、584 篇、460 篇，而当我们尝试检索篇名中包含关键词"国际商务环境"的文献时，仅检索到十余篇。一个原因是，"国际商务环境"是一个泛指的概念，与市场环境、营商环境、投资环境等概念相比，其外延更大，导致在学术研究中，学者们只有将其具体化后才能纳入研究范畴。考虑到国际商务环境的重要性，学者们更倾向于通过专著的方式对其进行论述，具体见本书 2.1.2 节的研究综述。

与区域性的营商环境、投资环境相比，国际商务环境的特殊性体现在：

(1) 国际商务环境更为复杂，且影响因素的评估不易。国际商务环境是各种直接或间接影响和制约国际商务活动各种因素的集合，分为三个不同层次：一是从全球的角度出发，考察整个世界经济的基本状况，以及影响国际商务活动的全球层面的经济环境(国际金融环境、国际贸易环境、经济周期、世界经济结构等)；二是从一个国家角度出发，考察某个具体国家的商务环境，即国别层面的商务环境(本地商务环境)；三是从世界区域性范围及区域性组织出发，考察某些文化背景相似、经济发展水平相当、关系往来密切的一系列国家和地区的区域性层面的商务环境。国际商务环境的复杂性表现在，国际环境因素与国内因素相互交织。对于跨国公司而言，某一本地环境因素的改变会通过多种渠道,影响其他市场的商务活动。由于这些因素的错综复杂,想要准确评估某一因素的影响往往并非易事。

(2) 国际商务环境处于快速的动态调整之中。国际商务环境处于不断的变化之中,与这些变化相伴而来的也包括很多机会。王效俐等(1999)将国际商务环境的特点概括为四个方面：国际商务环境具有复杂性和多变性;国际商务环境因素的影响和作用是多方面的,因此具有综合性和关联性;国际商务环境因素的性质不同,构成其可控性与不可控性;国际商务环境因素的强度不同,构成其主导性和非主导性。国际商务环境中的政治因素、经济因素、法律因素一般对商务活动的作用和影响的强度较大,可视为主导因素。实际上,依商务活动的具体情况,每种环境因素的作用强度是不同的。

王效俐等(2000)进一步指出,国际商务环境处于不断变化之中,对国际环境的变化应当采取了解适应环境、力求影响环境以及预测环境三项策略。薛求知等(2002)也指出,复杂化、多样化、多变和不确定性是国际经济环境的主要特性。

对国际商务环境的分析不能脱离企业决策以及企业绩效,这是国际商务环境与营商环境、投资环境等最大的不同。因此,国际商务环境分析的目的是要帮助企业认知环境,以更好地参与竞争与经营。

2.2.3 操作层面的国际商务环境分析

目前,世界范围内与国际商务环境有关的成熟评价指标体系有三个,分别来自世界经济论坛发布的年度《全球竞争力报告》、经济学人智库(The Economist Intelligence Unit, EIU)每五年发布一次的《营商环境排名》,以及世界银行发布的年度《全球营商环境报告》。

(1) 世界经济论坛从1979年起每年都发布一期《全球竞争力报告》,这被认为是最早构建的面向全球经济体的营商环境评估体系。竞争力排名以全球竞争力指数为基础,指标主要包括制度、基础设施、宏观经济环境、健康保障与基础教育、高等教育与职业培训、商品市场效率、劳动力市场效率、金融市场成熟度、技术就绪指数、市场规模、商业成熟度及创新能力。虽然其历史悠久,团队建设、方法应用以及数据获取都相对成熟,但是指标体系不仅是对营商环境的衡量，还包括对一个国家教育、科技等方面实力的衡量，因而用于营商环境的相关研究针对性不强，解释力不足。

(2) 经济学人集团旗下的经济学人智库每五年也发布一次《营商环境排名》，通过对82个国家或地区的政治环境、宏观经济环境、市场机会、自由市场及竞争政策、外资政策、外贸和外汇管制、税收、融资、劳动力市场和基础设施等十大领域的研究，对各国营商环境的质量、吸引度进行排名。经济学人智库对营商环境的排名不仅基于国家的过去表现，而且基于其对国家营商环境未来五年的预判。但经济学人智库的数据发布周期过长，而且范围有所限定，缺乏面向全球所有经济体的比较。

(3) 为实施促进各国私营部门发展的战略，世界银行成立了Doing Business小组来负责营商环境指标体系的构建。从2003—2018年，世界银行连续15年对全球190个经济体的营商环境进行评估，并发布年度《全球营商环境报告》。在首次发布时，仅有5项一级指标，覆盖133个经济体。到2018年，《全球营商环境报告》经过补充、修改与完善，已有11项一级指标，覆盖190个经济体。一级指标主要包括企业开办、办理施工许可、获得电力、产权登记、获得信贷、保护少数投资者、纳税、跨境贸易、执行合同、办理破产和劳动力市场监管。其中，劳动力市场监管仅作为参考，并未纳入排名计算。排名则是按照各经济体的营商便利度依次排序，排名越高表示该国从事企业经营活动条件越宽松。虽然世界银行建立了较为完善的指标体系，但是世界银行的营商指数旨在进行国际比较，需要其采用的指数具备在各国比较中的普适性。因此，可能出现的问题就是，一些指数并不能完全反映各国营商环境的实际情况(石楠等，2019)。

国际商务环境分析包括国际商务环境要素分析以及国际商务环境评价，这两部分缺一不可。从实际操作层面上讲，营商环境是指市场主体在准入、生产经营、退出等过程中涉及的政务环境、市场环境、法治环境、人文环境等有关外部因素和条件的总和。营商环境包括影响企业活动的社会要素、经济要素、政治要素和法律要素等方面，是一项涉及经济社会改革和对外开放众多领域的系统工程。一个地区营商环境的优劣直接影响着招商引资的多寡，同时也直接影响着区域内的经营企业，最终对经济发展状况、财税收入、社会就业情况等产生重要影响。概括地说，它包括影响企业活动的法律要素、政治要素、经济要素和社会要素等。良好的营商环境是一个国家或地区经济软实力的重要体现，是其提高综合竞争力的重要方面。相比之下，营商环境的分析更具体、更有针对性。

在经济全球化的背景下，国际商务环境分析的目的是寻找机会并规避风险。Eduardsen and Marinova(2020)在对1971—2018年发表的134篇同行评议期刊文章进行深入回顾的基础上，对现有的国际化和风险研究进行了系统的总结和分析。分析表明，尽管近年来风险在国际化文献中受到了极大的关注，但在国际化的风险影响、风险对国际化战略的影响以及在国际化过程中评估和管理风险的战略方面，仍然存在重要的差距。通过综合和组织现有的研究，形成了一个总体的综合框架，提供对风险现象的全面理解，包括风险与国际化的相互关系以及风险的来源和后果。加强对风险的认知，是国际商务分析的重点内容之一。

从1999年开始，世界银行开始进行世界商业环境调查(World Business Environment Survey, WBES)。这一调查分析与国际商务环境的要求最为接近。这是一项规模分层随机调查，覆盖52个国家的4 000多家公司。调查的主要目的是确定各国企业运营和增长的障碍有何不同，以及这些障碍如何影响不同规模的公司。该调查收集了来自80个国家10 000多家公司的企业数据。对调查结果的计量分析表明，腐败、融资、监管和税收限制、政策不确定性和知识产权保护与企业绩效之间存在着密切的联系，这是通过销售和投资增长以及参与正规经济来衡量的。这一发现为区域比较提供了基础，但也表明，在对不同类别进行平均时需要谨慎，特别是考虑到可能对公司销售和投资产生重大影响的情况。

2.3 国际商务环境评价的相关研究

2.3.1 国际商务环境评价的指标体系构建

对于国际商务环境的研究目前大致分为两类：一是机构或者学者们在世

界银行 Doing Business 小组发布的《全球营商环境报告》的基础上，对其现有指标体系进行研究或自建指标体系评估营商环境；二是基于区域投资环境理论，建立指标体系对区域或行业的投资环境进行评估。此外，创新环境的评估近年来也备受学者关注。创新环境的产生并不是源于某一企业，而是区域内众多企业元素共同参与的结果，通过区域内企业间的内部协同机制提供共同学习的条件进而实现创新网络。也有学者或机构在创新环境理论基础上建立指标评估或直接对创新环境与创新效率进行计量分析。本书将从国际商务环境评价指标体系构建、评价方法以及评价实践对现有研究进行梳理。

由世界银行 Doing Business 小组从 2003 年起每年发布的《全球营商环境报告》是目前评估一国营商环境优劣的权威报告，由于其具有指标可量化性、考察全面性等优点因此在世界范围内被广泛关注、参考和借鉴。《全球营商环境报告》的评价指标体系由企业开办、办理施工许可、获得电力、产权登记、获得信贷、保护少数投资者、纳税、跨境贸易、执行合同和办理破产十项一级指标构成，并且每个一级指标下分别设立若干个二级指标，用于量化考察每一方面的得分。从 2003 年起，《全球营商环境报告》的指标体系逐年丰富，具有相当的客观性和权威性，但由于世界各国存在着政治体制、经济发展程度等内在差异，因此该报告的指标体系构建存在着一定的局限性。部分学者就世界银行《全球营商环境报告》中的部分指标提出了疑问，Arrunada(2010)指出该报告评价指标因过于强调政府监管对于企业效率的负面影响而忽视了监管对企业交易成本减少的贡献；同样地，娄成武和张国勇(2018)认为世界银行报告受到西方新自由主义的影响，忽视政府监管的积极作用，且未考虑不同经济体之间的现实差异，适用性较差；Corcoran and Gillanders(2012)认为该报告部分指标对社会经济效用不明显，且个别国家的指标数据回归结果不显著；Bruhn and Mckenzie(2014)质疑了该报告将有限公司作为主要调查对象，而发展中国家存在着大量的非有限公司的经济实体，被世界银行的报告所忽视，这使得报告对营商环境反映的真实程度存疑；董彪和李仁玉(2016)认为《全球营商环境报告》由于评价标准的倾向性、评价机构选择的样品不科学、刻板印象的作用以及经济转型调整期造成的误解等因素低估了我国排名；马晓白(2017)在从《全球营商环境报告》中归纳我国现存问题的同时，也发现实践中反映出该方法的不适用性，其指标体系忽视了对于不同经济体内部差异的考虑，如我国地区之间发展条件和发展环境差异较大，并建议我国开发适合自己国情的指标体系。

罗一帆(2018)则从税务指标的角度质疑，认为纳税指标的采集和考量存在不合理，且存在着纳税方面二级指标个数有限、指标仅简单加总、采集对象范围偏窄、税后流程指标不易检测等问题，制约了可信度、有效度，且纳税项在促进社会发展方面的职能没有充分显现，这一点埋没了中国近年来的税制改革优势。张三保等(2020)指出，世界银行的评价体系存在一定的局限性，如过于侧重政府审批环节的数量与时间，且未涵盖市场规模、基础设施等因素。由于世界银行报告的指标体系存在诸多弊端，部分学者也选择了在世界银行《全球营商环境报告》指标体系基础上做出改进，或重新构建营商环境指标体系。唐磊磊(2012)从市场环境、政策政务环境、社会化服务环境、融资环境和法律环境等五个方面设计调查问卷获取数据，对大连市中小企业营商环境进行了分析。潘勇等(2019)在世界银行营商环境指标体系基础上，结合中国"放管服"的政策环境，将一级指标划分为"简政放权、放管结合、优化服务"三个大方面，并且在二级指标中加入"互联网＋政务便利度"这样与时俱进又贴合中国实际的项目，建立了包括企业开办、企业经营、企业退出等涵盖企业生命周期的营商环境评价指标体系。倪志良和郭俊汝(2020)从总税负水平、税负合理性、税收征管效率、税收法治化水平、税收稳定性以及税收廉洁程度这六个维度，分别选取税率、纳税项、筹纳税所需时间、法制水平、政治稳定性和腐败控制这六个指标构建评价体系，分析"一带一路"沿线国家税收营商环境，其中前三项指标来源于《全球营商环境报告》。张三保等(2020)按照"国际可比、对标世行、中国特色"的原则，并且以"十三五"规划纲要提出的"市场、政务、法律政策、人文"四个维度为一级指标，借鉴国内外营商环境评价指标体系并结合《全球优化营商环境条例》，确定二级指标和相应权重，构建出中国省份营商环境评价指标体系，并进行量化分析，使其指标体系更加具有中国特色。

学者自建评价指标体系早有先例。Körner 等(2002)使用腐败感知指数、综合治理指数、捕捉指数、不透明度指数和公司治理风险指数五个指标评估了捷克、匈牙利、波兰和斯洛伐克的营商环境。樊纲(2001)早在营商环境概念提出之前，就开创性地使用了市场化指数衡量各省域从计划经济向市场经济过渡的体制改革过程，市场化指数包括政府与市场的关系、非国有经济的发展、产品市场的发育程度、要素市场的发育程度、市场中介组织发育和法律制度环境这五个方面的评价指标，且每年更新。此后王小鲁等(2018)在2018年市场化指数评价体系中开创性地使用了相对指数衡量经商环境。刘志荣(2010)从法制环境、社会环境、信用环境、基础设施环境、生产性服务环境、市场环境和资金环境七个方面建立评价指标体系，考察广东、安徽和四川的中小企业所处的营商环境。杨涛(2015)构建的营商环境指标体系包含市场发展环境、政策服务环境、科技创新环境三个指标，基于山东、浙江、广东、江苏四省调研数据进行因子分析。李学峰(2018)的指标体系则包含市场经营环境、政策政务环境、社会服务环境、融资贷款环境和法律环境五个方面，并以此建立分层阶梯式评价指标模型。李志军(2019)的中国城市营商环境评价指标体系包括政府效率、人力资源、金融服务、公共服务、市场环境、创新环境六个指标，采用主观与客观结合的方法确定权重。聂辉华等(2019)从“亲近”与“清白”两方面选取了政府对企业关心、政府对企业服务、企业税负、政府廉洁程度、政府透明度这五项一级指标构建了中国城市政商关系评价体系，这也是营商环境的重要构成内容。彭迪云等(2019)从经济环境、市场环境、基础设施和支持环境四个方面选取23个指标，构建了区域营商环境评价指标体系用于评价2007—2017年长江经济带11省市的营商环境。秦冲(2018)参照粤港澳大湾区研究院发布的《2017年中国城市营商环境报告》，从软环境、市场环境、商务成本、社会服务环境和生态环境等五个方面对广东省营商环境进行了评价。

对于投资环境的指标体系构建，现有研究大多基于区域投资环境理论，构建指标体系对区域、行业投资环境进行评估。邓宏兵等(2007)使用城市区位条件、基础设施条件、经济环境和社会环境作为一级指标评价中国各省投资环境。盛从峰等(2008)以市场状况、综合成本、支持能力和投资风险建立指标体系用于评价区域投资环境的竞争力。彭羽和陈争辉(2014)从市场准入、商贸环境、基础设施和政府效率四个方面建立指标体系用于评估上海自贸区投资的便利程度。倪琳等(2015)在对湖北现代服务业投资环境分析时，从经济环境、产业环境、社会文化环境、科技环境等方面进行比较研究。张玉梅(2015)

使用市场开发、矿业权准入、信息化服务以及基础设施建设等方面，对中国省域矿业投资环境建立指标体系进行评估。刘海飞和许金涛(2017)通过社会环境、经济环境、基础设施和自然环境四个方面构建省域投资环境评价指标体系，实证分析了我国31个省、自治区和直辖市的投资环境。

创新环境指标体系的构建目前也备受关注。国外较为权威的机构指标体系有全球创业观察(GEM)创业环境评价指标体系，该项目由伦敦商学院和百森商学院共同发起，由国家专家调查小组(NES)着眼国家背景，通过问卷调研的方式获取指标数据，指标体系由创业者融资、政府政策(支持)、政府政策(税收和官僚机构)、政府创业项目、基础学校创业教育、高校创业教育和培训、研发成果转化、商业和法律基础、内部市场动态、内部市场开放、基础服务设施、文化和社会规范所构成。此外，还有经济合作与发展组织(OECD)创业环境评价指标体系，该体系从企业层面出发，依据初创企业的发展阶段，将创业环境划分为三个阶段：初创(决定因素)、发展(直接效应)、成熟(社会效应)，并将初创阶段的决定因素定义为市场状况、政策框架、资金获取、技术与研发、创新能力和创业文化这6项指标。对于国内的权威指标体系，有第一财经研究院和复旦大学产业发展研究中心(2018)发布的《中国城市和产业创新力报告2017》，该报告基于国家知识产权局的专利数据和国家工商局的新注册企业数据这两组微观大数据，构造了一系列反映中国创新能力的指数，给出了现阶段中国在地区、产业、企业三个维度上的创新力排行榜。关于学者们对创业指标的研究，王郁蓉(2014)通过梳理现有文献发现，国外学者大多热衷于政策环境、产业集群和国家创新系统三个方面。Leung and Wu(1995)认为创新环境在与适当的政策和机构支持协同作用下可以更好地发挥作用。Casanueva et al.(2013)发现空间上处于聚集区的企业由于更易建立起网络关系而在创新效率方面更具优势。Samara et al. (2012)认为国家创新系统受到新政策的影响，创新效率的改善则是一个长期目标。关于国家创新能力的研究中，Porter et al.(1999)以及Furman et al. (2002)都采用了国际专利数指标衡量一国的创新能力。Faber et al. (2004)在比较欧盟14国的创新能力时，采用创新产品销售比例以及专利数这两项指标。但仅仅采用一到两种指标并不足以形成衡量创新环境的指标体系。赵彦飞等(2019)通过梳理已有文献发现，我国学者主要从社会环境、市场环境、制度政策环境等方面构建指标体系，并且采用直接或间接的方法进行评估分析。中国科技发展战略小组(2016)在评价区域创新能力时，构建了创新基础设施、市场环境、劳动者素质、金融环境和创业水平5个指标；中国科学技术战略发展研究院在构建国家创新指数时，采用了知识产权保护、政府规章对企业负担、宏观经济、地方研究培训专业服务情况等十个方面来构建指标体系，综合分析了创新环境的影响作用。虽然涉及国家或者区域的创新环境指标体系较少，学者们在对企业的创新能力分析方面产出颇多，地区内企业创新能力一定程度上也可代表该地区的创新环境。

Romijn et al. (2002)在评价英国中小电子软件企业的创新能力时，从定量分析的角度选用专利数和从定性分析的角度选用产品创新指数这两个产出指标来度量企业的创新能力。Souitaris(2001)采用了创新数、创新销售比例、专利数以及研发支出占销售比例这几项包括投入和产出的综合指标来对比伊朗135家企业与希腊105家企业之间创新能力的差异。朱丽静(2006)在对河北工业企业自主创新能力进行评价时，构建的指标体系包含创新人员投入能力、创新经费投入能力、创新活动能力、创新产出能力和创新外部环境五方面，共13个具体指标。李兴文和刘国新(2007)建立的企业自主创新能力评价指标体系包含创新投入能力、创新产出能力、创新活动能力、创新资源环境能力这些企业自主创新过程中涉及的各影响因素，并且评价了我国10个省市的大中型工业企业的自主创新能力。欧阳春花(2008)结合循环经济的实际操作原则，建立的企业自主创新能力评价的层次结构分为自主创新投入能力、自主创新产出能力、自主创新活动能力、自主创新资源利用能力四个方面，共20个具体指标。孙晓华、原毅军(2008)在分析辽宁省101家工业企业创新产出时，将企业自主创新能力划分为创新资源、创新活动和创新产出这三类一级评价指标。王鹏飞、石林芬(2008)对30个省区的大中型工业企业的区域创新能力进行评价时，设计的评价指标体系包括创新投入、创新产出和促进区域经济发展这3个一级指标、16个二级指标。曹洪军等(2009)从创新意识、创新投入能力、创新产出能力、创新活动管理能力、创新方式五个方面作为主要因素，选取27个具体指标构成了企业自主创新能力评价指标体系。国家统计局中国经济景气监测中心(2005)在《中国企业自主创新能力分析报告》中，从技术创新的角度构建的指标体系中包含着潜在技术创新资源、技术创新活动评价、技术创新产出能力、技术创新环境这四项一级指标。

2.3.2 国际商务环境评价的方法

薛求知等(2002)提到了三种国际企业常用的评估方法。

第一种是国别冷热比较法。这种方法是美国学者伊西阿·利特瓦克和彼得·拜廷在1960年代后期对美国、加拿大等国大批工商界人士进行广泛调查和对大量资料进行分析之后提出的。他们把一国的生产经营环境归结为以下七大因素,并对其效果的"冷"与"热"做出分析,然后进行综合评价。这七大因素指的是政治稳定性、市场机会、经济发展和成就、文化一元化、法令障碍、实质障碍和地理文化差距。在这七个因素中,前四种程度高即具有"热效果",程度低则具有"冷效果";后三种则相反,程度高即具有"冷效果",程度低则具有"热效果"。

第二种是经营环境等级评分法。这是美国经济学家罗伯特·斯托鲍夫提出的。他认为,经营环境中各因素对国际商务活动,特别是对企业投资的作用和影响是不同的,不能同等看待。他首先根据不同因素的作用、效果确定其等级评分,然后再按每一个因素的有利和不利程度给予不同的分值,最后把所有因素的等级评分值加总,作为对当地跨国经营环境的总体评价。在罗伯特·斯托鲍夫最初的研究中,其主要从东道国政府对外国直接投资者的政策着眼,在影响国际经营的各种因素中挑选了八个主要的因素进行评价,分别是:资本抽回限制、外商股权比例、对外商的管制和歧视程度、货币稳定性、政治稳定性、给予关税保护的意愿、当地奖金的可提供程度以及近五年的通货膨胀率。这种评分法的优点在于,每一因素的分值是依据各自在经营投资环境中的作用和大小来评定的,从而避免了对不同因素平等看待的缺点。根据这种方法,总分越高,跨国经营的环境越好,反之则表示跨国经营环境越差。上述这两种方法在罗建兵(2014)的著作中也有提及。

第三种是机会-威胁分析法。这是从企业自身的角度来分析评定其国际金融环境的一种方法。环境变化给公司带来的影响基本上可以分为两大类:一类是环境威胁,即指环境中一种不利的发展趋势所形成的挑战,如果不采取措施,这种不利趋势将会导致公司在当地市场或其他目标市场的地位被侵蚀;另一类是环境机会,即环境中对公司经营活动富有吸引力的领域,在这一领域里,该公司将拥有竞争优势。在这种分析方法中,首先要根据不同时期的形势,从公司的内部条件与外部环境中归纳出若干基本因素,然后对上述每一个基本因素出现的概率大小和这种威胁可能给公司带来的影响程度分别进行判断,绘制出“威胁矩阵图”和“机会矩阵图”。最后进行汇总,得出公司所面临的威胁和机会的整个情况,从而判断企业各类业务的性质。这些综合特征通常反映出四种可能的结果:理想的业务(机会好且威胁少)、投机性的业务(机会和威胁同样高)、成熟的业务(机会和威胁同样少)和麻烦的业务(机会少且威胁大)。

以上几种评估方法主要偏重对目标国家国际商务环境的静态考察,而事实上国际商务环境是动态变化着的,因而跨国公司在进行国际化经营管理中,更希望能够评估或预测目标国家未来的环境状态。罗建兵(2014)提及了国际商务环境评价的动态分析方法。针对跨国公司的这种需要,美国陶氏化学公司制定了一套适合考察经营环境现实状况及未来趋势的动态分析法。陶氏化学公司认为,投资者在国外投资所面临的风险分为两类:一是正常企业风险或称竞争风险;二是环境风险及某些可以使企业所处环境本身发生变化的政治、经济及社会因素。这类因素往往会改变企业经营所遵循的规则和采取的方式,对投资者来说,这些变化的影响往往是不确定的,可能是有利的,也可能是不利的。据此,陶氏化学公司把影响投资环境的因素按其形成的原因及作用范围的不同分为两部分,包括企业从事生产经营的业务条件和有可能引起这些条件变化的主要压力。企业在对这两部分的因素做出评估后,提出投资项目的预测方案的比较,并据此选择具有良好投资环境的投资场所。具体而言,就是要回答如下问题:① 未来七年中,关键因素造成的最可能方案;② 如果情况比预期的好,会好多少?③ 如果情况比预期的糟,会如何糟?④ 会使公司遭难的方案有哪些?这些评估方法是当前教科书中普遍介绍的方法(王建华等,2012)。

目前,在国际商务环境评价分析方法方面,学者大多选择熵值法、聚类分析法、层次分析法和因子分析法,用以分析国际商务环境的综合排名情况与各指标间的内部差异情况。在营商环境评价方法方面，世界银行《全球营商环境报告》主要采用了各项二级指标得分的简单加总，进而根据总分对世界各国营商环境排名。彭迪云等(2019)自主构建指标体系并使用熵值法评价长江经济带营商环境。倪志良和郭俊汝(2020)运用改进的极值熵值法构建税收营商环境指数，并且使用空间计量模型对"一带一路"沿线国家税收营商环境对中国对外直接投资的影响进行分析，探究中国对外直接投资与"一带一路"国家的空间相关性及税收营商环境等因素对中国对外直接投资的影响。Radukic 和 Stankovic(2015)使用聚类分析法和方差分析法探究了塞尔维亚 17 个获得营商环境友好认证城市的营商环境。在投资环境评估方面，穆献中与何帆(2015)用熵权法和物元模型以及整理后的权威数据，评估非洲五大产油国的石油投资环境。倪琳等(2015)在对湖北现代服务业投资环境分析时，使用因子分析法确立评价模型。刘海飞和许金涛(2017)在分析我国省域投资环境竞争力时，采用主成分分析法和聚类分析法进行实证分析。吴天(2018)使用层次分析法对柬埔寨矿业投资环境进行评价。马贵凤(2019)采用层次分析法和熵值法相结合的综合评价模型对识别出的"一带一路"主要能源合作国家的投资环境进行了评价。

在创新环境评估方法方面，赵彦飞等(2019)指出，我国学者较少使用综合指标体系评价创新环境水平，使用计量模型来分析创新环境对创新能力和创新效率影响的研究占多数，因此缺乏面向整个创新环境情况的评价方法。孙晓华、原毅军(2008)使用因子分析法分析辽宁省 101 家工业企业创新产出。曹洪军(2009)等在构建评价指标体系分析企业自主创新能力时，采用层次分析法实现对企业创新能力的诊断。罗登跃(2010)则从企业内部角度，采用因子分析法对 30 个省市的大中型工业企业的自主创新能力进行实证研究。陈凯华等(2013)通过构建"功能—结构—检验"综合分析框架为创新系统方法从理论探索走向实证研究提供了可行且有效的途径。

2.3.3 国内外商务环境评价的实践

在营商环境评价方面，部分学者在世界银行《全球营商环境报告》的基础上进一步做出研究，并提出提升我国排名的相关政策建议。张波(2006)对世界银行营商环境评估排名信息进行分析后，提出了提升中国排名的具体措施。董志强(2012)通过对《全球营商环境报告(2008)》中提供的中国 30 个城市相关数据进行实证检验，探究了经济发展和制度软环境的关系。许可等(2014)在《全球营商环境报告(2012)》中提供的中国 2 700 家企业调研数据的基础上，进一步评价了中国营商环境，并提出优化营商环境的建议。董彪和李仁玉(2016)分析了世界银行低估中国营商环境的原因，并从法治这一指标的角度提出了法治体系、市场环境、政务环境等方面的相关建议。马晓白(2017)在使用雷达图分析《全球营商环境报告(2017)》后，发现我国在施工许可办理、纳税、开办企业、保护中小投资者等方面仍存在问题，并提出了先行改革城市、加快行政体制改革、开发中国国情营商环境评价的政策建议。江静(2017)使用 2003—2016 年《全球营商环境报告》中的评价指标数据，对其与服务业的关系进行实证研究，发现了与服务业强相关的几项指标，并建议政府在发布服务业政策时应关注营商环境中这几项指标的提升。潘闻闻(2018)在《全球营商环境报告》提供的数据基础上对上海营商环境进行分析，发现办理施工许可、保护少数投资者、获得信贷、纳税等方面仍存在短板，并提出了建立“1+5+X”的解决方案。

一些研究在省市层面上对商务环境进行了综合评价，并给出了完善我国商务环境的相关建议。程春生(2018)在对福建省民营企业营商环境做出分析后，提出打造良好的市场环境和法治环境，厘清“亲”“清”边界，建立常态化的政商沟通机制和容错纠错机制，教育引导民营企业诚信守法经营等建议。对于学者自行建立指标对区域营商环境做出评价的实践，李学峰(2018)从市场经营环境、政策政务环境、社会服务环境、融资贷款环境和法律环境五个方面建立分层阶梯式评价指标模型，以适用于沈阳地区民企。李志军(2019)使用中国城市营商环境评价指标体系对我国 4 个直辖市、5 个计划单列市、27 个省会城市以及其他 254 个地级市的营商环境进行了评价和分析。也有学者结合我国宏观政策情况和现有营商环境指标体系进行构建，潘勇等(2019)在世界银行营商环境指标体系基础上，结合中国“放管服”的政策环境建立指标体系，适应当下我国的经济发展水平和发展阶段，能够对各类经济活动起到较好的指导作用；张三保等(2020)按照“国际可比、对标世行、中国特色”的原则，并且参照“十三五”规划纲要和《优化营商环境条例》构建出中国省份营商环境评价指标体系，并进行量化分析，使其指标体系更加具有中国特色。在投资环境评价方面，穆献中和何帆(2015)自行构建指标体系评估非洲五大产油国的石油投资环境，分析非洲整体石油投资环境存在的主要问题并提出应对办法。倪琳等(2015)对湖北省现代服务业投资环境竞争力进行分析，发现其虽处于全国上游水平，但与北上广存在较大差距，并根据实证结果给出提升湖北省现代服务业投资环境竞争力的政策建议。刘海飞和许金涛(2017)探究了各省份投资环境的相似性和差异性，以及投资环境与吸引外资能力的关系。倪外(2019)以上海为例，分析了有为政府、有效市场与营商环境优化之间的关系。研究发现，基于国际标准评价及全球领先城市的不同指标领域比较，上海营商环境的差距表现为绝对差距、相对差距和基本持平三个层次；上海营商环境既有水平及优化方向更有利于成熟型企业而不利于成长型企业；既有营商环境优化促进了上海与国际接轨的开放型经济发展。未来上海营商环境优化路径的核心是基于市场机制的监管与服务模式创新，建设服务于中小企业、民营企业的统一市场体系；建立更为公平、高效的市场退出机制，以及建设制度性软环境等。

在创新环境评价方面，陈凯华等(2013)分析比较中国区域创新系统上游创新产出与下游创新收益各自决定因素的重要性差异，发现中国区域创新系统功能框架基本形成，但整体运行还不健康，上下游科技研发系统与转化系统没有形成良好互动。朱丽静(2006)自行构建指标体系，对河北工业企业自主创新能力进行评价。李兴文和刘国新(2007)建立企业自主创新能力评价指标体系，评价了我国 10 个省市的大中型工业企业的自主创新能力。孙晓华、原毅军(2008)建立企业自主创新能力评价指标体系，分析辽宁省 101 家工业企业创新产出。王鹏飞、石林芬(2008)设计评价指标体系对 30 个省区的大中型工业企业的区域创新能力进行评价。曹洪军(2009)等在分析企业自主创新能力时，确定企业家的创新欲望、每年研发投入经费、企业每年创新成果产生的收入、新产品在市场上的成功率、企业融资能力等因素为评价体系中的关键指标，进而将评价体系应用到企业的横向比较中，实现对企业创新能力的诊断。

2.4 国际商务环境研究述评

当前,学者们对于国际商务环境涉及的范畴并没有定论,学者们依据研究的具体问题对商务环境的要素进行了不同的取舍。当前的研究还存在一些明显的问题,这也是未来有待进一步研究的方面。具体包括:

(1) 国际商务环境研究缺乏系统性。

国际商务环境既包括硬环境,又包括软环境,综合在一起就会形成一个复杂系统。当前,关于国际商务环境研究的理论基础和实证结果远未达到一致,试图超越某个国家的具体经验、提炼一般原则时,就会困难重重。同时,基于不同国别的差异性结论对现实的指导意义有限。

一些学者注意到了国际商务环境诸因素之间的相互作用,如政治不确定性和金融市场反应之间的作用机制(Wang et al., 2019)。尽管很多学者尝试着建立起国际商务环境分析的基本框架,但缺乏对商务环境各因素之间共同作用的均衡分析。这导致很多关于国际商务环境的分析都是局部性的。刘智勇等(2020)指出,学术界普遍对营商环境的一个或几个方面进行研究,大部分学者分别对营商环境中的政务环境、市场环境、法治环境等方面进行单独研究,还有少量学者对要素环境、贸易环境存在的问题进行研究,将其综合起来深入钻研的研究较少。另外,大多文献都在就企业面临的营商环境进行研究,局限于单一的经济学科,但营商环境是包含经济、管理、法律,甚至心理学等多学科的综合体,因此各类相关研究都应同步进行并相互补充。

(2) 本土化的商务环境评价指标创新不足,不同环境维度权重的确定不明确。

缺乏本土化营商(商务)环境评价指标体系是当前学术界中存在的一个突出问题(刘智勇等,2020)。以我国为例,尽管我国对具有中国特色的营商环境指标体系进行了一些探索,但尚未建立一套基于中国国情,能真实反映经济的整体竞争力和投资前景的权威性、科学化并有国际影响力的指标体系。钟飞腾等(2016)提出,中国的政企关系与西方不同,有其自身的特殊需要和特点,但现有的评价指标体系过于宏观，并未有针对性地根据不同区域特点灵活设置评价指标，更没有全面地反映政府在政商关系中的职能、角色和行为等问题。洪海（2018）同样认为由于对营商环境指标的片面认识，政府只偏重企业登记流程简化与便捷这一方面，其他方面指标如排名较低的纳税合理性、获得信贷等未得到改善；缺乏微观角度细化完善营商环境的评价指标，导致部分指标的合理性、精确性不足。

刘智勇等（2020）指出，我国构建营商环境指标体系的研究刚刚起步，学术界偏重对国际通行营商环境指标的改造和丰富，从我国实际国情出发，构建真实反映我国市场主体和群众需求指标体系的相关研究并不丰富，学者们对国内外营商环境的成功经验也仅处于描述阶段，没有过多涉及背后的营商文化和价值追求及政治偏好问题，国家间政治制度和经济发展程度不同，国外先进经验能否适合中国国情有待验证，还需要深入研究。

从研究方法来看，学术界对商务环境的分析多为定性分析，定量分析较少。学者多用纵横比较、历史分析与现实分析的方式进行，注重宏观性的政策指导建议，缺乏有根基的理论体系与数据分析。衡量商务环境跨国差异的手段创新不足，尤其是不同环境维度权重的确定没有十分科学。整体上，目前商务环境的讨论中关于竞争环境的分析不足，大量的文献集中在制度环境和文化环境上。

（3）商务环境对企业绩效及决策的影响欠缺。

单纯的商务环境研究的意义是十分有限的。研究商务环境的目的在于支撑企业决策以及开展战略管理。一部分文献已经注意到了商务环境对企业绩效等产生的影响。如于文超等（2019）发现，经营环境不确定性可能提高企业非生产性支出和税费支出，从而挤占民营企业生产性资源，降低民营企业经营活力。地方政策不确定性对民营企业经营活力有着显著的负向影响。平均而言，样本城市的政策不确定性指数每增加一个标准差（0.35），民营企业开工率会降低 1.36 个百分点。相比之下，贸易环境不确定性对民营企业经营活力则无显著影响。

但商务环境到底如何影响企业决策以及企业战略管理，与企业内部因素又会产生何种相互作用，这些问题都还有待进一步的探讨。

(4) 新的研究挑战不断涌现,如逆全球化和日益脆弱的全球化对国际商务环境的影响、新冠病毒疫情对国际商务环境的影响等还有待进一步深化。

国际商务环境一直处于动态的调整过程中,当前逆全球化(去全球化)的影响不断突出,结合全球化的驱动因素,使得全球的经济格局发生新变化。同时受到新冠肺炎疫情的冲击,全球价值链会进行重构,全球经济面临较大衰退风险,对我国产业链也带来了较大影响。从宏观层面看,疫情将从需求端、供给端对我国产业链造成多维度冲击。一些学者提出,为稳定中国所处的大的营商环境,有必要投入资源和力量尽快修复中国所参与的价值链,发行专项债和安排定向贷款,支持关键价值链的维护和修复,推进产业链协同复工复产,增强我国产业链的稳定性与安全性。未来在行政管理、市场准入、产权保护、信贷安排、法制环境等方面,需要更大的改革步伐。同时,适当收缩在“一带一路”倡议的战线(罗长远,2020)。在特殊时期,中国应该集中资源于国内的经济建设,不宜在“一带一路”有太长的战线,应当扩大对条件成熟和投资环境良好的伙伴国的投资而压缩对其他国家的投资。

第 3 章

国际商务环境分析

3.1 国际商务环境影响因素

国际商务环境是国际商务主体自身及其经营或管理行为所面临的环境。现有文献经常基于商务活动的不同领域理解国际商务环境，把国际贸易、国际投资、国际金融、国际航运等国际货物贸易或国际服务贸易作为国际商务的主要内容，进而在关注国际商务环境时，相应关注国际贸易环境、国际投资环境、国际金融环境、国际航运环境等（王炜瀚，王健，2020）。这是从动态的不同类型商务活动角度把握国际商务环境，也有从政治、经济、法律、社会或文化等正式制度或非正式制度角度揭示一切国际商务必然面临的制度环境问题，这是从相对静态的角度把握国际商务环境。当然，影响国际商务活动的很多制度因素虽然在相对较短时期内具有较强的稳定性，但也不是一成不变的。

从静态和动态角度理解国际商务环境的界定可以更好地理解不同国际商务环境的核心内涵，是很有必要的，把静态角度和动态角度结合起来理解国际商务环境也很有意义。毕竟，与生产、消费、分配等一般经济活动类似，商务活动逻辑上是静态和动态结合的产物。基于该思路，可以从一个假设的国际商务主体的生命周期出发研究国际商务环境。具体而言，假设任何一个国际商务主体首先要有一个建立或诞生的时刻，在此之后，该国际商务主体进入国际市场从事经营管理活动。为了研究的需要，可以假设该国际商务主体是一个独立的、综合性的经济单元，它的业务范围涵盖国际金融、国际投资、跨国生产、国际贸易和国际运输等各个国际商务领域，或者说，可以把真实世界里任何一个国家拥有的全部国际商务主体看作是合而为一的，由此，就可以站在这个国际商务主体的视角，观察、思考、研究它面临的是一个什么样的国际商务环境。基于这样一个假设的国际商务主体的存在，就可以把国际商务环境的静态研究和动态研究结合起来。

首先，任何一个国家的这样一个国际商务主体的存在"本身"就面临一个环境问题，这个环境首先是该国国际商务主体的国内环境，然后又是其他国家国际商务主体的国外环境。一国的国际商务主体首先在该国的国内环境中诞生，同时其他国家国际商务主体的分支机构也必须在该国的国内环境中产生，可以把国际商务主体的这一诞生或建立环境称作国际商务的"主体生成环境"。

国际商务的主体生成环境指一个国际商务主体及其分支机构诞生、设立或建立时所在国的注册或开办制度及其运行环境。国际商务的主体生成环境是静态商务环境和动态商务环境的综合。国际商务的主体生成环境在相对短的时间范围内往往都是静态的制度环境。这类环境最典型的就是一个国家的企业注册环境和组建企业的产权制度环境。国际上往往把注册成立企业的难易程度作为一个国家营商环境优劣的重要指标，如世界银行把"开办企业"和"产权登记"作为重要的营商环境指标。国际商务的生成环境主要表现为相关国家的法律环境、政策环境、政府运行（尤其政府职员）环境。相关国家的法律、政策环境和政府运行环境通常是相对稳定的，但是参与政府运行的政府职员行为方式则具有一定的动态特征或可变性。尤其对处于变革中的发展中国家，政府为了营造良好的国际商务环境，招徕国际资本进驻本国，在国际商务主体注册、开办等生成条件方面经常给予灵活的便利性操作。

其次，国际商务主体从事国际金融、国际投资、国际生产、国际贸易和国际运输等经营管理活动时所直接面临的各种环境，可以称作国际商务的"主体经营环境"。国际商务的主体经营环境指国际商务主体从事国际商务活动时"直接面对"的各种制度性或非制度性的商务环境。

国际商务的制度性经营环境指国际商务主体在经营和管理过程中“直接面对”的国内外正式制度规范。国际商务的制度性经营环境主要涉及：资本、劳动、土地、技术等生产要素使用或交易的各种政策、制度或法律规范；标准化的商品生产质量体系，企业竞争行为规范等正式制度；各国吸引外资进入的各种补贴政策、相关的技术转让约束；等等。制度性经营环境主要从微观运营角度规范国际商务主体的日常经营和管理活动。国际商务的非制度性经营环境指国际商务主体在经营和管理过程中直接面对的市场关系、地理环境和人文环境等。国际商务主体处于国际市场之中，无时无刻不处于和其他国际商务主体的竞争或合作关系之中，他们所从事的投资、生产、贸易、运输等经营管理活动往往直接受制于或得益于他们所处的地理环境或人文环境中。就地理环境而言，对某些国际商务主体的投资、生产、贸易和运输活动的便利性带来直接影响，进而影响国际商务主体的经营与管理成本。同样，人文环境也会影响国际商务主体从事上述经营管理活动的方式方法，进而影响国际商务主体内外部的人际交往效率。

国际商务的主体经营环境更充分地体现了静态商务环境和动态商务环境的完美统一。各国国际商务主体之间的互动关系决定了它们所面临的经营环境是多变的，因而站在不同国际商务主体的角度看，涉及国际商务主体之间行为互动的经营环境逻辑上是瞬息万变的。但是这绝不是说国际商务主体所面临的所有经营环境都在不停变动，例如国际商务主体面临的一国非制度性的地理环境以及经营政策等制度性环境就是相对稳定的。对于国际商务经营环境的静态部分，一国国际商务主体最重要的是去适应和遵守它，因为其相对稳定性决定了无法轻易改变它，任何国际商务主体逻辑上都不太可能改变东道国的地理环境和文化环境；对于国际商务经营环境的动态部分，一国国际商务主体最需要的是立足国际商务运行规律，把握互动对象主体的行为特征和互动趋势，在动态中追求合作共赢和自身利益的合理最优。

最后，国际商务主体所面临的国际商务环境还应该包括它存在和经营时所处的宏观环境，可以简称为宏观国际商务环境。宏观国际商务环境指在长期内影响国际商务经营主体的一国发展态势和世界格局。这种宏观国际商务环境至少包括两层含义。其一，国家层面的宏观国际商务环境，即由一国政治、经济、法律、文化、地理、人口等综合而成的国家(人文和生态)环境,它因国别而不同,类似于一国综合国力的总体态势;其二,全球层面的宏观国际商务环境,即由各国综合国力相互作用而形成的世界格局或全球国际商务发展态势。宏观国际商务环境对国际商务主体从事经营管理活动构成长期约束,"不谋全局者,不足以谋一域",具有全球视野的国际商务主体一定会高度重视宏观国际商务环境。

与宏观国际商务环境相对应,可以把各行业领域相对稳定的国际商务环境看作中观国际商务环境。中观国际商务环境指在各领域对国际商务主体的影响具有相对稳定性的制度性国际商务环境和非制度性的国际市场运行环境。它既包括涉及国际商务主体生成的制度性环境,也包括涉及国际商务主体经营面临的制度性环境,还包括国际商务主体从事具体生产经营和管理活动时所处的(非制度性的)行业市场环境和物理环境,即中观国际商务环境也有制度性和非制度性之分。制度性的中观国际商务环境具体包括:体现为国际贸易规则的国际贸易环境,体现为国际投资规则的国际投资环境,体现为国际金融规则的国际金融环境,体现为国际税务规则的国际税收环境,体现为国际运输规则和各国运输条件的国际运输环境,等等。国际商务的主体生成环境主要表现为一个国家的企业注册或开办制度,因此也属于制度性的中观国际商务环境。尤其需要注意的是,作为非制度性的中观国际商务环境,国际商务主体所处的行业市场环境和物理环境(如交通运输条件和自然人文景观)在一定时期内也具有一定稳定性。但是,从中长期来看它们是可变的。

在宏观和中观国际商务环境的界定基础上,可以把国际商务主体在行为互动时直接面临的、动态的国际商务环境看作微观国际商务环境。微观国际商务环境指任一国际商务主体在开展具体的国际商务活动过程中所面临的国际商务环境。微观国际商务环境可以包括国际商务主体从事具体业务时所处的市场地位、营销环境、谈判环境等。微观国际商务环境直接影响国际商务主体的具体业务。它存在于国际商务主体之间的互动影响,也存在于国际商务主体和政府相关部门之间的政务服务,还包括特定区域内的交通运输条件、商圈等人文环境和生态景观等自然环境。

微观、中观和宏观这三种国际商务环境构成国际商务环境的三个维度。

任何一个国际商务主体逻辑上都处在不同的微观和中观国际商务环境以及相似的宏观国际商务环境之中。任何一个国际商务主体要在国际商务环境中生存、盈利并经营发展，那么短期看微观，中期看中观，长期则看宏观。

3.1.1 三个维度下国际商务环境的主要特点

任何国际商务主体所处的微观国际商务环境、中观国际商务环境和宏观国际商务环境都有其相对稳定的静态一面和频繁变化的动态一面，但是从对国际商务主体的具体影响看，不同维度的国际商务环境特点不同。

3.1.1.1 宏观国际商务环境的主要特点

首先，宏观国际商务环境具有综合性和关联性。宏观国际商务环境是地理、经济、政治、文化、国防军事和外交等各种环境因素相互作用而形成的。就国家层面的宏观国际商务环境而言，一国的地理、经济、政治、文化等因素相互影响，共同发挥作用，最终形成该国特定的宏观国际商务环境。考虑一国宏观国际商务环境的优劣，需要平衡这些因素对国际商务主体的具体影响。这些因素本身代表该国的特定内部环境，这些因素之间也是相互影响的。对一国国际商务环境的形成而言，经济环境是居于首位的，它决定了国际商务主体进入该国的根本动机。一国经济环境的好坏直接决定一个国际商务主体在该国经营的利得。经济环境的优劣是衡量一国国际商务环境优劣的根本因素。但是一国经济往往与该国政治、文化等因素融为一体。经济基础决定政治、文化、宗教等上层建筑，而上层建筑反作用于一国经济基础。经济环境受到一国政治环境、文化宗教等环境的直接影响。因此，构成一国国际商务环境的经济、政治、文化、宗教等各环境因素不可分割。地理环境则是前述各因素/环境的重要空间依托。就国际层面的宏观国际商务环境而言，一国的对外经贸地位、国防军事和外交等因素相互影响，共同发挥作用，最终形成一国在国际层面的国际商务环境。一国的国防军事和外交活动是该国国际商务主体参与对外经贸等国际商务活动的基本保障，没有安定的国防和有力的军事支撑，就无法为一国对内和对外的国际商务活动提供最基本的活动空间和安全保障。在国防军事的后盾支撑下，一国在国际经贸活动中的具体地位反映了国际商务格局中一国的优劣短长，会在较长时期内反映该国在国际商务活动中的获利能力和国际影响力。宏观国际商务环境内部各因素之间具有联动关系，即关联性。某种环境因素的改变会逐渐传导并影响其他环境的变化。同时国家层面的宏观国际商务环境和国际层面的国际商务环境之间也是相互影响的。总之，宏观国际商务环境是其内部一系列环境构成因素合力作用的结果。从综合性和关联性看，一个国家优良的宏观国际商务环境就是该国综合性国际竞争优势的外在集中体现。我们需要关注合成国际商务环境的各因素之间究竟怎样相互作用，基于特定时期、特定地点探讨不同国际商务环境因素的主次作用问题，以及不同国际商务环境因素之间的互动变迁规律。

其次，宏观国际商务环境具有趋势性。不论是在国家层面还是国际层面，在一定时期内，国际商务环境的变化都具有特定方向。国际商务环境的这种变化方向是该时期内诸多环境因素既成状态的必然表现。就一国层面而言，一国特定的地理、经济、政治、文化等环境一旦成形，那么该国的宏观国际商务环境的未来发展态势就是既定的。以近现代地理环境而言，基于地理位置的固定性，那么地处大江大河或海洋之滨的地区或城市，由于水利交通便利，往往成为人类经济、政治、文化等农业文明、商业文明和城市文明的发源地，更容易形成优良的国际商务环境，从而带来更为频繁和发达的国际商务活动；相比之下，地理环境的相对封闭会成为国际商务活动的巨大障碍。当然，这并不是说地理环境决定一切（地理决定论）。好的地理环境未必带来好的国际商务环境。这里只是一种一般逻辑，即通常情况下会是这样。给定相似的地理环境，基于不同人口条件，逐一加入不同的政治环境、经济环境和文化环境，则由此递加过程而形成的国际商务环境也不尽相同。

以近现代中国的国际商务环境变迁为例。

（1）自鸦片战争以来，在旧中国半殖民地半封建的社会政治、经济和文化环境中，必然形成附属于欧美列强的国际商务环境，国际商务环境在这种情况下几乎完全脱离政府的自主控制，国内企业只能被动应对海外国际商务主体的竞争威胁，此时，我国的经济资源必然不断被国际商务主体掠夺，民族资本相对凋敝。

（2）中华人民共和国的成立造就了崭新、独立自主的国家，中国共产党领导的中央政府掌握了民族国家自我发展的主动权，由此，必然是国内企业主动面对国际买办。当然，在改革开放以前，完全计划的经济决策体系，注定了对市场的排斥，也就无所谓民营的国际商务主体，有的只是政府特许的国营的国际商务主体。

（3）随着改革开放的到来，新的经济政策逐渐催生出独立经营的市场主体，我国的国际商务主体也逐渐呈现民营和国有并存的格局。后续我国民营经济和国有经济的互动发展虽然各有侧重，但是总体格局不会超出中国特色社会主义的总体框架。

就国际层面而言，各国的国际经贸地位、军事国防和外交环境一旦形成，在很长时期内，国际商务环境的变迁方向也有其大致趋势。以近现代英美两国霸权更替的历史来看，依托第一次科技革命而强大的大英帝国左右着世界经济，其对外扩张直接改变东道国的营商环境，形成以英国为核心的宗主国与广大殖民地之间的国际经贸体系；随着第二次工业革命的兴起，美国不断崛起，尤其是“二战”以来，大规模的工业资本输出逐步奠定了美国在全球的国际经贸霸主地位，国际商务活动转而围绕美国展开，并逐步形成以联合国、布雷顿森林体系、世界贸易组织体系为主的宏观国际商务环境。正所谓“世界大势，浩浩汤汤，顺之者昌，逆之者亡”。宏观国际商务环境的趋势性表明，一旦构成宏观国际商务环境的内部环境因素成形，它必将引导国际商务活动走向它要去的地方。如果人们想要国际商务活动符合自身发展需要，那么人们必须在宏观国际商务环境成形前去塑造和影响它，否则，后续的国际商务活动只能被环境左右。

最后，宏观国际商务环境的有限可控性。宏观国际商务环境的有限可控性首先是对所有身处国际商务环境的国际商务主体而言的。所谓宏观国际商务环境的可控，主要针对那些已经存在或可以预知的国际商务环境因素，例如国家层面的人口、文化、风俗、习惯、信仰、自然地理条件、技术水平等（王效俐，马丹，1999）。其一，对一个理性的国际商务主体而言，当面临这些环境因素时，通过合理调整自身行为可以在很大程度上不断加以适应。对一个国际商务主体而言，当身处这些国际商务环境之中时，只要充分了解、研究，正确应对，处理得当，就能够很好地规避其中的环境问题，或者可以顺利解决已经引发的环境问题。其二，对一个营造国际商务环境的国家而言，文化、风俗、习惯、信仰等非正式制度因素是本国在长期历史过程中形成的，尽管国家可以在长期内施加影响，进而引导其改变，但是在短期内，国家也只能顺应之。国家对人口、技术等环境因素的影响会相对大些。例如一国的人口政策，它可以在较长时期改变一个国家的人口数量，甚至明显改变一国的人口结构。我国从20世纪70年代末和80年代初开始执行的计划生育政策就对我国人口数量和人口结构产生了极大影响，进而影响了我国的国际商务环境。其具体表现就是：我国人口红利自改革开放以来不断释放，给国内外的直接投资提供了廉价劳动力供给，而随着计划生育政策的长期实施，进入21世纪以后，人口红利逐渐消失，人口老龄化现象日益增多。当然，如果一个相对落后的发展中国家秉持对外开放，在短期内也可能通过大量的技术引进较快改变落后的技术环境，从而不断营造良好的国际技术环境，招徕国内外资本。但是发达国家在技术输出方面都是极其谨慎的，发展中国家想通过技术引进彻底改变国内技术条件是很难的。其三，从国际商务运行看，虽然宏观国际商务的总体运行是大量微观国际商务个体运营汇总而成，但是由微观到宏观的生成过程不是简单加总。国际商务个体基于个体理性可以完全把控自身的经验和管理活动，但是由此而生成的宏观国际商务运行趋势往往不是少数国际商务个体能左右的。甚至，由于“个体理性与集体理性悖论”（奥尔森，1995），宏观国际商务运行可能与国际商务个体的微观运营背道而驰。

3.1.1.2　中观国际商务环境的主要特点

其一，中观国际商务环境的制度稳定性。与宏观国际商务环境的综合性不同，中观国际商务环境强调相对具体的行业或商务领域。根据既有文献（参见本书1.1节），从具体行业或领域看，国际商务环境首先可以分为国际贸易环境、国际投资环境、国际金融环境、国际航运环境等。另外，从具体行业或领域看，国际商务环境还可以基于具体产品或服务进行细分，例如食品行业面临的国际商务环境、服装行业面临的国际商务环境、电子产品行业面临的国际商务环境、汽车行业面临的国际商务环境、机械制造业面临的国际商务环境、旅游行业面临的国际商务环境……或者在此基础上稍加归纳为耐用消费品行业面临的国际商务环境、非耐用消费品行业面临的国际商务环境、生产资料生产行业面临的国际商务环境……对于这样的分类，不一而足。但是相应领域或行业所涉及的制度性国际商务环境往往表现为系列政策或法律法规,因此逻辑上都是相对稳定的。而且上述行业或领域分类越笼统,那么相应领域或行业的制度性国际商务环境的稳定性就越强。例如,与规范食品进出口贸易的国际规则相比,规范整个国际贸易运行的国际规则(如最初的 GATT 和后来的 WTO)更具稳定性。同理,与规范具体投资活动的相关国家规范相比,规范整个国际投资活动的国际规则更具稳定性;与规范内河运输的国际规则相比,规范各类运输的国际规则更具稳定性。基于中观国际商务环境的制度稳定性,国际商务主体逻辑上只能适应它,同时又可以合理预期在其中开展国际商务经营和管理活动的逻辑结果。

其二,中观国际商务环境的市场自发性。对非制度性的行业或市场环境而言,作为中观国际商务环境的重要组成部分,它在一定程度上也是相对稳定的,但是它更多呈现出市场自发性。就像由微观个体汇总成的宏观总体具有相对稳定性一样,由微观个体汇总而成的、中观的行业总体也具有相对稳定性。虽然行业性的国际商务环境由微观个体汇总形成,但是汇总成行业总体的微观个体数量庞大,即使少数国际商务主体的微观行为有所改变,整个行业环境不会有本质变化。当然,这里需要强调,如果少数国际商务主体具有市场主导力量,则另当别论。即主导型的国际商务个体的行为改变可以改变行业的国际商务市场环境,但是这与中观国际商务环境的市场自发性并不矛盾。中观国际商务环境强调国际商务主体的个体行为与群体行为的关系,其自发性表明,对单个国际商务主体而言,国际商务经营与管理活动的市场风险随时存在。当然,我们这样推演时,暗含一个经济假定——在这样的国际商务环境中,一国政府对经济活动或市场运行的干扰是微乎其微的。如果一国政府对本国(行业)市场运行的干预比较强,那么这会明显限制中观国际商务环境的市场自发性。

其三,中观国际商务环境的政策导向性。中观国际商务环境的市场自发性逻辑上导致中观国际商务环境的政策导向性。政策的存在说明一国政府会对中观行业或市场施加政策影响。此时,中观国际商务环境的市场自发性就失去了运行基础。任何一个国家的行业或市场政策都会导致企业利益的变化,此时,一个国际商务主体的自发选择就是追随政策的利益导向。中观国际商务环境的政策导向性表明，在国际商务环境中，一国政府与行业（市场）的关系极其重要。如果一国政府对市场干预较少，则相应的中观国际商务环境不会表现出明显的政策导向性；相反，如果一国政府对市场干预较多，则相应的中观国际商务环境就会表现出明显的政策导向性。以各国石油、金融和国防等战略性行业为例，这类行业所涉及的中观国际商务环境往往表现出极强的政策性。以石油行业为例，不论在号称自由资本主义市场的欧美，还是类似我国的社会主义国家，各国石油市场最终都形成了寡头垄断市场结构，即少数大企业控制了一国的石油供应，而不论这些石油公司是私营还是国有，其经营活动都直接受到国家政策或发展战略的调节。在金融领域，这种情况也很明显。比如，即使英国汇丰银行已经在我国经营多年，在我国既有外资银行政策的规制下，其营业范围比国内商业银行要小得多；但是随着我国金融领域改革深化，政策逐渐放宽，外资银行逐渐取得类似国内商业银行的经营权限。由此，我国银行业的资本结构和竞争形势必然会有深刻变化。

3.1.1.3　微观国际商务环境的主要特点

其一，微观国际商务环境的主体敏感性。在经历宏观和中观国际商务环境的权衡考量后，一个国际商务主体才会进入东道国市场。此时，国际商务主体首先关注的就是与其经营或管理活动直接相关的微观国际商务环境。微观国际商务环境是一个国际商务主体获取利益时直面的商务环境。因此，国际商务主体对微观国际商务环境非常敏感。怎样选择具体的合作伙伴？在哪个城市合作经营或独自经营？产品如何生产并打入目标市场？如何在管理活动中协调国际化职员的工作？……这些决策都要在微观际商务环境下做出。这样的决策会充分说明什么叫“细节决定成败”。谈判环境是否舒适、谈判人员是否优雅得体等商务环境和商务礼仪问题都会影响国际交易的达成，甚至对员工文化习俗的简单忽视都可能导致不可估量的经营风险。

其二，微观国际商务环境的主体互动性。微观国际商务环境是国际商务主体之间博弈的环境平台。最典型的就是具有业务往来的两个或两个以上国际商务主体基于各自实力而形成的博弈态势。这里强调博弈态势，而不是国际商务主体之间的博弈过程。博弈过程是国际商务活动本身，而不是国际商务环境；博弈态势在博弈过程开始之前就可以存在，且往往存在于国际商务主体共处的市场圈子里。这样的市场圈子(或市场结构)无形但可感知。例如,在信息相对完全的情况下,势均力敌的各方主体基于对彼此的了解容易形成僵持,而具有压倒性优势的一方则比较容易迫使对方妥协。如果各国际商务主体之间信息保密比较完美,那么各主体之间的商务博弈就可能出现令人意想不到的结局。在微观国际商务环境中,作为国际商务主体,不同国际企业的公司文化、公司品牌、员工凝聚力、市场潜力等微观因素就汇聚成微观国际商务环境。这样的微观国际商务环境对国际企业的员工及企业整体参与国际商务活动都会直接产生积极或消极的影响。经营或管理理念相似的国际商务主体之间更容易产生共鸣,从而更容易成为合作伙伴;不同国际企业的高层管理者之间的行为差异则可能导致两者之间国际合作的失败。

其三,微观国际商务环境的客体可塑性。除了无形的品牌、文化和理念,有形的微观物理环境也会直接影响国际商务活动。例如,不同地区之间交通运输条件的差异会导致国际资本的青睐与否,一个地块周边的自然景观优美与否会影响国际投资者的投资偏好。微观商务环境的客体可塑性指对有形国际商务环境可以进行人为的改造。具体到对具有合作意向的国际商务主体而言,某一国际商务主体改变自身所处的微观国际商务环境可以达到促进国际合作的目的,即所谓"筑巢引凤"。以一国交通建设为例,从全国而言,交通建设状况属于宏观国际商务环境,但是具体到一个国际商务主体在特定地理区域进行业务选择,则特定地区的交通状况属于微观国际商务环境,即所谓"要想富先修路"。微观国际商务环境的客体不仅涉及"人造"问题,还涉及人为"选择"问题。在现实的国际商务交往中,不同国际商务主体的国际合作非常注重业务场合,由此,国际级五星酒店、高尔夫球场、豪华度假村等国际商务区应运而生。特别典型的是区域型国际商务综合体(如上海大虹桥国际商务区)的出现,国际机场、国际货运、国际酒店、国际休闲和国际人才培养中心一体化方案,通过完全人为设计的综合配套建设营造了极佳的微观国际商务环境。

3.1.2 不同维度国际商务环境之间的相互关系

3.1.2.1 大环境牵引小环境

首先,宏观国际商务环境变化往往在长期内催生中观国际商务环境改变。

整个世界的发展情况和发展趋势迫使一国的国际商务环境不断变迁。自15世纪地理大发现以来，尤其是自18世纪末英国工业革命以来，世界发展的总体趋势是国家经济工业化和经济运行市场化、区域经济一体化以及世界经济全球化。那个由于生产力水平落后、文化隔阂和民族之间仇视而相对孤立的民族经济国家正在远离我们。我们正在远离一个因跨国贸易和投资壁垒，因距离、时间和语言，因各国政府管制、文化和企业制度差异而相互孤立的世界；我们正在走向一个世界（希尔，2009）。近现代世界各国发展的这一总体趋势可以集中概括为：以技术进步为标志的工业化成为推动国际商务活动的最终决定力量，以市场协调为主导的资源配置方式成为国际商务活动的主要方式，以互利共赢为理念的国际多边或双边协定成为国际商务活动的主要保障。由此，各国的技术发展水平、市场化程度和国际化理念成为开展国际商务活动的主要宏观环境。当然，整个过程要区分为不同发展阶段，不同发展阶段的特征明显不同。这就是近现代世界各国国际商务活动面临的世界层面最宏观、最综合的国际商务环境。

在第二次世界大战结束以前，世界经济联系主要表现为宗主国和殖民地之间的国际贸易往来，跨越国界的直接投资和国际金融等活动还不是主流，可以称之为“国际贸易殖民化”阶段。在该阶段，宗主国与殖民地之间不平等的殖民条约、欧美日资本主义产业和市场经济对殖民地或半殖民地旧经济形态的不断摧毁以及欧美日近现代的国家治理模式与殖民地各国的政府治理，这些巨大反差构成该阶段各国国际商务主体共同面临的宏观国际商务环境。具体而言，以英法美为代表的西方资本主义国家率先完成第一次工业革命，它们秉持“丛林法则”，以经济和军事手段征服、殖民落后国家。各殖民地国家的国际商务活动是附属性的，是被殖民强国裹挟着的。在这种宏观国际商务大环境之下，殖民地各国的宏观经济运行和国际商务活动是在一系列不平等的殖民条约下进行的，殖民地各国基于自身经济优势的国民经济发展严重依附于殖民列强，在国家或政府层面缺乏独立自主的发展权力/权利。在西方资本主义市场经济的冲击下，殖民地国家原来的经济形态（封建的，甚至奴隶的）被侵蚀、摧毁，殖民地各国在国际商务活动中不断主动地对接西方经济运行，殖民地各国的民族经济运行呈现出不同程度的附属性。各殖民地国家的民族经济很少有独立壮大的。

第二次世界大战结束以后，随着旧殖民体系的土崩瓦解，第三世界国家广泛兴起。然而，由于美苏争霸，整个世界旋即进入了 40 多年的严重东西对峙时期。以西方资本主义国家集团（北约组织）和东方社会主义国家集团（华约组织）的“铁幕”为标志，各国的国际商务活动分别在两大对峙集团内部运行，壁垒森严。以新旧中国的变迁为例，在两大阵营的对峙背景下，新中国的建立首先使民族经济发展摆脱了西方资本主义列强的控制，取得了政治和经济上的完全自主权。当然，基于社会主义改造和社会主义计划经济运行体系，作为社会主义阵营的重要成员，我国以国有国营经济为主体的国际商务活动与欧美以私有私营为主体的国际商务活动存在巨大差异，这种差异集中表现在政府与市场的关系上。社会主义计划经济体系下各国内部经济是完全排斥市场的，一切服从中央计划，也就无所谓“商务”。虽然各社会主义国家之间存在国际投资或国际贸易活动，但是这些活动的市场属性或商务属性也明显不足，更多具有政治属性。以苏联支援我国进行国民工业体系建设为例，当两国政府关系融洽时，两国资金、技术和经贸往来是繁荣和通畅的，但是随着中苏交恶，两国经贸往来立刻随之中断，我国国内经济受到巨大冲击，很多企业陷入经营困境。

自 1978 年改革开放以来，尤其从 20 世纪 90 年代以来，在全球范围内，世界各国在互动中逐渐回归近现代国际商务发展的总趋势——工业化、市场化和全球化。20 世纪 90 年代初的苏联解体更表明，一个封闭的、非市场化的国民经济运行体系是违背近现代以来世界经济发展总体趋势的，同时一国工业化技术水平的先进程度无法弥补经济完全封闭和经济计划带来的巨大损伤。在该阶段，尽管欧美日等资本主义国家的国际公司仍然在国际商务活动中占据主导地位，但是他们联通世界的主要方式与殖民地时期有了根本差异——它们在国际商务活动中明显需要服从政治上已经独立的第三世界各国政府的管控。与此同时，第三世界各国政府也顺应世界经济发展的总体趋势，以工业化、市场化和全球化为导向，打开国门，变革政策，在涉外贸易、投资、金融等领域建章立制，与率先完成工业革命的资本主义市场经济国家进行主动对接。因为这种主动对接，在发展中的第三世界国家内部，其国际商务环境在制度层面、经济运行层面和人文层面总体上有了明显改善。以我国主动对接世界市场为例。在此期间,我国经济率先突破东西两大阵营的经贸壁垒,主动融入世界市场。加入 WTO 前后,我国的国际商务环境有了巨大改善。

其次,中观国际商务环境改变直接引导微观国际商务环境发生较快变化。一国制度性和非制度性的国际商务环境会为国内国际商务主体参与国际商务活动提供充分的制度保障和物质支撑。尤其那些对外的经贸商事政策,其制定目的就是迎合国际商务主体的需要,为国际商务活动营造良好的政策环境。因此,随着这类国家层面的中观国际商务环境的改善,一国内部的微观国际商务环境往往也会立竿见影地得到改善。以我国改革开放为例,在明确了融入世界市场的目标以后,我国逐渐探索了一条中国特色的社会主义市场经济道路。通过改革,我国城乡经济制度的运行模式发生了巨大改变。在农村,农村土地改革为个体农民、资本与农村土地结合进行市场经营提供了物质基础,个体农民、个体工商户和乡镇企业一度繁荣兴起,为后来民营经济的崛起奠定了基础;在城市,国有企业改革和现代公司制度的建立,确立了公有制为基础的社会主义市场经济主体。

为对接国际市场,国家推进对外贸易体系的改革,使越来越多的国有企业和民营企业获得了进出口、对外投资等国际经营权。尤其在点、线、面的开放步骤下,明显能看到政策优先鼓励发展起来的东部地区在经济发展能级和商务环境方面取得了巨大优势。更具体的典型案例就是深圳特区建设政策、上海浦东新区建设政策和以上海浦东为代表的国家级自由贸易试验区建设。以中国(上海)自由贸易试验区为例,在中美贸易摩擦和美国保护主义强势抬头的国际经贸背景下,我国坚持经济全球化发展的大方向,在中央政府指导下,于 2013 年 9 月 29 日成立了中国(上海)自由贸易试验区,该试验区总面积约 28.78 平方千米,具体包括 7 个区域,即上海市外高桥保税区、外高桥保税物流园区、洋山保税港区、上海浦东机场综合保税区、金桥出口加工区、张江高科技园区和陆家嘴金融贸易区。2014 年 12 月 28 日,中国(上海)自由贸易试验区扩展到 120.72 平方千米。2019 年 8 月 20 日,中国(上海)自由贸易试验区临港新片区成立,规划自上海大治河以南、金汇港以东以及小洋山岛、浦东国际机场南侧区域,面积更为广阔,高达 873 平方千米。根据国家宏观对外经贸政策导向，在集中规划的自贸区内：① 水陆交通运输安排、商事登记、境外/外资投资管理、服务业扩大开放和负面清单制定等制度配套逐渐完善。② 保税货物、非保税货物和口岸货物分类管理，“一次申报、一次查验、一次放行”通关；海关“先进区、后报关”，检验检疫部门“通关无纸化”，海事部门实施船舶高效登记等具体措施相继出台。③ 金融部门推动资本项目可兑换、人民币跨境使用、利率市场化、外汇管理改革和金融服务开放稳步推进。④ 域内政府转变职能，注重构建“宽进严出”的事中事后监管框架，强化外资进入的安全审查、反垄断审查、信用体系构建、市场监管和信息共享等。⑤ 域内注重对居民区域规划、商圈布置规划和医疗教育配套等进行合理布局。这些具有微观指导意义的政策配套措施力求打造灵活、便利的国际商务监管环境，尽量为国际商务主体提供最便利的商务环境。

如果说宏观国际商务环境对中观国际商务环境的影响是趋势性的，那么中观国际商务环境对微观国际商务环境的影响通常是相对具体而具有可操作性的。中观国际商务环境对微观国际商务环境的影响不仅发生在制度化的政策落实层面，还发生在社会化的市场运行层面。这种影响往往表现为：在国家顶层制度设计框架下，尊重并利用市场经济运行规律，人为打造支撑微观国际商务活动的高能级国际商务区域平台综合体。

3.1.2.2 国际商务软环境与国际商务硬环境的对立统一关系

全球层面的宏观国际商务环境以及一国制度层面、政策执行层面、市场运行层面和人文层面（宏观、中观和微观）的国际商务环境可以界定为“软性的国际商务环境”（简称国际商务软环境），而一国宏观、中观和微观层面的物理环境、人为景观、自然生态和要素禀赋等国际商务环境可以界定为“硬性的国际商务环境”（简称国际商务硬环境）。这里的物理环境主要包括人口规模、地理环境、基础设施、楼堂馆舍及相应配套设施等。高质量的软环境有利于高质量硬环境的打造与保持，而高质量的硬环境日益成为高质量软环境的物质载体，两者对立统一，又相辅相成。

第一，国际商务软环境相对独立于国际商务硬环境而存在。不利的物理环境未必导致落后的制度环境；同样，优良的物理环境也不一定带来优越的制度环境。最典型的是国际商务软环境可以独立于一国硬性的地理环境、自然资源和人口规模。以15世纪地理大发现以来的大国崛起为例,不断崛起的西欧诸国可以诠释国际商务软环境的这种相对独立性。可以对比最初崛起的葡萄牙、西班牙与随后崛起的荷兰、英国。西班牙、葡萄牙和荷兰的海洋地理环境客观上促进了它们的航海探索和远洋殖民。对西班牙和葡萄牙而言,基于相对优越的海洋地理环境,通过新大陆的发现和后续对美洲殖民地的财富掠夺,两国迅速成长为殖民大国。然而,由于当时西班牙和葡萄牙两国的社会制度总体上处于封建时期,他们掠夺而来的巨额财富很多用于封建王室的奢侈挥霍,其国内尚缺乏资本主义必要的生产关系基础,因此近代资本主义经济社会制度没有首先在葡萄牙和西班牙出现。相反,在地理环境、自然资源和人口规模等方面,远不如葡萄牙和西班牙的荷兰反而较早地诞生了近现代资本主义赖以产生的厚重经济基础条件——商业信用、股份制度和银行制度。1596—1598年,一个名叫巴伦支的荷兰船长试图率队通过北极圈寻找到达亚洲的路线,当他们被困在北极冰封的海面时,巴伦支船长和17名荷兰水手艰难支撑,度过了8个月北极寒冬。他们拆掉了船上的甲板取暖,靠打猎勉强维持生存。虽然船队中有8个人死去了,但这支荷兰商队却丝毫未动别人委托给他们的、足以挽救他们生命的货物,并最终完成了运输合约。这种以生命作代价而维护契约责任的信念和行为给荷兰商人赢得了海运贸易的世界市场。这种软性的商业信用氛围逻辑上显然独立于一国的硬性物理环境。作为非正式制度,商业信用所营造的国际商务软环境逻辑上往往取决于一个国家综合的商务制度和国际商务个体的内在信仰。

第二,国际商务软环境越来越突破国际商务硬环境的约束。一国良好的市场运行制度可以改善自身的基础设施等国际商务硬环境。在17世纪末18世纪初的近现代西欧国家中,基于地理、自然资源、贸易机会、社会和政治结构的优势,英国第一个成为充分发展"起飞"前提的国家。借鉴荷兰的经验,调动资本的银行和股份公司制度出现了,于是对交通、通信等的投资明显增加了(罗斯托,2001)。政府发展政策等软环境直接决定了一国国际商务硬环境的改善速度。后发的资本主义国家(德国、日本)通过政府主导的市场经济政策破除资本主义市场障碍,大兴公路、铁路、电力、水利等基础设施建设;第二次世界大战后的新兴经济体(韩国、新加坡、墨西哥、阿根廷、巴西等)政府也采取了类似政策。但是最典型的当属改革开放以来的中国，尤其是 21 世纪以来的中国。在改革开放之初，中国各地流传这样一句话，即“要想富先修路”，各级政府非常重视交通道路等基础设施建设。交通运输条件是国际商务主体考虑国际经营活动时的重要经济因素。然而，交通运输等基础设施建设是明显的“市场失灵”领域，原因是个体投入能力的局限，或者是规模经济现值和“搭便车”等，因此这类国际商务硬环境的建设需要政府的积极作为。此时，一个相对有力的政府甚至是一国国际商务硬环境改善的唯一主体。这一点对后发的追赶型国家几乎是通用的。建立一个有效的中央集权的民族国家是各国能够“起飞”的决定性前提条件（罗斯托，2001）。需要正确看待“地理环境决定论”。地理环境决定论探讨的是人地关系问题。所谓地理环境主要指人类社会赖以存在的周围环境，从马克思主义政治经济学角度看，它主要包括两部分：一是支撑人类社会生产活动的原始生产资料；二是以自然资源方式存在的各种劳动对象。前者主要包括地质、地貌、气候、水文、土壤等，后者主要包括自然界的矿藏、植物、动物和微生物等。地理环境决定论认为以地理环境形式存在的自然条件决定人类社会生产活动及生产方式的改变，是决定人类社会变化的根本因素，并由此认为地理环境等自然条件会直接或间接地决定人类个体的身心特征、人类群体的民族特性、社会和国际的组织结构以及社会文化特征等人文现象。大自然的不平等是难以消除的。从产值和人均收入来看，富国位于温带，特别是北半球的温带；穷国则位于热带和亚热带（戴维·S. 兰德斯，2001）。地理条件等硬环境一定会影响社会人文等软环境，但是这种影响显然受制于人类社会生产技术的发展水平。认为地理决定一切肯定是错误的。由于科学和技术的出现，地理（环境）的影响可以规避或降低（戴维·S. 兰德斯，2001）。

在人类社会技术水平相对较低的情况下，如在封建社会及以前，环境对人文环境的影响程度逻辑上是比较大的。因此，在以土地为投入直接生产农产品为主的农业社会，环境对人文环境的影响是比较明显的。人类聚居区和文明沿江河而布，这并非偶然，因为江河集中了全流域的流水和每年沉积的肥沃土地（戴维·S. 兰德斯，2001）。但是随着人类社会技术水平的不断进步，地理环境对人类活动的束缚作用相对变弱，地理环境对人文环境的影响程度逻辑上就会变小。人不必把他的物质环境看作大自然和上苍赐予的因素，而看作一个有规律的世界，如果对这个世界有合理的了解，就能够加以操纵利用，使它产生生产性的变化，或至少在某一方面得到进步(罗斯托，2001)。或许有人会说：眼前地理环境相对优越的地区同时也是国际人文环境优良的地区，因而是国际商务主体竞相选择的地区，因此，即使在技术相对发达的当今社会，地理环境的决定作用也丝毫不减。这样的推演逻辑似是而非。在技术水平相对发达的当今社会，国际商务主体仍然选择地理环境优越的国家或地区从事商务经营活动，更多是因为人类社会在区域经济发展过程中的路径依赖。因为受制于地理环境约束，人们在技术水平相对落后的农业社会选择地理环境优良的临河、临海地区从事经营活动，这些地区就具有了先发优势，在生产技术水平相对提高以后，人们自然会积极借助或看重这种先发优势，继续向这类地区集中。在不同技术水平下人们选择地理环境优越的地区，其背后的逻辑是不同的。最典型的反例是那些资源匮乏却一跃成为经济强国的国家，如明治维新以及"二战"后的日本，政府的产业发展政策在很大程度上克服了资源短缺的地理环境缺陷。

3.1.2.3　制度性的国际商务环境之间具有紧密的内在联动关系

商务是市场经济中企业主体进行经营与管理活动的外在表现。国际商务是这种商务活动的国际延伸。从该角度讲，一切国际商务活动都始于市场经济，因此，国际商务的制度性软环境首先是那些确立市场经济活动的基本制度，其中第一位的应该是产权制度。

首先，产权是制度性国际商务环境的逻辑起点。不同的产权归属决定了市场交易的需要；凡是有市场交易的地方就存在契约。而且企业就是基于价格机制签订并在其内部作为价格机制替代物而运行的一系列契约的集合(科斯，1937)。从该角度看，可以把以企业为主的国际商务主体看作跨越国界的契约组合。由此，以奠定市场运行前提的产权为出发点，逻辑上可以把一个国家服务于经济活动的整套上层建筑或制度——经济法律、经济政策等正式制度和涉及经济活动行为习惯、社会文化等非正式制度——串联起来。具体而言，一个国际商务主体首先立足于特定的产权界定制度，然后遵守与该产权界定相配套的各种其他上层建筑或制度，而这些制度往往是为具体的生产关系或交易关系而制定，并具体规范这些关系。

其次，各国不同的产权制度设定导致企业运行和市场交易制度的差异。由于国别或国界的存在，国际市场中国与国之间的产权界定通常是没有疑义的（这里不考虑领土边界纠纷）。但是在一个国家内部，产权界定本身就是问题。它会因国别而有巨大差异。为了分析国际商务的需要，必须假设一个国家的产权设定是市场性的，而不是排斥市场的，否则国际商务活动在该国内部就是不存在的，也就无所谓国际商务环境。就一国内部而言，产权归属的界定本身往往有明确的法律规定，如各国日益完善的“物权法”。产权交易往往也有明确的法律规定，如各国日益完善的“合同法”。以不同产权主体的契约组合为基础的企业运营往往也是有明确法律规定的，如各国完善的“公司法”。但是情况并不总是这样，尤其在企业运行和市场交易环节。就企业运行而言，资产所有者的产权（尤其所有权）往往握在那些有能力影响资产属性的人手中（巴泽尔，2002）。这些人不仅仅指企业中的内部人，还有政府，因为政府能从头到尾影响或控制产权，例如（社会主义或资本主义）各国的国有企业。当然，不同国家对企业产权的控制程度差别很大。完全实施计划经济的国家会完全控制或全面干预企业的产权归属，从而国家法律对企业运行和产品分配会作出非市场性的规定，相反，计划成分较少的国家则规定企业的自主运行权利和市场交易自由。基于不同产权规定和政府对企业干预的不同，在产品市场交易方面，一个国家的政府可能会给予不同产权属性的企业对等的市场机会，但是在要素市场交易方面，它给予不同产权属性的企业的市场机会往往不同。例如，在社会主义国家，在金融、贸易和投资等领域，国家对国有企业和民营企业、外资企业的规定差别很大。在地方政府的政策执行层面，国有企业在融资渠道、劳动用工和土地取得等方面往往获得更多机会，从而更具竞争优势。尤其在国内企业与外资的融合方面，不同产权性质的界定也决定了各国对国外资本的不同限制。

最后，各国产权制度的差异会通过国际互动不断调适、磨合。在国际层面，由于各国产权制度运行基础的不同，在国际贸易、国际投资和国际金融等领域，各国必然因基于产权差异所决定的企业运行差异而彼此博弈，以使本国企业在国际市场中获得与对方同等的竞争机会。以我国加入世界贸易组织时的中美谈判为例，双方博弈的焦点之一就是我国金融领域的对外开放，即外资在我国金融领域的持股比例；随着我国不断进行国有企业产权改革，我国混合所有制经济成分不断发展，国家对国内外资本融合的规定不断与国际接轨。这也是整个中国特色社会主义市场经济改革的缩影。从农村土地产权改革，到城市国有企业产权改革，进而构建社会主义市场经济的基本经济主体（各种产权性质的企业或公司），并通过核心政策试点和基本制度立法（贸易立法、投资立法、金融立法等），然后不断完善外围的配套性制度立法，由此不断构建符合国际规范的国际商务软环境。

总之，以市场经济为导向，一个国家的产权制度、企业运行制度、市场交易或契约制度之间会形成前后衔接的制度链条，而这种制度链条在国际经贸交往过程中会受到他国规则或国际规则的影响，从而不断调适，最后成为各国商务主体的共识。对一些国家（如欧美资本主义国家）而言，这大致可以看作一个自由经济秩序的形成过程，它不是外部强加社会压力的结果，而是一种内部建立起来的平衡（哈耶克，1997）。它契合人们在市场经济活动中的习惯做法，而其国家规则和相应的国际规则逻辑上成为这些习惯做法的法制化。但是对我们社会主义国家而言，这个过程是一个市场自发与政府自觉相互结合的过程，甚至政府自觉的能动性作用更大些。国际商务主体在前者只需要遵循市场经济自身的运行规律行事，但是在我们这里，它需要在遵循市场规律的同时，关注政府作为市场干预者的政策取向。这种政策取向一旦法制化以后，就会因为制度间的关联性在整个社会引起连锁反应。对我们而言，政府秉持改革开放和市场经济理念而完善国内制度性商务环境的做法必然要对接遵循市场经济运行的国际规制，这种与国际商务环境相调适的过程，是通过集中指挥方式快速实现的，同时也是由众多分散的个人和企业发力配合的结果。

3.2 国际商务经济环境

国际商务经济环境，即国际商务主体存在并运行其中，因而受其影响的经济状态及经济运行环境，也即国际商务主体“面对的”国际经济环境。就像整个国际商务环境一样，国际商务经济环境有静态和动态之分，也有宏观、中观、微观或软环境、硬环境等不同的维度。国际商务经济环境在具体特征上也与不同维度下国际商务环境的特征类似。在各类国际商务环境中，国际商务经济环境在物质利益方面对国际商务主体的影响是最直接的；国际商务经济环境对国际商务主体的影响也是最重要而具有根本性的。一个国际商务主体是否会选择进入一个国家并在该国从事国际商务活动，首先考虑的就是该国的经济环境。因此，国际商务经济环境是对国际商务主体产生第一位影响的国际环境。

3.2.1 各国商务经济环境的总体差异

3.2.1.1 各国的社会经济关系及相应的经济制度

对世界各国而言，人类社会的经济活动都包括生产、分配、交换、消费等各环节。各国的社会经济关系就是人们从事这些经济活动时形成的各种关系。人与人之间、个人与企业之间、企业与企业之间、企业与政府之间必然会发生各种经济关系。要处理好各种经济活动中的经济关系，需要从法的意义上建立各种规范，这种规范就是经济制度。经济制度实质上是对经济活动中应该确立怎样的经济关系作出规范性安排，不同的经济制度会在经济活动中就各种经济关系确立不同的具体安排(顾钰民，2005)，而这些具体制度安排对相关经济主体会产生直接影响，尤其会直接影响各经济主体的物质利益。从政治经济社会再生产角度看，生产、分配、交换、消费等环节形成的社会关系被看作广义的社会生产关系(逄锦聚等，2002)。国际商务主体开展的各类国际商务活动无时无刻不处于各国的各种社会经济关系之中。

首先，国际商务主体必须首先面临各国的生产资料所有制与产权制度。生产资料所有制是整个社会生产关系的基础，它决定并从根本上支配、制约着其他各种社会经济关系。生产资料所有制指人们在生产过程中基于对生产资料所有、占有、支配、使用等活动而形成的一系列经济关系的综合。生产资料所有制是一个历史范畴。从世界人类社会发展史角度看，生产资料所有制是随着人类社会发展形态而改变的，或者说，人们在界定不同社会形态时，该社会的生产资料所有制是重要区分标志。迄今为止，人类社会总体上历经原始社会、奴隶社会、封建社会、资本主义社会和社会主义社会。在人类社会的上述变迁过程中，生产资料所有制总体上出现了以下类型：原始公有制、私有制和社会主义公有制。在当今世界，生产资料所有制主要呈现为资本主义私有制和社会主义公有制并存。这是当今世界各国社会经济制度的主要差异，也是国际商务主体从事国际商务活动时面临的最根本的社会生产关系。不同的生产资料所有制对应着不同的生产资料产权和社会财富产权。私有制对应着私有产权，公有制对应着公有产权。产权对一个经济主体的根本意义在于，该经济主体基于被社会公认的具体产权而获得相应的产权利益。从逻辑上看，生产资料所有制决定了作为产权起点的生产资料所有权，生产资料所有权基于不同经济主体的共识而分解出后续的其他产权。所有权的确定可以产生一种重要的所有权效应——使资产具有可交换性（赫尔南多，2017）。正规所有权制度是对资产属性及其获得状态的具体规定，通过资产的规定性表达或描述，正规所有权使得商业交易成为可能。同样，基于所有权而衍生的系列产权也会具有可交易性。产权的可交易性是一个社会中各经济主体得以建立商务性人际关系网络的前提。如果说市场经济是为交易而存在的经济运行机制的话，那么产权的可交易性是市场经济的基础原子。而对财富可交易性的限制则会从根本上排斥产权的衍生关系，并从根本上排斥交易和商业活动。不同国家对社会财富可交易性的各种限制形成各自的“布罗代尔钟罩”。作为一种不断扩展、体现人类合作关系的社会经济秩序，发展中国家（甚至发达国家）的市场经济往往被一些未知的因素所限制，因而市场经济没有扩张并占据整个社会。市场经济就好像被困在一种与世隔绝的“钟罩”之内。法国历史学家费尔南德·布罗代尔（Fernand Braudel）把这种被封隔的经济状态称作“布罗代尔钟罩”。这个钟罩限制了交易，从而把一部分社会财富和一部分人排斥在交易之外。而由于无法参与交易，这部分人就无法让这部分社会财富的市场性价值体现出来。由于这部分社会财富没有参与交易，整个社会的财富配置就被限制在一个相对狭小的范围内，无法获得最大的资源配置潜能。也就是说，限制财富可交易性的布罗代尔钟罩是与可交易的产权相违背的，是排斥市场经济的，自然也是排斥一切商务活动的。

其次，生产资料所有制决定各国的市场经济及商务主体的所有制类型。

基于生产资料所有制，各国对产权制度的具体构建自然导致各国市场经济的差异。需要特别说明的是，近现代世界经济发展的历史表明，无论资本主义私有制还是社会主义公有制都可以支撑市场经济机制的运行。尽管在社会主义各国早期高度计划的经济体制排斥市场经济，但是这种排斥不是社会主义公有制造成的，更多的是人们认识局限性导致的。或者说，以生产资料所有制为支撑的市场经济并不自然具有它赖以生存的所有制本身的属性，市场经济是一种经济手段，无论资本主义还是社会主义都可以采用。正如中国改革开放的总设计师邓小平所言：市场经济不姓“资”也不姓“社”，资本主义国家也有“计划”，社会主义国家也可以有“市场”。

如果不考虑少数高度计划的国家经济体（如朝鲜），当今主要的所有制差异即资本主义私有制和社会主义公有制。资本主义私有制以英国、美国、法国、德国、意大利、加拿大、澳大利亚、西班牙、葡萄牙等欧美发达国家和亚洲的日本为代表；社会主义公有制则以我们中国为代表，即中国特色社会主义市场经济。欧美和日本各资本主义国家的市场经济是脱胎于封建社会私有制经济的，是在资本主义私有制替代封建私有制以后，在代表社会化大生产起点的资本主义私有制基础上建立起来的。也就是说，当今资本主义各国的市场经济在所有制属性上与各国封建社会时期的所有制没有差异。这些资本主义国家与先前社会的根本差异是社会生产方式的差异，即资本主导社会生产关系，劳动者脱离了封建土地所有制的束缚。在近现代资本主义国家，资本和劳动的关系是资本主义市场经济的基本关系。资本主义社会生产的基本单元即资本主义企业，这些企业主要是资本家私有的，是资本主义市场经济的重要经济主体。资本主义国家的国际商务主体主要也是这些资本主义企业。当然，在资本主义国家也存在国有企业，这些国有企业是资本主义国家利用纳税人即国民的税收建立的。资本主义国家的国有企业也会参与国际商务活动。中国特色社会主义市场经济最终是中国经过社会主义革命建立起来的。在中国社会主义革命过程中，原来的中国封建半封建社会私有制被彻底打破，代之以生产资料公有制。社会主义公有制包括全民所有制和集体所有制。社会主义企业除了全民所有企业和集体所有企业外，还有民营企业或私有企业。全民所有企业是基于全面所有制而产生的。对于一个国家的全民所有制企业而言，企业的财产属于该国全体国民所有，但是由国家（或中央政府）代表全体国民行使企业的所有权，因此，全民所有制企业又被称作国有企业。自改革开放以来，我国国有企业纷纷建立现代企业制度，已经成为自主经营、自负盈亏的市场经济主体。从广义角度看，国有企业除了国有独资的企业，还可以包括由国家控股的股份有限公司和有限责任公司。对于国家参股但没有控股的企业，其中的国家股份也是国有经济成分。国有企业是中国特色社会主义市场经济的主体企业，它们控制着国家重要的、有战略意义的、涉及国计民生的经济生产资料，在中国特色社会主义市场经济中占据主导地位。集体企业基于集体所有制而建立。集体所有制企业在我国20世纪80年代末至90年代曾经占据重要地位。当时，以乡镇企业为代表的集体企业在全国广泛建立，成为中国特色社会主义市场经济的重要力量，成为国有企业的重要补充。20世纪90年代以后，尤其是进入21世纪以来，我国各地的乡镇企业纷纷改制，并由此诞生了数量众多的民营企业或私营企业。这些民营企业或私营企业在当今我国市场经济活动中占据重要地位，是社会主义公有制经济的重要补充，是中国特色社会主义市场经济的重要组成部分。因此，我国参与国际商务活动的企业类型逻辑上至少包括三种主体：国有企业、集体企业和民营企业。此外，由各种所有制成分混合而成的经济可以称为混合所有制经济，相应的企业可以简称作“混合企业”。不论在欧美资本主义国家，还是在我国，混合企业也是重要的国际商务活动参与者。

3.2.1.2 政府(计划)与市场的关系明显影响一个国家的市场经济运行

其一，纯粹自由市场经济中政府与市场关系。所谓纯粹自由市场经济，指政府在构建好市场运行的产权基础后，不干涉市场运行，不干涉市场中企业、个人等市场主体的任何合法经济活动，只是在违法经济活动出现时施加惩罚，以保障市场活动中企业和个人的合法经济利益。即在纯粹自由市场经济中，政府仅仅是市场经济的“守夜人”。在纯粹自由市场中，企业与企业之间、企业与个人之间、个人与个人之间主要用交易契约来自主调节彼此的行动，并基于这些契约获得各自的经济利益，或者说纯粹自由市场经济是一个完全的契约经济，市场通过经济主体之前的自由契约调节社会资源的配置，政府只是作为最后的契约裁决者而存在；规制经济契约的各种法律是政府管理市场经济的主要手段,从该角度说,纯粹自由市场经济也是纯粹的法治经济。在欧美古典经济学理论看来,纯粹自由市场经济是最有效率的。在纯粹自由市场经济中,消费者基于自身偏好和收入,可以根据不同的产品价格来调节自身的消费活动,从而实现消费者均衡,最终实现边际货币消费在各种产品上获得的效用达到一致。对生产者(企业)而言,在纯粹自由市场经济中,他们基于自身生产技术条件和成本投入,可以根据不同的要素价格来调节自身的生产活动,从而实现生产者均衡,最终实现在各种要素上的边际货币投入可以获得相同的产量。而在整个市场上,所有消费者形成市场需求力量,所有生产者汇集成市场供给力量,在市场供给和市场需求的相互作用下,整个市场也会实现市场均衡,最终,在某一价格水平上,市场(消费者)所需要的恰好就是市场(生产者)所供给的。纯粹自由市场经济逻辑上只能是一种理论参照,用以审视现实市场经济中政府与市场的关系。它在现实社会中是不存在的。就当今世界各国来看,无论欧美发达国家的市场经济,还是中国特色社会主义市场经济,还都不是纯粹的自由市场经济。

其二,各国政府在其市场经济运行中的作用有明显差异。在以英国和美国为代表的欧美国家,其政府对市场上企业的经营活动干预较少。具体表现如下:① 企业设立比较自由。② 企业与员工之间完全基于劳动合同建立雇佣关系。③ 政府对企业的人事安排和经营管理活动不会直接干预。④ 企业完全自负盈亏,优胜劣汰。⑤ 政府可能根据相关政策或法律规定对企业进行补贴,但是不会干预企业的产品定价,更不会规定产品或要素的市场价格。⑥ 政府总体上坚持利率和汇率的自由波动,但是在危机等特殊情况也会积极干预资本市场。⑦ 政府(除了日本、韩国和德国)在总体上不会制定产业规划等发展政策来调节本国产业结构,但是也会通过法律允许的研发补贴对创新行业和战略性产业进行政策支持。⑧ 这些国家的中央银行(除美联储外)都由政府控制,中央银行和各国商业银行之间是纯粹的管理关系;在中央银行的调节下,各国商业银行与国内所有企业之间在产权归属上是彼此独立的。在中国特色社会主义市场经济中,政府与市场的关系存在不断调整的过程。该调整的总体趋势是市场化的。在改革开放后的很长时期,尤其在进入 21 世纪以前,我国政府对市场的干预比较大,具体表现如下:① 公有制企业的重要人事任命由政府决定，国有企业主要由中央政府或地方政府任命，中央政府任命的即央企；集体企业主要由集体经济组织任命。② 在产品价格决定上，曾长期存在价格双轨制，该二元价格机制在20世纪90年代逐渐合一，形成了主要由市场定价的单一价格形成机制；但是在某些关系国计民生的产品价格形成方面，政府的干预仍然比较明显。③ 在劳动关系方面，国有企业、集体企业和民营企业之间存在很大差别。根据国家社会保障相关法律规定，国有企业和集体企业的员工享有较多的社会福利保障，相反，民营企业员工的社会福利待遇相对较少，员工的主要收入是其直接的工资性收入。④ 在现代企业制度建立以前，国有企业缺乏破产退出机制，国有银行往往成为国有企业的最后支撑；在现代企业制度建立后，国有企业的破产清算制度日渐完善。⑤ 政府日益退出了国有企业的具体生产经营活动；民营企业的生产经营活动完全自主，逻辑上不受政府的行政干预。⑥ 在加入WTO前，我国利率和汇率的市场化水平较低，政府作用明显；在加入WTO后，我国的利率和汇率日渐放开，政府干预明显减少，市场化水平明显提高。⑦ 国家和地方政府的产业发展规划比较系统、比较全面，对国家产业发展的总体方向有明显的指引作用。⑧ 我国的主要商业银行（中国工商银行、中国农业银行、交通银行、中国建设银行）都是国有商业银行，当然，目前这些国有商业银行已经逐步上市，成了国家控股的股份制银行。这些商业银行与国有企业已经逐渐摆脱了改革开放初期的裙带关系，双方从法律上看都遵守国家破产法的相关规定。

3.2.1.3　世界各国宏观经济环境的总体差异

威廉·配第曾说："劳动是财富之父，土地是财富之母。"从人类进行社会生产角度看，广义的土地（包括山川、河流、矿藏等）是人类劳动自然的载体。追踪人类社会经济发展史可以发现，人们总是得先开垦一些土地之后，才能由此建立很多城市，总得在城市里先有了粗糙的制造业，然后才会有人愿意投身于国际贸易（亚当·斯密，1776）。各国所进行的国际贸易最初源自它们各自的生产工艺，这种生产工艺最初又深受其所在的土地的影响。随着以技术为代表的社会生产力的飞速发展，国际贸易日益取决于技术进步或科技进步，根植于技术进步的生产工艺也日益脱离对局域性土地禀赋的限制。但是无论怎样，土地和人口构成各国社会经济发展的终极约束，技术无非强化了土地和人口的作用关系。因此，在从事国际商务活动时，国际商务主体首先直面的就是各国的这类自然禀赋。这些自然禀赋在一定意义上表明一个国际商务主体“在哪儿”，是对一个国家“自然长相”的第一反应。然后，一个国际商务主体才会或才能感受到这个国家的“社会长相”——它的经济总量和经济运行状态。

(1) 各国的自然禀赋差异明显。

其一，各国及其内部地区的不同地理位置。良好的地理位置会“自然性”地助长经济和商务活动。地理位置是各国的天然差异，不考虑地壳运动和地球自转因素，地理位置是不会变动的。北极的永远在北极，寒带的永远在寒带，温带的永远在温带，热带的永远在热带……在这里，我们无意强调地理决定论，但是，如果仅仅从地理位置看，正如戴维·S.兰德斯(2001)所言，从产值和人均收入来看，富国位于温带，特别是北半球的温带；穷国则位于热带和亚热带。不同的地理位置决定了不同的气候，而不同的气候直接决定了不同地区的生态环境、植被和物产。而地表的植被和物产是农业生产的起点，在很多领域也往往是工业领域的初级原材料。在西欧，有利的环境可以让许多土地保留森林和休耕，饲养家畜时无需到远方寻找牧场，因而，那里饲养的家畜比别处的健壮、高大；由于气候条件，印度的很多地区不能饲养马匹(戴维·S.兰德斯，2001)。当然，西欧大型家畜的粪便和休耕条件还不能与尼罗河、幼发拉底河、印度河、长江、黄河冲积平原的沃土相比。在人类社会生产力水平相对低下的历史时期，这种植被和物产的差异直接决定了各国国际贸易的格局：中国的丝绸、波斯的香料、北美的玉米、东欧的苜蓿等。即使在科学技术(如滴灌农业、农业大棚等)比较发达的当今世界，地理位置和物产对国际贸易等商务活动的影响也是无法消除的。

地理位置对国际商务活动的另一个极大影响是交通条件。沿海的交通条件曾经给葡萄牙、西班牙等首批崛起的世界性大国准备了更可能发现世界的较好机会。这也是现代科学技术无法完全消除的地理影响。临海临河国家明显比内陆国家更容易参与国际贸易和投资活动。一个国家内陆地区的一切物资往往总要经过沿海和沿河地区输出国外，纯粹的路上贸易或投资(如欧盟各国内部)在目前来看是相对少数。马六甲海峡天然是连通泛太平洋各国和泛印度洋各国的海上交通要道；隔断红海和地中海的埃及东北部地区注定要被开凿成苏伊士运河，因为它足够狭窄，打通它而连通欧洲和亚洲的潜在利益巨大！从该意义上看，如果不考虑其他社会因素，单纯从地理位置角度看，泰国的克拉地峡也具有较好的连通印度洋和太平洋的开凿价值。当然，由于马六甲海峡的存在，克拉地峡的这种开凿意义会远远小于苏伊士运河。这是由地理位置决定的，由此决定了埃及或新加坡在国际贸易和国际航运领域的重要价值。当然，这不是说这样得天独厚的地理位置能直接决定一个国家高水平的经济、政治等综合国力。类似的还有中美洲的巴拿马运河地区。所以，从世界地理角度看，那些相对邻近的不同大陆的沿海地区以及具有连通或中转作用的各国沿海地区以更大的机会成为国际商务主体的来源国，例如作为岛国的英国、西欧沿海各国和环地中海各国——它们彼此相对邻近；例如我国环渤海湾、苏浙沪、两广等沿海地区，日本、韩国和菲律宾、越南、马来西亚、印度尼西亚等东南亚国家（甚至澳大利亚、新西兰）——它们彼此相对邻近；例如美国环太平洋各地区、墨西哥湾区和南美洲加勒比海地区各国——它们彼此相对邻近。俄罗斯和加拿大的沿海地区虽然也相对发达，但是由于地处寒带，其国际商务活动明显会受到制约。沿海地区比内河地区更有利于从事国际商务活动，而内河地区往往比内陆地区有利于从事国际商务活动。我国长江经济带和黄河经济带在历史上占据极其重要的经济地位；类似的区域还有印度的恒河流域各地区、中东的两河流域各国、北美五大湖区、南美的亚马孙河流域各国……这些内陆水资源丰富的地区往往成为各国经济相对发达地区。因为在这样的地区，水运会带来天然的经济运行成本优势，有利于促进当地的经济和商业繁荣。当然，随着现代陆上交通运输条件的改善，地理位置从运输角度影响国际商务的作用有所下降，但是各国或各地区在地理位置上的空间相对性是无法通过技术进行消除的。

其二，各国不同的矿物和能源储藏等地质条件。地理位置和地质条件是两个内涵。从现实世界看，地理位置较好的早期贸易大国并没有良好的地质条件，相反，其矿藏和能源储藏等比较贫瘠，尤其是西班牙和葡萄牙，甚至英国。第二次世界大战以后日本的国家贸易发展尤其能够说明这一点。当然，各国经济发展的历史是多种因素综合的结果，发达国家殖民和发展中国家被殖民的历史不能否定良好地质条件的重要性。对于诸多曾经被殖民的发展中国家而言，其良好的矿藏和能源储藏等地质条件逻辑上往往成为其国民经济发展的重要支撑。这一点在中东产油国尤其明显。OPEC（Organization of Petroleum Exporting Countries）即石油输出国组织，中文音译为欧佩克，主要指沙特阿拉伯、伊拉克、伊朗、科威特、委内瑞拉、阿尔及利亚、厄瓜多尔、加蓬、印度尼西亚、利比亚、尼日利亚、卡塔尔、阿拉伯联合酋长国、突尼斯等 14 个国家。2019 年 1 月和 2020 年 1 月，卡塔尔和厄瓜多尔相继宣布退出 OPEC。

其三，各国不同的自然人口情况差异。自然人口要么现在就有劳动力，要么在未来具有劳动力。劳动力即人的劳动能力，作为人类从事社会经济生产的基本能力，劳动力与资本、土地和企业家才能被看作社会经济生产的四大要素之一。“劳动力”在现代经济学中往往被用来代指有劳动能力的人。从自然角度看，各国人口情况主要包括总的人口规模和人口的自然结构。所谓人口的自然结构，这里强调人口的年龄结构和性别结构。一个国家的人口规模反映了该国劳动力的总体丰沛或短缺情况。单从人口总量看，一国国家人口规模的大小直接决定了该国劳动力资源的丰富与稀缺，从而从要素投入源头上影响该国范围内国际商务主体的劳动力雇佣成本。从世界大国兴衰的历史看，没有足够人口规模支撑的世界性大国很难长期保持其大国地位，尤其在其衰落以后，如果没有足够的人口规模支撑，这样的国家往往无法进入世界前列，如葡萄牙、西班牙、意大利，甚至法国和德国。而对于那些有足够人口支撑的世界大国，其大国位置相对容易保持，而且即使相对衰落后，其世界性强国的地位仍然得以保持。例如日本，从经济上看，尽管自 20 世纪 90 年代广场协议以来日本经济发展被美国压制了，但是日本总体上仍然不失为一个经济强国。由此可见，对大国发展而言，大量的人口对于长期经济发展起到支撑作用。当然，这绝对不是说人口规模越大越好。如果没有可匹配的资本、土地等其他要素，大量人口反而会成为一个国家经济发展的沉重负担，典型的例子是孟加拉国和非洲的一些落后发展中国家。总之，人口规模是把双刃剑，有资本和土地等要素匹配就是有利的，没有则往往是不利的。国际商务主体在看待一个国际的人口规模时，决不能孤立于其他要素之外。此外，劳动力的人口规模还从宏观上影响了一个国家的产业分工门类和分工深度。除了那些技术密集型的行业，只有充足的劳动力人口才能支撑细致的分工。各国的人口情况差异还体现在人口的自然结构上。人口的自然结构包括两个维度，即年龄维度和性别维度，前者是人口的年龄结构，后者是人口的性别结构。人口的年龄结构即从婴幼儿、少年、青年、壮年和老年这一年龄维度划分的人口结构。人口年龄结构反映了一个国家动态的劳动力人口规模。通过观察一个国家人口的年龄结构，国际商务主体可以发现该国经济运行的阶段性特征，例如一个国家经济发展过程中的老龄化现象。在老龄化社会阶段，一个国家的经济问题和发展机会并存。一个国际商务主体需要把相关问题的不利影响纳入行为选择过程，同时把握其发展机会以开展商务活动。人口的性别结构即以男性和女性划分的人口结构。一方面，人口的性别结构从人口繁衍的角度反映了一个国家长期的人口增长潜力；另一方面，人口的性别结构也从静态角度反映了该国劳动力在工作强度上的承担能力问题。在现代社会，很多繁重的体力劳动还是不适合女性的，因此，一个国家人口的性别结构能在很大程度上反映该国的产业发展特征。如果男性劳动力丰富，则劳动密集型产业逻辑上相对繁荣；如果女性比较多，则情况往往相反。

(2) 各国宏观经济增长潜力的差异。

各国的地理位置、地质条件和人口自然结构等自然禀赋为各国的经济发展提供了潜在的物质准备，但是这些潜在的物质要呈现为真实的物质财富需要一个综合的经济生产、交换过程。在该过程中，不同国家社会性的因素会综合地发挥作用，而且不同国家的不同前后发展阶段之间也会呈现不同的路径依赖关系。在该过程中，各国的人力、财力和技术储备对各国生产环节具有重大决定意义，而各国的基础社会建设条件则对各国的人、财、物的流通环节影响巨大。

其一，各国人力资本结构不同。人力资本结构反映的也是一个国家的人口结构，但是它不是自然性质的人口结构，而是社会性质的人口结构，它侧重反映一个国家基于教育、培训和自主学习等投入而不断提升劳动力质量的情况，即一个国家不同知识或技能水平劳动力的构成情况。与自然要素禀赋相对，可以把各国的人力资本构成情况看作各国的社会要素禀赋。不同国家的人力资本结构是它们之间产业结构差异的重要影响因素。国际商务主体必须根据自身技术水平确定自身需要的劳动力知识或技能水平，也必须根据自身技术水平确定合作对象及其所在国家的人力资本状况。以发达国家的产业转移为例，发达国家对外转移的首先是劳动密集型的夕阳产业，因为随着发达国家自身的产业升级，其本国的劳动力在技能水平上也在升级，那些落后的产业和产能逻辑上就需要转移到劳动力技能水平相对低的国家，因为这样才是符合比较优势的。

以 20 世纪 70—80 年代的东亚和东南亚经济发展为例，由于承接美国、西欧和日本等国的夕阳产业（纺织、电子装配等轻工业），这些国家（如韩国、新加坡）基于自身相对廉价的低水平劳动力推动了加工制造业的发展和相应产品的不断出口，从而顺利跻身新兴经济体行列。随后，基于我国改革开放，东亚和东南亚的新兴经济体则把类似的产业和产能向我国转移，利用我国较低价格水平的劳动力获取相关产业和产品的比较优势，而这些国家自身则通过产业升级，逐渐转型技术密集型和资本密集型产品的研发和生产，由此催生了韩国的芯片制造、日本的人工智能等高新技术产业的发展，而这背后无疑是这些国家教育水平等人力资本投入的大幅改善。不同国家之间的这种产业和贸易变迁关系，被日本产业经济学家小岛清称作“雁型形态”。从该角度看，当前美国的发动机制造、航空技术、核能利用技术、芯片制造技术、计算机软硬件技术、生物技术、人工智能等领域的领先地位，无不立足于像普林斯顿大学、哈佛大学、耶鲁大学、加州理工学院、斯坦福大学、麻省理工学院、宾夕法尼亚大学、杜克大学、芝加哥大学、哥伦比亚大学等一系列世界一流学府的人才培养，以及类似硅谷和各种研究机构的人才培养和历练。从事国际商务经济活动的人必须具备特定的能力。正如舒尔茨所言，一个人不可能天生具备他（她）所需要的所有能力，然而，通过对自身的投资（即人力资本投资），可以提升自己的生产能力和消费能力。人力资本投资会改变一个人（从而一个社会）的储蓄和资本形成，会改变劳动者工资收入的结构，而且对长期的经济增长和人们的收入分配有明显影响（Schultz, 1962）。因此，国际商务主体需要长期关注一个国家的人力资本结构，关注一个国家的教育水平。也正是因为这样，全球大多数的顶尖国际公司往往密集于少数国际大都市，如美国的纽约、芝加哥、洛杉矶，英国的伦敦，日本的东京，法国的巴黎，中国的香港、上海，意大利的米兰和韩国的首尔等，因为一个国家的国际大都市同时也是该国最高教育水平和培训水平的代表，是该国人力资本投入最密集的地区。在这样的地区从事国际商务活动容易获得高质量的要素资源和水平相近的国际合作伙伴，而且这样的地区优势具有自我强化的趋势。

其二，各国的 GDP、财富分配和市场容量不同。GDP 是现代经济学中用来反映一个国家宏观经济发展状态的重要指标。这里我们不研究 GDP 如何衡量宏观经济问题，而是侧重分析 GDP 所反映的宏观经济运行特征。从创造 GDP 或 GNP 的国际商务主体的构成角度看，两者可以反映一个国家参与国际商务活动的频繁程度或深度。同时两者可以反映一个国家在世界范围内创造市场价值的总体能力。对一个国际商务主体而言，GDP 或 GNP 反映了一个国家的总体商务机遇。那些 GDP 排名比较靠前的国家，往往是经济发展水平比较高的发达国家，而大部分相对落后的发展中国家的 GDP 或 GNP 排名是比较靠后的。当然，GDP 或 GNP 的大小与一个国家的国土范围和人口密切相关。通常情况下，国土范围大、人口多的国家的 GDP 或 GNP 也比较大。但情况并不总是这样。因此，实践中，经济学家还利用人均 GDP 或 GNP 来进一步反映一个国家总体的经济发展潜力。如果一个国家总量和人均的 GDP 或 GNP 都比较高，则这样的国家逻辑上一定是经济发展水平比较高、国际商务活动比较活跃的国家。当今世界，美国的 GDP 无可争议地位居世界第一，随后是中国、日本、德国和英国。图 3-1 反映了这四个国家自 20 世纪 50 年代以来的 GDP 变化情况。

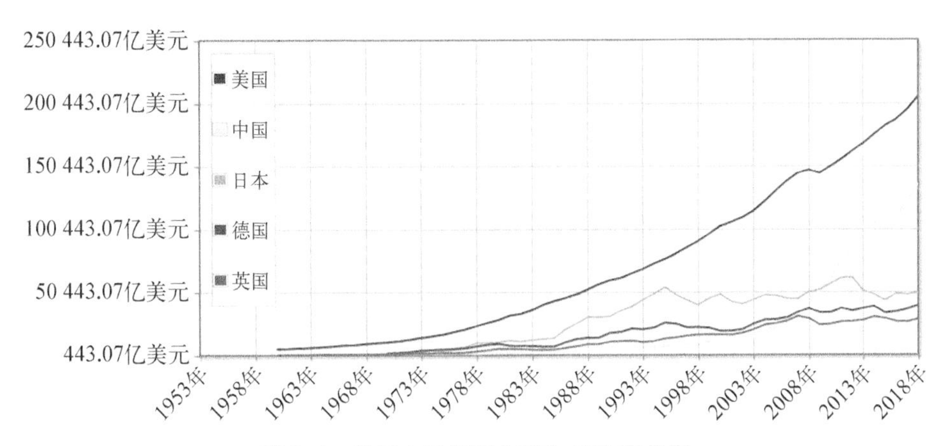

图 3-1　世界主要经济大国的 GDP 变化图

GDP或GNP只能反映一个国家总体的社会财富创造情况,无法反映一个国家的社会财富分配状况。一个国家的经济发展潜力如何,不仅要看该国的社会财富创造能力,还要看其社会财富的分配状况。如果社会财富分配不合理,从长期看,一个国家内部往往会逐渐丧失经济持续增长的能力。在国民财富分配方面,经济学家喜欢谈论一个"二八定律",以此来反映世界各国往往存在的收入分配不公现象,即在一个国家内部,往往是20%的人口攫取了国家80%的财富,而80%的人口只获得了20%的财富。特别典型的,如果一个国家收入分配两极分化,那么低收入者往往就会丧失参与社会生产的动力;另一方面,低收入者也无法消费或消化庞大的社会财富,进而导致该国生产、交易和消费链条的断裂。在这种情况下,如果高收入者(往往是资本所有者)不能开辟出售国内产品的国际市场,那么这样的国民经济就容易陷入需求不足的经济衰退。因此,对一个国际商务主体而言,从宏观角度看,必须关注一个国家的国民收入分配。国民收入分配反映了该国的总体市场潜力,尤其是消费能力。如果说GDP或GNP从社会财富生产角度反映了一个国家的供给能力和供给水平,那么社会财富的合理分配则从收入角度反映了一个国家的需求能力和需求水平,两者共同反映了一个国家的市场容量或市场能级。基尼系数是用来反映社会财富分配悬殊程度的指标。在图3-2中,曲线OL(被称作洛伦兹曲线)把$\triangle OHL$分成两部分:A和B。基尼系数$=A/(A+B)$。基尼

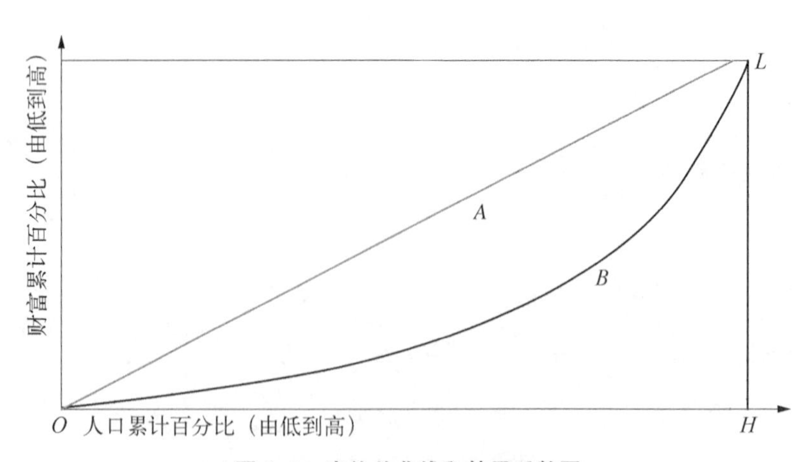

图3-2 洛伦兹曲线和基尼系数图

系数的取值在 0～1。基尼系数越大，说明财富分配悬殊越大。通常，基尼系数低于 0.2 代表一个国家的收入分配绝对平均；基尼系数在 0.2～0.3 代表收入分配比较合理；基尼系数在 0.3～0.4 代表收入分配相对合理；基尼系数在 0.4～0.5 代表收入分配差距较大；基尼系数在 0.5 以上代表收入差距悬殊。

根据度量财富分配的重要指标基尼系数，目前世界经济发展水平较高的各国在社会财富分配方面有很大差异。自 2008 年美国次债危机引发世界金融和经济困境以来，美国、法国的基尼系数整体呈现扩大趋势，德国和英国的基尼系数有所下降(图 3-3)。次债危机具有明显的财富再分配功能，以美国华尔街为首的金融资本获利颇丰，而广大的普通民众则损失惨重。正是由于这样的财富分配不公，美国民众一度发起了“占领华尔街”运动。参加运动的示威者在美国当地时间 2011 年 10 月间曾经举行大规模的抗议行动，抗议人数一度达到上万人；人们高举谴责大企业的标语，揭露大企业利用金钱影响政治，呼吁美国政府将更多资源投入到保障民生的项目中去，反对不断补贴大企业或在海外发动侵略战争。与此同时，美国的芝加哥、洛杉矶、波士顿、亚特兰大、丹佛、旧金山等地也都出现了“占领华尔街”运动的模仿者。运动的组织者甚至联系美国以外国家的重要城市，以致德国法兰克福、加拿大多伦多、澳大

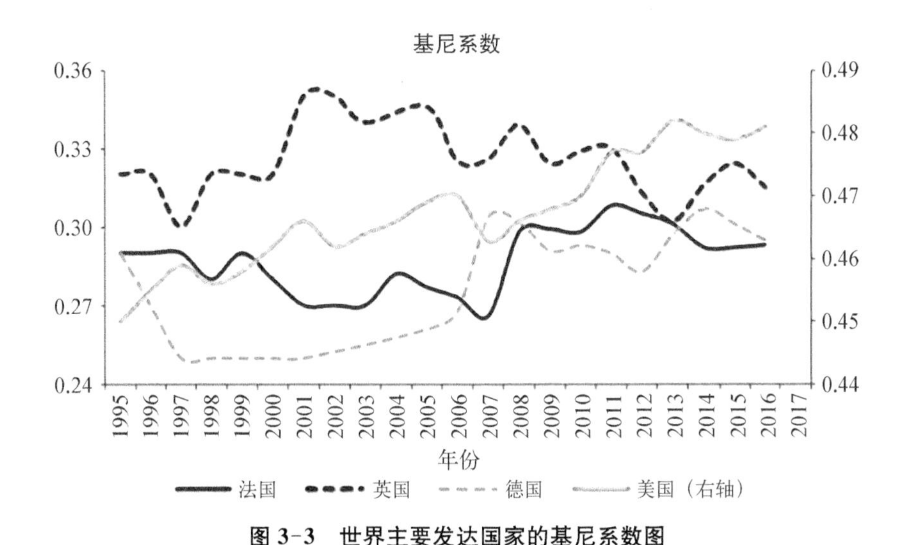

图 3-3　世界主要发达国家的基尼系数图

资料来源：Wind，长江证券研究所。

利亚墨尔本、日本东京、捷克布拉格等重要城市也出现了类似的抗议活动。在我国，随着国家经济实力的不断增强，“共同富裕”的中国特色社会主义的建设目标被迅速提上日程。2013 年 11 月以来，习近平总书记提出扶贫工作“要科学规划，因地制宜，抓住重点，不断提高精准性、有效性和持续性”，2013 年 12 月中办、国办印发《关于创新机制扎实推进农村扶贫开发工作的意见》(中办发〔2013〕25 号)，明确提出了建立精准扶贫工作机制和健全干部驻村帮扶机制的工作要求。自 1978 年末至 2017 年末，中国贫困人口数量从 7.7 亿人下降至 3 046 万人，累计减贫 7.4 亿人，贫困发生率从 97.5%下降至 3.1%，对全球减贫的贡献率超七成。其中，2012—2016 年，中国现行标准下的贫困人口由 9 899 万人减少至 4 335 万人，累计减少 5 564 万人。这是中国自 1986 年开展大规模扶贫以来最好的成绩。作为世界上人口最多的国家，中国贫困发生率的直线下降和农村贫困人口的大幅减少，对减少全世界贫困做出了不容忽视的贡献：中国农村贫困人口大幅减少，农村累计减贫 6 853 万人，减贫幅度接近 70%，年均减贫接近 1 370 万人；贫困发生率直线下降，由 2013 年的 8.5%，下降到 2017 年的 3.1%(李晨赫，2019)。截至 2018 年，我国贫困人口还剩下 1 660 万人(图 3-4)。2020 年将是我国全部贫困人口脱贫攻坚之年，届时，中国现行标准下的贫困人口将归零。随着我国农村贫困人口的大幅度减少，我国的基尼系数在 10 多年里不断下降，由 2008 年前后高达 50%下降到目前的 45%左右，逐渐摆脱了明显的贫富悬殊区间，并且全国的基尼系数呈现出整体下降的趋势(图 3-5)。

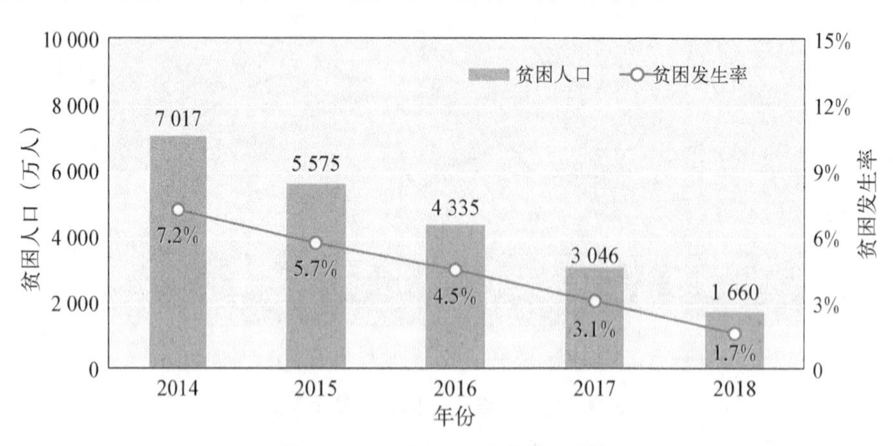

图 3-4　我国近 5 年贫困人口情况

图 3-5　我国近年来基尼系数变化图

数据来源：国家统计局、天风证券研究所。

根据宏观经济学中凯恩斯主义的消费函数理论，低收入者具有更高的边际消费倾向，而高收入者具有相对较低的边际消费倾向，即随着个人收入水平的提高，低消费者会拿出更高比例的收入增量用于个人消费。随着我国国民财富相对合理的分配，广大低收入者的财富增量将成为巨大的消费引擎，成为在未来很长时间里拉动 GDP 增长的重要动力。东西方国民财富分配和未来市场的发展潜力由此可见一斑。

其三，各国的基础设施条件差异明显。对一个国家经济发展意义重大的基础设施主要包括以下诸方面：① 各国的交通设施建设，如公路(尤其高速公路)、铁路、水路和航线，以及相应的港口、码头、机场和加油站建设；② 水电煤(气)网络、邮电通信网络；③ 水库、大坝和农田水利建设；④ 政府服务设施建设；⑤ 居民住宅及其周边文教卫和商圈设施建设；⑥ 金融网点(尤其是银行网点)建设。这些基础设施建设要么与一个国家内部企业的日常生产活动息息相关，要么与国民的日常生活息息相关，要么与两者同时息息相关。其中，前三类是狭义的基础设施建设，后三类可以纳入广义的基础设施建设。各国的基础设施建设差异很大。通常，一个国家的经济发展水平，尤其是工业发展水平与其基础设施建设水平正相关。目前经济发展水平排名靠前的发达国家都有比较完善的基础设施体系，而在广大落后的发展中国家，上述基础设施建设则极其落后。基础设施建设是资本密集型和技术密集型的投入项目，没有比较扎实或雄厚的资本和比较过硬的技术，就无法开展大范围的基础设施建设，尤其是前三类基础设施建设。由于工业化的先发优势和世界殖民时期的财富分化，欧美等资本主义国家的重要基础设施建设条件总体情况较好，尤其在铁路、公路和港口建设方面。当然，在第二次世界大战以后，各资本主义国家之间的国民经济发展能力有所调整，这种调整也反映在各国的基础设施建设方面。新型经济体国家的交通基础设施建设在“二战”以后发展迅速，尤其是金砖五国(BRICS：B巴西、R俄罗斯、I印度、C中国、S南非)表现最为突出。

首先看各国的铁路和公路设施的差异。要想富，先修路。铁路和高速公路建设情况最能反映一国交通发展的基本能力。从各国铁路建设情况看，老牌资本主义强国(英国、法国、德国、美国、日本、意大利等)和“二战”后新型经济体国家的铁路建设情况稳居世界前列，详见表3-1。在高速公路建设方面，各国情况大致也如此，详见表3-2。以2017年世界各国高速公路里程排列，位居前列的也主要是老牌资本主义国家和主要的新兴经济体国家。

表3-1　主要国家铁路建设情况对比　　单位：千米

国家	1980年	1990年	2000年	2010年	2011年	2012年	2013年	2014年	2015年
中国	53 300	57 800	68 700	91 200	93 200	97 600	103 100	111 800	121 000
美国	265 842	193 158	159 822	228 513	228 218	228 218	228 218	228 218	228 128
俄罗斯	82 600	85 969	86 075	85 292	85 167	84 249	85 266	85 266	85 262
印度	61 240	62 367	62 759	63 974	64 460	64 460	65 436	65 808	66 030
德国	—	—	36 652	33 708	33 576	33 509	33 449	33 426	33 332
法国	34 362	34 070	32 515	33 608	34 621	30 013	30 013	30 013	30 013
巴西	5 054	4 916	29 314	29 817	29 817	29 817	29 817	29 817	29 817
南非	23 596	21 617	22 657	22 051	20 500	20 500	20 500	20 500	20 500
波兰	27 185	26 228	22 560	19 702	19 725	19 617	18 959	18 942	18 510
意大利	16 138	16 086	16 499	18 011	17 045	17 060	16 752	16 723	16 724
日本	22 236	20 254	20 165	20 035	20 140	20 140	19 436	16 703	16 704
英国	17 645	16 588	15 991	16 173	16 408	16 423	15 857	16 530	16 132

资料来源：世界银行网站。

表 3-2 2017 年世界各国高速公路里程

国家/地区	通车里程(千米)	国家/地区	通车里程(千米)
中 国	136 500	日 本	7 803
美 国	75 238	意大利	6 700
俄罗斯	30 000	墨西哥	6 279
加拿大	17 000	沙特阿拉伯	3 891
西班牙	15 152	英 国	3 519
德 国	12 800	韩 国	3 367
法 国	11 100		

资料来源：世界银行网站。

近年来，我国的铁路和高速公路建设成就非常突出。自改革开放以来，我国已经彻底改变了曾经的交通条件严重落后的状态。尤其是自 2000 年以来，我国交通设施建设取得了日新月异的发展。

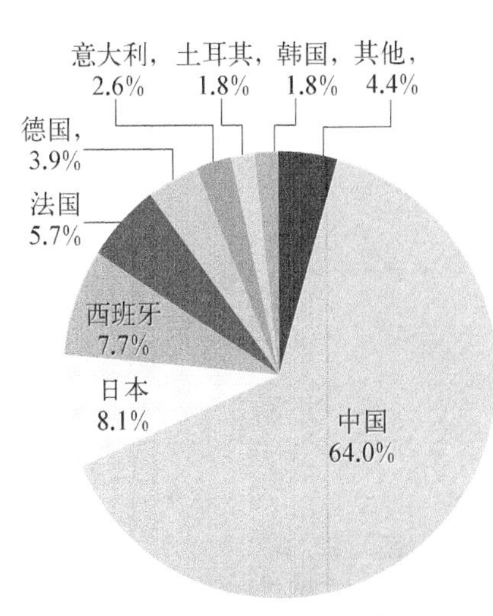

图 3-6 2016 年主要国家高铁里程占比

2017 年，我国高速公路里程已经超过 13 万千米，几乎是第二名美国的两倍。当然，以 2015 年数据看，美国的铁路达到 22 万千米，也几乎是我国(12 万千米)的 2 倍。当然，在代表现代化交通运输水平的高铁基础建设方面，我国在全球处于绝对领先地位(图 3-6)。2016 年世界上共有 16 个国家和地区运营高铁，运营总里程为 37 343 千米，其中我国 23 914 千米，约占全球的 64%，其次分别是日本(约占 8.1%)、西班牙(约占 7.7%)。中国复兴号动车组的运行时速高达 350 千米，位居全球之首。

铁路和高速公路建设需要巨额投资。一个国家良好的铁路建设条件一方面是由其国民经济发展水平决定的，同时，足够的交通设施条件又成为支撑各国国民经济较快发展的硬件基础，是各国重要的物流经济和人流经济命脉。表 3-3 反映了近年来我国各类交通设施所承载的运量和周转量等运力情况。有一点需要特别说明：各国铁路和公路建设的总里程不能说明问题的全部。在交通基础设施条件方面，人均交通建设里程数和单位国土面积交通建设里程数更具有实际意义。① 由于我国人口基数太大，在 2019 年已经达到 14 亿，我国总人口是很多发达国家的数百倍，对美国而言，也是其人口总数的四倍左右。因此，虽然总的铁路和公路里程足以说明我国具备良好的交通设施硬件基础，但是从人均铁路或公路里程看，我国与很多发达国家还有很大差距。② 像俄罗斯这样的国家，其铁路和公路里程虽然排名靠前，这主要是因为其国土面积太大了，就算建一条铁路或高速公路，从东到西也有几千千米。从该角度讲，最老牌的资本主义国家，如葡萄牙、西班牙、荷兰等国的铁路和公路等交通建设也很有优势。③ 铁路和高速公路等交通运输条件不能光看里程，还要看车道数。一车道、两车道与四车道、八车道的运输能力不可同日而语。

表 3-3　2014—2017 年我国主要交通线路的运力情况

指　　标	2014 年	2015 年	2016 年	2017 年
运输线路长度(万千米)	—	—	—	—
铁路营业里程	11.18	12.10	12.40	12.70
公路里程	446.39	457.73	469.63	477.35
#高速公路	11.19	12.35	13.10	13.64
内河航道里程	12.63	12.70	12.71	12.70
定期航班航线里程	463.72	531.72	634.81	748.30
管道输油(气)里程	10.57	10.87	11.34	11.93
客运量总计(万人)	**2 032 218**	**1 943 271**	**1 900 194**	**1 848 620**
铁路	230 460	253 484	281 405	308 379
公路	1 736 270	1 619 097	1 542 759	1 456 784
水运	26 293	27 072	27 234	28 300
民航	39 195	43 618	48 796	55 156

续　表

指　　标	2014年	2015年	2016年	2017年
货运量总计(万吨)	**4 167 296**	**4 175 886**	**4 386 763**	**4 804 850**
铁路	381 334	335 801	333 186	368 865
公路	3 113 334	3 150 019	3 341 259	3 686 858
水运	598 283	613 567	638 238	667 846
民航	594.1	629.3	668.0	705.9
管道	73 752	75 870	73 411	80 576
货物周转量(亿吨千米)	**181 668**	**178 356**	**186 629**	**197 373**
铁路	27 530.2	23 754.3	23 792.3	26 962.2
公路	56 846.9	57 955.7	61 080.1	66 771.5
水运	92 774.6	91 772.5	97 338.8	98 611.2
民航	187.77	208.07	222.45	243.55
管道	4 328	4 665	4 196	4 784
沿海规模以上港口货物吞吐量(万吨)	**769 557**	**784 578**	**810 933**	**865 464**

再看各国重要的国际性港口设施情况。在全球开放经济条件下，除了各国内部的交通运输条件，各国对外的港口设施条件对世界商务活动的影响也是非常明显的。世界各国在国际性港口设施方面的差异首先取决于各国的地理环境——海洋环境或内河环境，同时也明显依托各国的经济发展能力和发展水平。具体而言，自第二次世界大战以来，世界主要的国际化港口主要分布包括：西欧大西洋沿岸—地中海周边—红海两岸(尤其苏伊士运河)—印度洋和大西洋交接的马六甲海峡—中国南部和东部沿海—日本四岛两岸—北美太平洋沿线—北美大西洋沿线—墨西哥湾周边—南美大西洋沿线。这些主要港口和各大洲的陆地交通干道恰好围绕地球一周。这些港口既有老牌资本主义国家的老牌国际化港口，也有“二战”后新兴经济体的主要港口。这些重要的国际港口是国际贸易的关键通道，有些港口在国际贸易活动中极其重要，甚至无可替代，例如连通地中海和红海的埃及苏伊士运河，连通印度洋

和太平洋的马六甲海峡，连通太平洋和大西洋的巴拿马运河。如果暂时撇开国际政治和军事因素，这些港口及其周边地区往往也是各国物流、人流、技术流和信息流的重要集散地，在相应各国或地区往往都占据非常重要的地位，代表着这些国家或地区经济发展的最高水平，因而是国际商务活动的主要阵地。

随着生产技术水平和国际贸易活动的不断发展，2018 年我国进出口总额达到 4.6 万亿美元，成了全球第一贸易大国。而支撑这一巨大成就的重要功臣也正是我国良好的港口基础设施。国际航运领域的权威分析机构 Alphaliner 发布了 2018 年度全球港口集装箱吞吐量 120 强榜单。其资料显示，在 2018 年全球经济疲软的情况下，前 20 大集装箱港口完成集装箱吞吐量 3.4 亿 TEU(国际标准箱单位)。在 2018 年的全球主要国际大型港口排名中，我国有十大港口入围全球排名前 20，上海港以 4 201 万 TEU 的集装箱吞吐量稳居全球第一，这也是上海港连续 9 年稳居集装箱港口吞吐量世界第一(表 3-4)。在基础设施建设方面，我国日益成为后发国家赶超欧美等发达资本主义国家的典型。

表 3-4　世界主要港口表

排　名	港　口	万 TEU	增　长	地　区
1	上海港	4 201	4.40%	中国
2	新加坡港	3 660	8.70%	新加坡
3	宁波舟山港	2 635	7.10%	中国
4	深圳港	2 574	2.10%	中国
5	广州港	2 187	7.40%	中国
6	釜山港	2 166	5.70%	韩国
7	中国香港	1 960	−5.7%	中国香港
8	青岛港	1 932	5.50%	中国
9	洛杉矶/长滩	1 755	3.90%	美国
10	天津港	1 601	6.20%	中国
11	迪拜港	1 495	−2.7%	阿联酋

续 表

排　名	港　口	万 TEU	增　长	地　区
12	鹿特丹港	1 451	5.70%	荷兰
13	巴生港	1 232	2.80%	马来西亚
14	安特卫普	1 110	6.20%	比利时
15	厦门港	1 070	3.10%	中国
16	高雄	1 045	1.70%	中国台湾
17	大连港	977	0.60%	中国
18	丹戎帕拉帕斯	896	7.00%	马来西亚
19	汉堡港	877	−1.0%	德国
20	林查班港	807	3.70%	泰国

资料来源：中国新闻网。

发达资本主义国家和第二次世界大战后的新兴经济体国家在基础设施建设方面还有其他差异。这种差异主要表现在基础设施的现代化和磨损程度上。目前，英国、美国、德国、日本、法国等老牌资本主义国家的很多基础设施往往是“二战”前后建立的，在经过六七十年的长久使用后，它们的这些基础设施往往面临着磨损老化等问题。而新兴经济体国家的基础设施主要在20世纪七八十年代建立，相对更现代化，更具承载能力，因此表现出明显的“后发优势”。灌溉系统、水电煤、道路交通等国内基础设施条件对各国内部经济的生产成本、交易成本和生活成本会产生全面性、基础性的影响。就生产成本而言，基础设施属于固定资产，或者说是经济学中的固定成本，是一切社会生产活动的物质支撑，这些固定资产的投资成本最终要分摊在与之相关的（有形或无形）商品上。良好的固定资产可以长期参与社会生产活动，从而有利于降低单位商品的成本分摊。就交易成本而言，良好的、便利的基础设施会缩短流通时间，降低交易成本，促进生产、交易和消费诸环节的有效衔接，提高国民经济的整体运行效率和效益。就生活成本而言，良好的基础设施（如教育和医疗设施）对人的再生产和人力资本质量提升具有基础性作用，会对国际性的人才产生巨大吸引力。

最后看各国的互联网建设情况。一个国际商务主体尤其需要关注潜在合作国家的信息网络基础设施建设条件。从20世纪70年代国际互联网兴起以来，互联网不仅日益成长为各国国民经济中重要的产业，而且已经几乎渗透进人类生产和生活的每一个方面、每一个环节。自2000年以来，将移动通信和互联网两者结合起来的移动互联网诞生，它把互联网的技术、平台、商业模式及其应用与现代移动通信技术相结合，使人类生产和生活更加无缝衔接。何为互联？这种互联逻辑上包括三个基本阶段或三种基本形态，即物物互联、人物互联、人人互联。物物互联如电脑之间的串联；人物互联如远程遥感控制；人人互联如移动互联中的微信平台。互联网的超级形态是三种互联的综合。互联网的本质是通信，其平台和介质主要是信息源、控制系统、应用系统和各种使用终端(如电脑、手机)。互联网与人的社会性高度契合，具有强大的链接功能。一个国际商务主体需要关注互联网在链接功能上的如下特点：

(1) 高效操控性。通过互联网，国际商务主体可以实现人对物的瞬时操控，也可以实现人对人的瞬时任务安排和反馈，从而在其组织内部大大提高经营和管理活动的针对性和执行效果。

(2) 互动便利性。互联网不是单向的操控，更可以进行双向的互动交流，它不仅促进商务信息在不同主体之间的充分沟通，还可以大大增加组织内部信息的透明性，提高交易效率和合作效率。

(3) 广泛应用性。以通信产业为支撑的互联网可以广泛应用于工业、农业、商业服务业、医疗、教育、科研等几乎所有国民经济领域，可以在整个国民经济内部促进产业分工精细化，促进生产效率和交易效率以几何级数迅猛提高。以5G为标志的移动互联网建设已经成为未来世界各国技术竞争的焦点，成为影响人类社会经济发展的第4次科技革命的触发点。截至2018年，我国在国际5G网络技术及其建设方面已经逐渐走在了世界前列。

据全球知名咨询顾问公司德勤(Deloitte)2018年9月的报告数据显示，美国在5G建设方面的花费已经被我国超越：我国2017年三个月基站建设数量比美国三年累计建设的基站还多。德勤报告还显示，自2015年至2018年9月，我国投入5G建设的总资金比美国多240亿美元左右；在基站数量上，我国基站总量比美国多30万个，目前我国总计有35万个5G基站，而且我国5G基站的建设进度远比欧美各国快。2019年，我国互联网宽带用户数约4.5亿户（图3-7）。

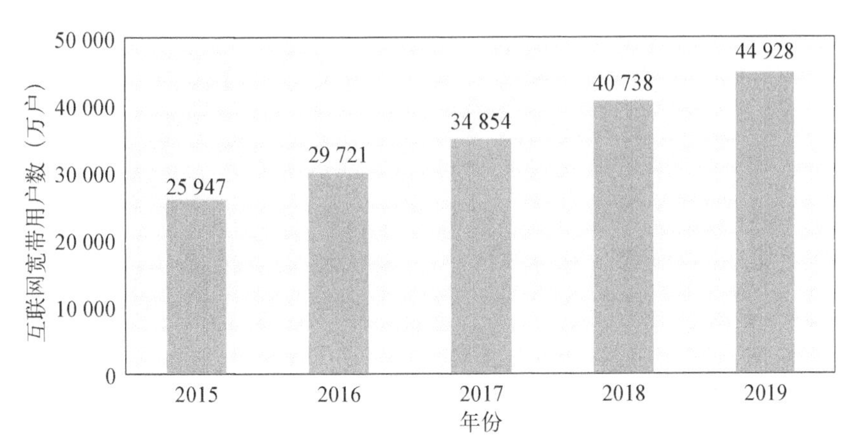

图3-7　2015—2019年我国互联网宽带用户数

资料来源：国家统计局网站。

3.2.2　不同经济领域的国际商务环境

从具体经济领域看，国际商务相关的经济活动以国际（商品、服务或技术）贸易活动、国际直接投资或国际化生产活动、国际货币交易和国际间接投资等国际金融活动为主。从近现代世界经济史演进的过程看，国际贸易先于国际直接投资或国际化生产而出现。在第一次科技革命前后，世界经济的连通主要是贸易连通，国际贸易是各国经济互动的主要形式，欧美资本主义国家构建的殖民贸易体系占据当时国际贸易的主导地位。在第二次世界大战以后，随着民族国家纷纷取得独立政治地位，以生产要素国际转移为形态的国际直接投资在很大程度上成为国际贸易活动的替代，各国生产和贸易被明显的国际产业布局和国际分工紧密结合起来，日益呈现国际生产分工和国际贸易的经济区域化趋势和世界经济一体化趋势。与此同时，国际金融市场对国际直接投资和国际贸易的货币支撑和融资支撑作用急剧上升。从当前世界经济发展形势看，逻辑上应该一体化地理解国际化的投资和生产活动、国际贸易和国际金融，它们实际上是人类社会生产、交换、分配、消费等4个基本经济环节在国际层面的呈现。因此，与之相关的国际商务活动所面临的经济环境应该一体化地考察。具体而言，我们将不会割裂式地分开研究国际商务的贸易环境、国际商务的投资环境，而是基于影响两者的共性因素，考查国际商务主体面对的、相对具体的中观经济环境。

3.2.2.1　各国的生产技术水平及相应的国际分工和国际贸易地位

先天的自然资源禀赋和后天的劳动力资源禀赋仅仅是一个国家生产力的两大物质支撑。生产技术是第一生产力，生产技术水平是一个国家生产力发展程度的根本决定因素。依托各国（先天或后天）的禀赋，各国生产技术的绝对优势或比较优势得以更好呈现，并由此决定了国际分工和国际贸易格局。各国也是基于各自优势在国际分工和国际贸易中获得自己的相应地位。这种国际分工和国际贸易地位既是现实的，也是历史的，并在未来得到不同程度的延续。因此，各国的生产技术水平以及由其决定的国际分工和国际贸易地位、格局是国际商务主体面对的最直接的经济环境。

需要说明的是，国际生产分工和国际贸易活动本是国际商务活动，这里又说各国的国际分工和国际贸易地位、格局是国际商务主体面临的经济环境，两者并不矛盾。站在一个国际商务主体的立场，参与国际分工或国际贸易活动时，必须直面一个大环境。这个大环境是大量国际商务主体综合形成的市场环境，这个大环境是历史形成的格局态势。这个市场大环境不是各国国际商务主体活动的简单相加，从整体和个体关系角度看，对国际商务个体而言，这个市场大环境有其较大独立性和外在性，因而成为任何国际商务主体面临的“外部经济环境”；这个历史大环境或格局地位已经既成事实，也是国际商务个体无法短期内改变的，因而成为任何国际商务个体必须背面的“历史经济环境”，它独立于国际商务个体，对国际商务个体而言具有“外在性”。

下面我们主要基于大国崛起的历史，考查目前主要发达国家在长期世界经济与国际贸易发展过程中形成的技术、产业或产品优势。

第一，葡萄牙的生产技术和产品优势。葡萄牙模具工业始于20世纪40年代，其凭借技术水平和生产能力已跻身世界主要精密注塑模具生产国前列，其中注塑模具位居世界第六，其模具产品绝大部分用于出口。知名模具企业有伊比利亚模具股份有限公司、SIMOLDES AÇOS，Lda. 和 LN 模具有限责任公司。葡萄牙是举世公认的软木王国，软木及其制品的产量和质量高居全球之首。阿莫林集团(Amorim)是世界软木行业里的领导者。葡萄牙的葡萄产量在全球产量排名中列第 11 位，为欧洲第 6 大葡萄酒生产国，主要出口市场为安哥拉、法国、英国、德国和美国。葡萄牙是欧洲主要纸浆出口国之一，排在瑞典、芬兰之后，列第三位。

第二，西班牙的生产技术和产品优势。西班牙风力资源丰富，是世界第二风电大国。西班牙在风电设备生产、销售、安装、维护以及风电开发、风电技术和金融服务、风电可行性研究等领域优势明显。西班牙在世界太阳能发电领域已位居前列，是光伏太阳能电池板工业的中心。西班牙是欧盟第三大机床和汽车发动机生产国。西班牙的农业在欧盟内贸易中有较强竞争力：果蔬出口约占欧盟内贸易出口量的三成；橄榄油的生产和出口位居世界第一；葡萄种植面积和葡萄酒产量一直位居世界前列；柑橘类水果出口量占世界各国柑橘类水果出口量的三分之一，位居世界第一。

第三，荷兰的生产技术和产品优势。荷兰作为 17 世纪的一代霸主，曾有“海上马车夫”的近代辉煌历史和雄厚基础。① 荷兰的光刻机技术独步全球。② 荷兰拥有世界上先进的互联网基础设施，是全球有线网络最发达的国家之一。荷兰在高速互联网、有线电视和数字通信系统领域的投资，以及先进的电脑和移动电话技术的快速应用，使其成为那些期待通过充分利用现代科技寻求发展的公司的理想基地。由于荷兰较早应用互联网，加上其作为主要传输中心的地位，该国已成为欧洲电子商务世界中最强大的一员。③ 荷兰石油化学工业在世界范围内名列前茅，是全球第五大石化产品输出国。荷兰鹿特丹是欧洲最主要的石化产品运输港之一。④ 荷兰农业人均耕地在欧盟中最少，农业高度集约化，其农业劳动生产效率仅次于美国、法国，为世界第三大农产品出口国。荷兰蘑菇、鲜花、奶酪和土豆种子的出口量居世界第一。

第四，英国的生产技术和产品优势。英国是老牌的世界经济强国，是第一次工业革命的发源地，拥有非常雄厚的工业生产能力和制造业基础，虽然在“二战”后其被美国逐渐取代，但它在当今世界也保持了强大的产业实力和国际贸易竞争优势。① 英国生物与制药技术居全球第二，仅次于美国。英国生物技术产业的主要优势在于强大的研究开发能力，生物技术研发机构多集中在伦敦、牛津、剑桥、爱丁堡等地区。位于剑桥的桑格研究院（Sanger Institute）是世界上最重要的生物技术研发中心之一。此外，在资本市场、法律、专利保护及管理等配套服务方面的优势，使其在欧洲保持领先地位，目前欧洲三分之一的生物技术公司位于英国。英国生物技术的相关产品和服务广泛应用于医药、诊断、化工、商品、农药、环境。英国是世界五大制药业强国之一，全球前100位处方药的五分之一在英国研发。英国的葛兰素史克公司（Glaxo Smith Kline）、阿斯利康公司（Astra Zeneca）在全球行业内排名中位居前10，是英国外汇顺差的重要提供者。英国制药企业主要集中于东南英格兰和苏格兰地区。许多顶级的国际制药集团，如美国辉瑞（Pfizer）、瑞士诺华（Novartis）、美国礼来（Lilly）、美国莫克（Merck）等，均在英国设立了研发中心和生产基地。② 英国拥有全球第六大、欧洲第四大的化学工业，位居德国、法国和意大利之后。英格兰地区石化聚集着英国58%的石化企业，世界知名的跨国公司如巴斯夫（BASF）、亨斯迈（Huntsman）、宝洁（P&G）等都在该地区。③ 英国电子产业在欧洲居领先地位，位居世界前10，其电子类产品产量及市场份额在西欧国家中均居前列。英国最大的电子企业为位于剑桥的ARM公司，是世界著名的半导体芯片设计企业，主要提供手机及其他便携电子设备的芯片设计。诺基亚、索尼、三星电子、日立、摩托罗拉、意法半导体、NXP（原飞利浦半导体）、爱特梅尔微电子（Atemel）、安捷伦科技（Agilent Technologies）等主要大型跨国电子类公司都在英国设有研发或制造基地。英国软件研发实力也较强。许多跨国软件公司均在英国设立分支机构和研发基地，如IBM、微软（Microsoft）、Oracle、SUN、Adobe、富士通（Fujitsu）、SONY以及印度最大的软件开发及咨询企业Tata Consulting等。④ 英国环保产业的优势领域包括清洁技术、水处理、空气和土地污染控制、海洋污染控制、噪声和震动控制、可再生能源、环境监测等。

第五，法国的生产技术和产品优势。① 法国高端制造业在国民经济中所占比重约为20%，高于美国、日本、德国、加拿大等相近水平竞争性国家，整个制造业生产能力相对平衡，规模基本稳定。在制造业的优势领域都拥有全套的核心技术，且基本是自主创新的成果。② 法国航空工业领域技术非常系统和全面，主要包括大型民用客机、运输机、军用战机、军用直升机等整机系统以及包括飞机发动机在内的关键零部件。成立于1992年的欧洲直升机公司，在世界市场位居前列。由欧盟14个成员国参与并以法国空间研究中心总承包的阿丽亚娜火箭技术发展非常成熟。法国在民用核电领域位居世界领先地位，既拥有从铀矿开采、提炼，核电站整体设计、建造，到核废料处理等全过程系统技术，又具有强大的产业化能力。③ 法国轮轨高速铁路堪称业内的领头羊，代表性跨国公司如阿尔斯通运输公司。此外，法国阿尔斯通的发电设备具有最经济、最环保、最先进的技术；阿尔斯通的洁净煤燃烧技术及环保系统也是领先技术之一。④ 法国电子元器件技术强大，其最大的制造商意法半导体(ST Microelectronics)公司是世界电子元器件和集成电路领域的主要领导者之一。⑤ 标致、雪铁龙、雷诺是世界知名的法国汽车制造商；以瓦雷奥(Valeo)、佛吉亚(Faurecia)为代表的法国汽车零配件制造商是法国乃至欧洲汽车行业的重要支柱；佛吉亚集团也是全球领先的汽车配件集团。⑥ 法国医药产业在世界占有重要位置，其代表性的企业是2004年合并而成的赛诺菲-安万特集团，该公司是世界第三大制药公司，在欧洲排名第一，其业务遍布世界100多个国家，现拥有约11 000名科学家和科研人员，分布在三大洲的20多个研发中心以及拥有10万名员工。

第六，德国的生产技术和产品优势。汽车、机械制造、电子电气、化工是德国传统的四大支柱产业。近年来，可再生资源、纳米技术和环保产业也已成为德国的优势产业。① 德国汽车工业历史悠长，汽车技术高端先进，保持世界领先地位。德国是世界第三大汽车生产国，汽车工业是德国国民经济的第一大产业，是带动出口的驱动器、创新基地和就业保障。② 机械制造是德国产业的第二张王牌，“德国制造”已成为世界市场上“质量与信誉”的代名词。为了使德国机械制造业得以持续发展，德国确立了三大发展目标：“绿色制造”“信息技术”“极端制造”。所谓“极端制造”指的在极端条件下，制造极端尺度或极高功能的器件和系统，集中表现在微细制造、超精密制造等方面。③ 德国是欧盟最大的化学工业国，也是继美国、日本之后世界第三大化工生产国，化工产品涵盖7万多个种类。④ 德国是最早开发纳米技术的国家之一。德国的纳米技术主要用于物质化学特性、光学电子元器件、生命科学方面，以及纳米颗粒诊断和治疗、移动通信技术小型化、高效便携式能源小型化和汽车产业等领域。⑤ 德国是全球环保技术领先的国家。世界市场上近五分之一的环保产品来自德国,德国的环保技术贸易额占世界总贸易额的六分之一,居世界领先地位。⑥ 德国在可再生能源开发利用、设备生产和技术研发方面都走在世界前列。世界上约三分之一的水电设备、近二分之一的风力发电设备和近三分之一的太阳能电池都是德国制造的。

第七,美国的生产技术和产品优势。① 除了轻工业,美国各类产业的全方位优势非常明显,生产技术水平非常突出,在全球定位及太空领域、航空航海领域、电子及信息领域(计算机和网络产业)、生物科技、核电工业等高科技、战略性或新兴产业领域被大多数国家认为是居世界首位的。② 在机械制造、汽车制造、农业和文化娱乐等传统经济领域,美国也居世界前列。③ 以加利福尼亚硅谷为代表的美国高科技产业在全球 IT 行业首屈一指。IBM(International Business Machines Corporation,国际商业机器公司)、Microsoft(微软)、Cisco(思科)、Google(谷歌)、HP(惠普)、Dell(戴尔)、Ebay(易贝)等 IT 巨头在各自的专业领域无一不是全球数一数二、独占鳌头的行业寡头。④ 在航空航天领域,美国波音、洛马、格鲁曼等行业巨头与法国空客并驾齐驱,领先世界。以好莱坞、迪士尼为代表的美国文化产业是美国巨额外汇的重要来源。⑤ 美国的军工产业更是世界一流,主要军事装备的技术水平总体上明显领先于中国、俄罗斯、日本等军事强国。

第八,日本的生产技术和产品优势。① 日本在航空、航天、高速铁路、海洋工程、电子智能装备等高端装备制造业领域优势明显,采用了在已有技术基础上引进必要技术和关键设备的"嫁接方式",形成了从消化吸收到模仿创新再到自主创新的赶超路径。其优势在于产业结构完备且高端化趋势明显。② 日本是能源极度匮乏的国家,为了保障能源供应,日本大力发展新能源产业。其主要在太阳能发电与热、风力发电、废弃物发电与热、生物质能发电与热等方面取得了重大突破,在亚洲乃至世界处于领先地位。③ 日本传统汽车制造产业发达;在新能源汽车领域,日本着眼于技术研发和标准制定,在蓄电池性能与安全、充电基础设施及智能电网等领域具有领先水平。④ 日本因其高质量的网络建设、先进的信息技术应用和前瞻性的信息产业战略规划,成为全球信息技术领域的领先国家。⑤ 日本已经跻身生物技术强国之列。日本的生物技术及产业发展居于全球前列,是仅次于美国的第二大生物技术市场国。目前,日本在生物医药(尤其是基因工程和单克隆抗体制备)、生物环保、生物能源等多个生物技术产业领域均具有独特优势。⑥ 日本在精细陶瓷、碳纤维、工程塑料、非晶合金、超级钢铁材料、有机电致发光材料、镁合金材料等新材料领域居世界前列。

第九,俄罗斯的生产技术和产品优势。① 油气工业长期以来在俄罗斯经济中发挥核心作用。② 俄罗斯矿产资源丰富,铁、铝、铜、镍等金属以及金、银、铂等贵金属矿产的储量和产量都居世界前列,矿石开采和冶金行业在俄罗斯经济中发挥重要作用,有色冶金行业是俄罗斯重要的工业部门之一。钻石加工业在俄罗斯工业中占有重要的地位。③ 航天科技工业是苏联少数几个处于世界领先地位的领域之一。苏联解体后,俄罗斯继承了约 90%的航天工业。俄罗斯国防工业继承了苏联庞大国防的大部分,从设计、研发、试验到生产体系较为完整,部门较为齐全,是世界上少有的能生产海、陆、空、天等领域武器和装备的国家。

第十,韩国的生产技术和产品优势。半导体、造船、汽车、家电和石油化工是韩国的五大传统支柱产业。① 韩国传统汽车制造有优势,如现代汽车集团,高端汽车制造技术全部自主研发,零部件全部国产化;汽车产业基础实力非常雄厚。② 韩国是世界信息技术强国,在网络建设、集成电路、通信及网络设备、汽车电子、集成电路、通信设备等领域技术处于国际先进水平,尤其是居世界首位的存储芯片更是其创汇出口的重要部分。③ 韩国在船舶建设领域优势明显,垄断了高附加值船舶建造。三星重工、大宇造船、现代重工和 STX 造船几乎垄断了全球所有高附加值船舶订单。④ 半导体等新材料及配件也是韩国的重要支柱产业,是拉动出口和就业、创造贸易顺差的主要产业之一。

第十一,瑞士的生产技术和产品优势。瑞士在机电金属、化工医药、钟表制造等工业领域拥有国际领先的技术和产品。① 机械、电子和金属加工业是瑞士工业领域的第一支柱。医疗仪器和设备、机床、机械计量、检测和调谐设备、电子开关设备、印刷机械、电力设备、机器部件、模具以及涡轮和动力设备等是瑞士出口的拳头产品。瑞士机电行业闻名遐迩,其 ABB 公司的电站和输配电设备、迅达公司的电梯、苏拉和立达公司的纺织机械、法因图尔公司的万用冲床、阿奇夏米尔公司的电火花机床以及布勒公司的食品加工设备等都是国际同类产品中的精品。② 瑞士是一个医药生产大国，拥有世界领先的医药化学技术和诺华、罗氏等著名医药化工生产企业，药品种类相对集中于特定领域，如抗病毒药、呼吸系统疾病药物、头孢类抗生素等。由于国内市场狭小，瑞士药品生产以出口为导向，大部分在欧盟内部销售。③ 钟表制造业是瑞士的传统产业。瑞士钟表业享有世界级声誉。

根据亚当·斯密的绝对优势理论和大卫·李嘉图的比较优势理论，各国自身的生产(成本)优势决定各国参与国际分工的产品或产业选择，各国之间的国际贸易格局也由此形成。最初，各国的生产优势受各国自然禀赋的限制比较多，但是随着人类社会生产技术水平的发展，各国生产的成本优势越来越取决于各国的生产技术水平差异。各国的生产技术水平直接决定了各国生产(成本)的优势或劣势。正常情况下，各国的这种生产优势会在国际贸易中不断得到强化。如果暂且抛开资本主义殖民的资本积累过程，那么世界经济发展的历史经验表明，那些因为技术先进而获得生产优势的国家自然在国际市场中获得资本积累优势，进而最初由生产技术水平决定的生产(成本)优势会扩展为资本支撑下生产扩大的规模(经济)优势，而这种生产规模优势也会在国际贸易活动中不断自我强化。这种生产优势的自我强化过程一旦形成就很难被打破。这也是上述各国在某些生产领域被全世界认为独树一帜的原因。对于那些生产技术水平相差不大的发达国家，由于各国相似技术领域的各自差异能够满足各国国民的不同偏好或消费需要，于是在这些技术发达的国家之间也会发展出相似技术水平下的产业内贸易。这些技术发达国家和生产技术水平相对落后的国家之间，则主要表现为产业间贸易。世界各国就在这样的体系之下找到各自的位置。

当然，各国基于生产技术水平差异的国际分工和国际贸易格局不是一成不变的。这种格局的改变必然和各国的国际商务主体相关。就技术发达国家的国际商务主体而言，它们之间的竞争不会局限于国际贸易领域。在相似技术水平的竞争态势之下，发达国家的国际商务主体为了取得更大利润获取优势，往往竞相对技术落后国家进行国际直接投资或技术转移。在这一过程中，如果技术落后国家能够消化、吸收引入的国际生产技术，进而能够有所创新，那么这些后发国家往往可以取得后发优势。在这方面，“二战”后的韩国和改革开放后的我国可以作为很好的例证。具体而言，韩国的汽车产业、半导体产业和造船业在战后欧美的国际产业转移过程中逐渐崛起。我国在通信、高铁、核电、互联网等领域也在不断赶超，并形成了弯道超车的态势。以华为技术有限公司为代表，我国5G移动通信技术在全球取得了明显的技术领先优势，与其他国家基本形成了2年的技术差距。在高铁领域，我国的建设技术和经验已经具有世界领先水平。在当今世界的各个高铁强国中，我国高速动车的国产化率最高，超过90%，比法国、德国、日本都高。国际公认的铁路行业权威世界铁路联盟对世界各高铁企业进行过综合性的技术排名：中国南车和中国北车分居第1和第3位，法国阿尔斯通居第2，德国西门子居第4，日本川崎居第5，加拿大庞巴迪居第6，美国通用电气位居第7。当然，在所有最新技术产品中，我国高铁动车组的关键制动系统还有部分产品不能实现国产化，需要从德国进口。在核电领域，我国的核岛主设备布局已经形成，拥有目前世界上最大的核电装备产能，且大部分核电产业的主设备及原材料可以在国内生产，已经形成了上海、四川、黑龙江三大核电设备制造基地；同时，以东方电气、上海电气、哈尔滨电气和一重(中国第一重型机械股份公司)、二重(中国第二重型机械股份公司)为主的核电装备制造龙头企业已经成为支撑中国核电产业装备的核心力量。此外，在国际特种船舶建造和港口建设机械制造领域，在太阳能发电、海洋石油生产、医疗设备制造领域，我国的一些知名企业正在世界范围内崭露头角，如上海振华机械(集团)股份有限公司、无锡尚德太阳能电力公司、中国船舶集团有限公司、中国海洋石油总公司、深圳迈瑞生物医疗电子股份有限公司等。除了具有优势的重点产业之外，我国在传统的轻工业、机械制造、化工和电子制造等领域具有广泛的、专业化的全产业链，从而形成了配套齐全的产业链优势，而且这种产业链优势已经支撑我国工业总产值跃居世界第一。这是改革开放以来，我国不断赶超欧美发达国家产业优势的重要标志。

当今世界又一次面临人类社会生产领域的技术革命机遇。以互联网、人工智能、新材料和新能源为标志的产业创新日益成为各国及其商务主体竞争的焦点。明确各国在上述不同产业领域的不同优劣势，是国际商务主体在进行未来国际贸易(货物贸易、服务贸易或技术贸易)、国际直接投资竞争时必须考虑的经济因素。如果说对一国宏观经济大环境的考虑是第一位的考量,那么对这些经济因素的考量就是第二位的。此所谓"知己知彼,百战不殆"。

3.2.2.2 国际货币-金融市场格局

各国货币和金融的运行特征及其相互作用是影响国际商务主体行为的极其重要的因素。因此,分析国际商务经济环境时需要对国际货币-金融因素进行单独考查。国际商务活动背后往往都伴随着国际现金流或资本流。国际贸易的结算必然面临各国现金流的交割或国际信贷资本的支持,这与各国的(外汇)货币市场和资本市场息息相关;国际资本的流动本身形成国际资本市场——不论是以短缺盈利为目的的资本炒作,还是依赖长期生产而获利的资本进入——这些又都与各国的(外汇)货币市场息息相关。国际货币和国际金融市场逻辑上是一体相通的。国际货币-金融市场的各种操作本身是国际商务主体的活动内容,同时,这些国际货币-金融市场的运行活动会抑制或促进国际贸易、国际(直接)投资,因而对国际贸易和国际(直接)投资活动而言,国际货币-金融市场又具有重要的外部环境特征。

其一,国际货币体系演变:美元的崛起、衰败与国际货币的国家信用本质。在第二次世界大战以前,国际货币体系一直是贵金属本位的。但是随着世界经济发展和人类生产力水平的大幅提高,"二战"后世界财富的生产迅速膨胀,原来的贵金属本位无法迅速跟进,难以充分衡量人类社会快速增加的商品财富,于是,贵金属本位面临着世界生产力发展水平的严峻挑战,逻辑上需要退出历史舞台。与此同时,第二次世界大战后,西欧老牌帝国的衰败最终成就了美国世界第一经济强国的国际地位,无论在物质财富创造的工农业生产领域,还是在国际资本(黄金拥有)总量上,美国成为世界财富集聚的中心。在该背景下,1944 年,布雷顿森林体系应运而生,由此奠定了以美元为中心的国际金汇兑本位体系。布雷顿森林体系注定是一个过渡体系。它虽然解决了战后国际金融领域的混乱局面,但是它没有从根本上解决世界生产力发展所导致的国际商品增加与国际交换手段短缺之间的根本矛盾。这一根本矛盾可以用"特里芬难题"来反映。具体而言,由于黄金数量的相对有限性,黄金以及其可兑换的国际货币形态美元也就是有限的,无法满足战后世界商品交易的需要。该矛盾的最终表现就是：各国通过国际贸易或投资活动赚取大量美元后，挤兑黄金，而美国无力提供相应的黄金以回收美元，结果导致1971年美元与黄金脱钩，1973年布雷顿森林体系崩溃。在布雷顿森林体系崩溃后，国际货币体系进入以若干主要货币(美元、英镑、马克、法郎、日元等)为储备的多元化国际货币体系，并由此形成可浮动的多种汇率体系，即牙买加体系。牙买加体系实质上是放弃“黄金-美元”垄断的国际支付和储备手段功能，用扩大的多国国际信用支撑繁荣的世界市场经济活动。在牙买加体系的形成过程中，虽然美元的垄断地位被打破了，但是由于美国超强的经济实力和美元挂钩黄金的历史地位，美元在多种国际货币中仍然占据极其明显的主导地位，逻辑上形成了美国主导的国际货币市场“多寡头”格局。而随着国际货币与贵金属脱钩，国际货币的国家信用特征凸显出来：逻辑上，那些经济实力越强、越稳定的国家，其货币的国际认可程度和国际地位就越高。同时，在脱离贵金属含量的制约后，国际货币的国家信用形态也给主要的货币国家提供了利用国家信用促进本国经济发展的巨大弹性空间。当然，这种弹性不是无限的。当一个国家滥用国家信用时，该国货币的内在价值最终都要贬损，从而对该国的长期经济发展带来战略性损伤。此时，国际信用的滥用往往导致一国内部通货膨胀和外部货币升值并存。

其二，各国在国际货币-金融体系中的地位关系。在战后国际货币体系和各国经济实力的基础上，以美欧为主导的国际货币-金融体系已经成形。美元成为当今国际货币体系中的主导货币。尤其在20世纪70年代美元与中东石油挂钩后，美元在黄金之后找到了新的宿主——中东石油。石油美元由此诞生。石油美元背后体现的是美国综合国力威慑下的经济霸权，是世界第一经济强国和能源消费大国(美国)联合能源供给大国(沙特)掌控国际能源交易和国际货币主导权的互利交易。石油美元体现的是美国的货币霸权利益和沙特的石油垄断利益。由于美元在国际货币体系中的主导地位和石油在各国生产生活中能源角色的主导地位，石油美元的垄断性必然会成为世界经济运行的重要人为控制因素，对世界各国经济和各类国际商务主体的国际经济活动都会产生根本性的影响。当然，随着欧洲经济实力增强，尤其是亚洲和拉丁美洲各新兴经济体的出现，美国的世界经济强国地位正在相对衰落。从这方面看，美国基于其世界经济影响力影响沙特及国际石油市场运行的能力有所下降。另一方面，在能源供应领域，伊朗、俄罗斯和委内瑞拉等石油大国逐渐游离于石油美元之外，成为削弱石油美元的重要力量。与此同时，以欧盟、日本和中国的经济实力为支撑，欧元、日元和人民币逻辑上会成为石油美元的重要挑战者。在这种情况下，石油美元背后的支撑因素日益凸显为美国拥有的非经济的综合国力，而且随着非美经济体综合国力的不断增强，石油美元的背后支撑恐将瓦解。在消除非经济因素对国际货币体系的影响后，未来国际货币体系逻辑上将日益呈现以各国经济力量为主导的多元货币格局。在国际金融市场方面，由于欧美各国较强的经济实力、资本存量和国际货币地位，也由于欧美各国银行、证券行业的悠久历史积累，世界主要金融中心坐落于欧美等发达资本主义国家的经济重镇，如美国纽约、英国伦敦、法国巴黎，德国柏林、日本东京等地，此外，一些世界重要的贸易、航运中心也基于自身特殊优势成长为国际金融中心，如新加坡、中国上海、中国香港等。这些国际金融中心相互联系，成为国际金融市场的主导力量。尤其是美国纽约的私人银行和证券交易所，基于美国经济和美元的强势地位，对国际金融市场影响极大。

3.2.3 多国经济的综合联动及国际条约

各国经济互动关系好坏最终取决于各国在开展对外经济活动时秉持的基本理念——是自由主义，还是保护主义。当然，各国的这种经济理念不是绝对地非此即彼，而是往往处在自由与保护的平衡之中。各国经济的联动关系和国际条约的存在正是各国上述理念的国际化表达或呈现。

3.2.3.1 国际经济活动中的自由主义和保护主义

国际经济活动中的自由主义源于亚当·斯密的古典自由主义经济理念。在1776年出版的《国富论》(又译作《国民财富的性质与原因的研究》)中，亚当·斯密基于有效市场的运行逻辑，倡导自由市场经济。基于自由市场经济的理念，他结合国际分工的好处，基于绝对优势理论，提出国际贸易的自由理念。亚当·斯密的古典自由主义经济理念也是大英帝国时期英国政府倡导的经济理念。在18世界末期，英国工业革命如火如荼，英国的生产技术水平领先世界各国，在自身的生产优势条件下，所谓的国际市场自由，显然是要求世界各国放开各自的国内市场，让各国相对落后的生产技术水平与英国工业革命的先进生产技术水平"自由竞争"。这种强者的"自由"逻辑在大国崛起与兴衰的更替中曾经屡次上演。以美国崛起为例，自美国独立战争以后，美国在很长一段时间奉行"孤立主义"，倡导"美洲是美洲人的美洲"，基于美国在美洲的经济优势，排斥相对发达的欧洲列强染指美洲国际经济活动。待到19世纪70年代，美国和德国主导的第二次世界革命兴起，美国生产技术水平逐渐超越欧洲老牌殖民强国（如英国和法国等），美国转而在与欧洲列强的国际竞争中强调"机会均衡"，即像英国崛起时一样强调自由市场竞争。尽管在第二次世界大战以后，古典自由主义的经济理念从理论上转变为新古典主义的自由市场竞争理念（如赫克歇尔-俄林的要素禀赋理论），但是这两种理念的"市场自由"内核是一致的。

保护主义是与自由主义对立的经济运行理念。尽管保护主义的思想渊源是17世纪以前的重商主义思想，但是在国际经济领域，保护主义思想的主要代表人物是19世纪的德国经济学家李斯特。李斯特认为，作为后发国家的德国无法与相对发达的英国和法国进行自由竞争，因此，从维护民族国家长远利益的角度看，主张对本国的幼稚产业进行合理保护，在促进本国产业不断成长以后，再与先进国家的相关产业进行自由的国际竞争。在李斯特之后，保护主义的经济学家主要研究后发国家对幼稚产业的界定，以及如何保护幼稚产业，如19世纪英国经济学家约翰·穆勒和20世纪日本经济学家小岛清。保护主义的国际经济理念体现在现实经济运行的各个方面：国际货物贸易中的关税、补贴或配额设置；各国对外商直接投资的进入限制；各国对先进技术转让的禁止；各国对汇率和金融市场的管制；等等。

对各国而言，自由主义或保护主义没有对错之分，只有背后的国家利益。因此，在真实世界中，几乎没有哪个国家是绝对自由主义或保护主义。每个国家在推动本国优势产业积极参与自由国际竞争的同时，又会在关系国计民生和涉及国家战略意义的相关产业上实施不同程度的保护措施。在世界经济运行困难的历史时期，各国为了本国经济发展往往倾向于保护主义，而在困难或危机过后，各国又会不约而同地尊重自由主义的国际竞争秩序。但是只要保护主义是存在的，那么各国的国际经济利益冲突就在所难免，于是国际性的利益协调就是必然的。如果一个国家设置高额关税阻止别国的商品进入本国，它就不要指望别国会降低关税来扩大进口；如果一个国家以政府补贴方式扶持本国企业参与国际竞争，那么别国一定也会效仿；如果一个国家限制别国资本进入本国的某些经济领域，它就不要指望别国有完全自由的市场准入。至于各国的先进技术以及与之相关的生产投入，更是各国彼此防范的重要内容。如果各国都想扩大国际贸易、国际投资和国际金融，那么上述各国的保护主义做法就必须受到各国的共同控制。

总之，对于一个国际商务主体而言，相比自由主义的国际经济理念而言，更须重视各国的保护主义思想和政策。而且对国际商务个体而言，对别国的保护主义行为，其自身几乎无能为力，只有通过国家之间的利益协调才能改善或解决。当然，从世界经济发展史来看，自15世纪地理大发现以来，尤其第二次世界大战以来，区域经济一体化和经济全球化趋势不断加强，各国致力于消除不合理的贸易、投资或技术限制，尽管各国基于自身特殊经济利益的保护行为难以尽除，但是一个相对自由的世界经济环境正在形成。

3.2.3.2 区域经济一体化和经济全球化

区域经济一体化和经济全球化是多国在不同空间进行主动协调的必然结果。各国的空间协调一旦成形，就彻底改变不了各自内部国际商务主体的贸易、投资或技术约束状态。目前，区域经济一体化具有如下形态：

第一，特惠贸易安排。特惠贸易安排指缔约国之间相互约定，就彼此之间的全部商品或部分商品给予对方特别优惠的关税待遇。对于缔约国之外的国家，特惠贸易安排的缔约国会设置较高的关税壁垒。特惠贸易安排是相对低级的区域经济一体化形式。缔约国之间只是降低了关税壁垒，并没有取消关税，而且缔约国之间的其他非关税壁垒已然存在，且不受影响。特惠贸易安排涉及的缔约国至少2个，多则不限。

以我国为例，缔结的特惠贸易安排主要有以下几个：① 中国-东盟优惠贸易安排。根据该贸易安排，最初，蔬菜、水果、肉类、禽蛋、奶制品、水产品等在缔约国内部取消关税。随后，各国有超过90%的产品实现了零关税。②《亚太贸易协定》。这也是一个优惠贸易安排。《亚太贸易协定》成员为中国、孟加拉国、印度、老挝、韩国和斯里兰卡。自2006年9月1日起，我国已向其他成员国的1 717项8位税目产品提供优惠关税，平均减让幅度27%。同时，我国也享受其他成员国所定税目14%～35.7%的优惠关税，主要受益产品为化工产品、家具、金属制品、机械电气产品、皮革、钢铁等。③ 中国-智利特惠贸易安排。根据该协定，从2006年10月1日开始，两国占税目总数97%产品的关税将在10年内分阶段降为零。目前经关税减让，我国取消了4 753种智利产品关税，智利也将我国5 891种产品关税降为零，主要涉及化工产品、纺织服装、农产品、机电产品、车辆及零件、水产品、金属制品和矿产品等。④《中国-新西兰自贸区协定》。根据该规定，新西兰将在2016年1月1日前取消全部自中国进口产品关税，其中63.6%的产品从该协定生效时起即实现零关税；中国将在2019年1月1日前取消97.2%自新西兰进口产品关税，其中24.3%的产品从该协定生效时起即实现零关税。此外，我国还与其他各国签订了15个自贸区协定，具体包括中国-格鲁吉亚、中国-韩国、中国-冰岛、中国-秘鲁、中国-巴基斯坦、中国-澳大利亚、中国-瑞士、中国-哥斯达黎加等。

第二，国际自由贸易区。国际自由贸易区指两个或两个以上的国家或(自治)地区之间相互约定，彼此取消货物进口关税限制，消除类似关税限制的其他相似措施，从而实现缔约国之间货物贸易的自由化。国际自由贸易区与特惠贸易安排的主要差别是，它在取消关税的同时，也取消了与关税具有同等效力的其他保护措施。国际自由贸易区又可以分为两种形式，即涉及工业品的自由贸易区和涉及工农业产品的自由贸易区。自由贸易区内相关商品的关税及类似关税的其他壁垒均已取消，但是各缔约国对非缔约国的关税和非关税限制仍然存在，且相互独立。

比较典型的国际自由贸易区为北美自由贸易区：它是由美国、加拿大和墨西哥三国构建的。三国于1992年8月12日签署《北美自由贸易协定》，1994年1月1日，协定正式生效。三国通过国民待遇、最惠国待遇及贸易相关法律程序上的透明化等保障货物贸易的自由化，消除贸易障碍。该自由贸易区是由发达国家(美国、加拿大)和发展中国家(墨西哥)在北美洲组建的。在北美自由贸易区组建后，墨西哥作为发展中国家收益很大，由于美国和加拿大的广阔市场和充足购买力，墨西哥获得了空前的产品销售机遇，其国内生产迅速扩大，成为首批新兴经济体国家之一。国际自由贸易区往往是国土毗邻的国家之间组建的。因为国土相邻，一旦构建自由贸易区，则各国各自独立的市场迅速扩大为一个整体，为各国的商务主体提供了成倍于原来的国内市场发展空间，市场效应极其明显。尤其是对于发展落差相对比较大的各国，组建自由贸易市场可以进一步增强各国的既定产业优势。正是基于此，2002 年，中日韩三国设想构建中日韩自由贸易区，希望形成一个人口超过 15 亿的大市场，在该自由贸易区内，由于关税和其他贸易限制的取消，各国的商品等物资流动将会空前顺畅，区内各国商务主有望大幅降低生产成本，获得广阔的市场空间和巨大的市场收益，三国的广大消费者也将获得质优价廉的各类商品，从而促进三国国民整体经济福利的不断增长。2012 年 11 月 20 日，在柬埔寨金边召开的东亚领导人系列会议期间，中日韩三国经贸部长举行会晤，宣布启动中日韩自贸区谈判。但是由于中美、中日和中韩之间东亚地区国际政治局势变动的原因，中日韩自贸区被迫搁浅。

第三，关税同盟。关税同盟指成员国之间彻底取消货物贸易的关税和类似关税的各种限制，实现货物商品在各成员国之间的自由流动，同时，各成员国还对非成员国的货物商品共同采取一致对外的统一限制措施。在区域经济一体化的道路上，关税同盟比国际自由贸易区又前进了一步，即它不仅实现了缔约国内部的零关税，而且还统一了各缔约国的关税政策，实际上各缔约国放弃了关税政策的独立性，或者说是放弃了部分对外经济主权。关税同盟思想是由李斯特最早在 19 世纪提出的。当时，普鲁士各邦国关税林立，使普鲁士无法形成巨大的市场合力，阻碍了德意志的崛起。在李斯特去世后，他的关税同盟思想被俾斯麦及其继任者实现，并由此为德意志的崛起奠定了市场基础。

关税同盟有两个典型代表：① 欧洲经济共同体（又称欧洲共同市场）。1957 年 3 月 25 日，法国、联邦德国、意大利、荷兰、比利时和卢森堡六国政府的首脑和外长，在罗马签订了《建立欧洲经济共同体条约》和《欧洲原子能联营条约》（两者统称为《罗马条约》）；六国先后批准并于 1958 年 1 月生效。② 东非共同体。1999 年 11 月 30 日，坦桑尼亚、肯尼亚、乌干达三国签署《东非共同体条约》，恢复了 1993 年曾经成立的东非共同体。2004 年，三国签订条约成立关税同盟，并于 2005 年 1 月生效。此后，东非共同体逐渐向共同市场迈进：2009 年 11 月 20 日，坦桑尼亚、肯尼亚、乌干达和（2007 年 6 月加入的）卢旺达、布隆迪等东共体五国共同签署了《东非共同体共同市场协议》，并于 2010 年 7 月 1 日正式启动该协议。2016 年 3 月，南苏丹正式加入东非共同体。

关税同盟有两种经济效应：静态效应和动态效应。① 关税同盟的静态效应包括贸易创造效应和贸易转移效应。贸易创造效应是指由于关税同盟的建立，成员国之间较低的生产成本可以引发成员国之间出现新的国际贸易机会，从而促进各国福利的增进。贸易转移效应是指由于关税同盟的建立，生产成本比非成员国高的成员国基于同盟内部低关税的价格优势而替代非成员国与同盟内部其他成员国进行国际贸易。相比贸易创造效应，贸易转移效应并没有增进世界经济福利，而只是导致贸易机会的转移，并由此产生关税同盟集体的对外关税壁垒。从该角度讲，关税同盟不利于全球资源的优化配置，会在同盟内部保护落后产业的发展。② 关税同盟的动态效应涉及三方面内容：一是同盟建立后明显扩大的市场规模效应，它为各成员国生产规模的扩大提供了巨大市场空间；二是同盟建立后内部企业之间通过优胜劣汰促进同盟内部的资源优化配置；三是同盟建立后的巨大市场空间使各成员国对非成员国资本的吸引力明显增强。

第四，共同市场。共同市场指两个或两个以上的国家或地区经济体通过缔约，实现成员国内部货物商品的自由贸易，同时，不仅实施共同对外的关税政策，还实现成员国之间服务贸易、资本流动和劳动力流动的自由化。在走向区域经济一体化的道路上，共同市场比关税同盟又进了一步，它不仅实现了成员国内部货物和服务贸易的自由化，还实现了各成员国之间生产要素的自由配置。目前的区域经济组织中具有共同市场形态的主要有两个：① 20 世纪 60 年代中期和 70 年代，欧洲共同市场迈入共同市场阶段。1965 年 4 月 8 日，德国、法国、意大利、荷兰、比利时、卢森堡六国签订《布鲁塞尔条约》，将欧洲煤钢共同体、欧洲原子能共同体和欧洲经济共同体（即欧洲共同市场）统一起来，统称欧洲共同体（即欧共体）。② 南方共同市场。它是基于巴西、阿根廷、乌拉圭、委内瑞拉和巴拉圭等南美洲国家的区域贸易协定而组建的。1991 年巴西、阿根廷、乌拉圭及巴拉圭四国签订《亚松森协定》，并于 1994 年增修《黑金市议定书》，确立共同市场组织架构，旨在促进自由贸易及资本、劳动、商品的自由流通。

第五,经济同盟。经济同盟指各成员国通过缔约,实现货物、服务和生产要素的自由流动,实施共同的对外关税政策,并且在某些经济领域和社会领域制定和执行统一对外的共同经济政策和社会政策,通过这种国家主权的让渡,逐步消除成员国之间的政策差异,以促使各成员国在经济运行上形成一个有机的经济实体。20 世纪 80 年代的欧洲共同体在运行机制上类似经济同盟。

第六,完全经济一体化。完全经济一体化指各成员国之间完全消除货物关税,实现服务和生产要素的完全自由流通;各成员国在经济、金融、财政等方面实现完全的统一。目前,欧盟正在向此形式迈进。1991 年 12 月 11 日,欧共体的马斯特里赫特首脑会议通过了建立“欧洲经济货币联盟”和“欧洲政治联盟”的《欧洲联盟条约》(即《马斯特里赫特条约》,简称“马约”)。1992 年 2 月 7 日,《马斯特里赫特条约》签订,设立了欧洲理事会、委员会、议会。1993 年 11 月 1 日,《马斯特里赫特条约》正式生效,欧洲联盟(即欧盟)正式成立。这标志着欧共体从经济实体向经济政治实体的过渡正式启动。1998 年 1 月欧洲中央银行成立,1999 年欧元开始运作。迄今为止,欧盟共有 27 个成员国[①]:法国、德国、意大利、荷兰、比利时、卢森堡、丹麦、爱尔兰、希腊、葡萄牙、西班牙、奥地利、瑞典、芬兰、马耳他、塞浦路斯、波兰、匈牙利、捷克、斯洛伐克、斯洛文尼亚、爱沙尼亚、拉脱维亚、立陶宛、罗马尼亚、保加利亚、克罗地亚。其中,欧元区国家有 19 个成员国:奥地利、比利时、芬兰、法国、德国、爱尔兰、意大利、卢森堡、荷兰、葡萄牙、西班牙、希腊、斯洛文尼亚、塞浦路斯、马耳他、斯洛伐克、爱沙尼亚、拉脱维亚、立陶宛。完全经济一体化是区域经济一体化的最高阶段,除了军事和国防以外,它的运行已经和一个国家经济运行没有差异。像东南亚国家联盟(简称东盟)、南美洲国家联盟和非洲联盟这些区域性的国际组织,它们的运行在不同程度上有上述区域经济一体化的影子。对于一个国际商务主体而言,不同的区域经济一体化程度代表着不同的经济和政策约束。区域经济一体化在给域内外国际商务主体带来机遇的同时,也带来明显的挑战。

从经济全球化的发展趋势看,区域经济一体化理论上是经济全球化的过渡阶段。如果世界各国基于地理区位形成不同的区域经济一体化组织,那么

① 伦敦时间 2020 年 1 月 31 日 23 时,英国正式“脱欧”,结束其 47 年的欧盟成员国身份。

随着不同区域经济一体化组织的互动发展，这些区域经济板块之间的对接将会变得相对容易，至少比逐一串联单个国家更有效率。当然，从世界经济发展的现实看，区域经济一体化内部也具有排斥经济全球化的力量，例如关税同盟的排他性。尤其考虑到政治、文化等非经济因素时，区域性的经济力量整合有可能强化国家之间的利害冲突。在这方面，最典型的莫过于“二战”后的北约组织和华约组织。由于在意识形态上的明显差异，两大阵营之间的政治冲突会和经济冲突杂糅在一起，这是少数大国（如美国和苏联）之间的利益矛盾，就会借由一体化的区域力量在更广的层级展现出来。

3.2.3.3　影响国际商务活动的国际经济条约或协定

对于国际商务主体而言，两国之间或多国之间的国际条约或协定是规范其商务行为的最直接的正式制度条文，所谓“白纸黑字”，看得见摸得着，这些国际条约既是国际商务主体开展国际商务活动的准则，也是其从事国际商务活动的文字说明或指导文件。我们在这里介绍国际条约（或协定），目的不是说明这些国际条约自身的内容，而是着眼于国际条约和国际商务活动的互动关系，从一般性或规律性角度分析相关重要国际条约生产时的国际商务背景，分析国际条约给相关国家及其国际商务主体带来的影响。

排除“二战”及以前极其不平等的殖民条约，在当今世界，涉及国际商务活动的国际条约逻辑上都是主权地位平等的各国基于各自国家意志而签订的，尽管这些条约可能在相关国际利益的处置上失之偏颇，但是这些国际条约逻辑上是相对平等的。由此出发，目前主要国际条约的存在有两大主要原因：为了解决各国之间的利益冲突或者为了增进各国之间的共同利益。当然，对于很多国际条约而言，这两种原因兼而有之。从理论和政策的关系角度看，国际条约背后的理论基础是前述的贸易自由主义或贸易保护主义的经济思想。各国在参与国际缔约时，往往也是在权衡自由贸易和保护贸易问题，做出本国整体利益最大化的利害取舍。

前述区域经济一体化其实也是相关国家之间国际条约的落实或呈现。“二战”以来的国际经济条约有很多，但是最典型的国际经济条约当属《关税与贸易总协定》（GATT）以及后续基于GATT产生的《国际贸易组织》（WTO）。在1947年，美国、英国、法国、澳大利亚、比利时、荷兰、加拿大等23个缔约国签订了 GATT。GATT 的目的在于为世界范围内创造一个有保障的和可以预见的国际贸易环境,并促使贸易和投资自由化,以最终促进世界经济增长和发展。而后各国约定形成"世界贸易组织",它涉及货物贸易、服务贸易、知识产权(或技术)和国际贸易争端解决等广泛内容,可以集中反映国际条约与国际商务主体的相互关系。因此,后续我们主要围绕 WTO 展开分析,通过分析 WTO 阐述国际经济条约与国家及其商务主体的关系问题,并兼及其他国际经济条约。

第一,各国参与国际经济条约的背后动因——国际经贸利益协调。任何国际经济条约都不是各国政府凭空想象的,背后有深刻而复杂的经济、政治和国际背景。GATT 的产生在很大程度上是战后各国对两次世界大战反思的结果。两次世界大战是两次工业革命以来欧美列强争夺殖民地和经贸势力范围的结果。在缺乏国与国之间有效的经贸协调平台的情况下,各国以各自综合国力为支撑,以极具破坏力的武装征服形式处理彼此的国际经贸利益纠纷。各国(尤其是后发国家)对外高筑关税等经贸壁垒,同时抢占其他国家的国际贸易市场,抢占原料产地,最终导致人类社会的两次巨大灾难。"二战"以后,在世界和平的历史大背景下,理性的各国学者和各国政府充分认识到:以战争对抗方式处理各国经贸关系是以邻为壑,这是不可能长久的。尤其是在当时国际社会中,美国占据主导地位,它通过马歇尔的"欧洲复兴计划"把西欧发达国家捆上了美国的经济火车,于是,奉行自由贸易的美国政府极力倡导构建战后的开放经济体系,力图从贸易、资本和金融领域塑造一个国际经济新格局。从国际政治角度看,美国的这种做法逻辑上或客观上是对原来英国主导的世界经济体系的彻底瓦解,但客观上符合战后世界经济发展趋势。

在 GATT 建立后,① 各缔约国进行了多次的多边贸易谈判,大幅度削减关税,取消一般性的贸易数量限制和其他各种非关税壁垒,逐渐形成了一整套管理各国政府贸易行为的多边贸易规则,促进了各国之间贸易的自由化和经济快速发展。② 各缔约国在 GATT 的框架下,就国际经贸问题进行磋商,并基于公正、合理的争端磋商和解决机制,解决各自与其他成员国之间的贸易争端,把缔约各方的贸易利益损害降到最低,避免相关利益的急剧冲突。联系两次世界大战可知,GATT 其实承担了"二战"后国际经贸利益沟通和冲突解决的平台作用，在很大程度上是各国在国家层面进行国际贸易规则的利益博弈，然后各国的国际商务主体就在该国际经贸框架下行事，即“先(国家做)小人后(国际商务主体做)君子”，由此避免了两次世界大战的恶果重现。

GATT有其明显的局限性：① 它本质上是各国缔约生效的临时协议，不具有正式的国际公约性质，而且它没有一个正式的、有形的国际组织依托，仅仅是一个多国政府间的行政协议，因此无法经常性或日常性地为各国经贸发展提供指导和帮助；② 它仅仅涉及国际货物贸易；③ 它在贸易争端解决机制上坚持相关缔约国“完全协商一致”，缺乏灵活性；④ 它给各缔约国保留了极大的独立政策空间，使GATT的相关约定无法超越各国国内立法而发挥调节作用。基于以上主要原因，更由于20世纪90年代前后世界经济和国际贸易的不断繁荣，GATT最终被国际贸易组织所取代。1990年12月，“建立多边贸易组织协定”成为GATT框架下乌拉圭回合谈判最终协议的一项重要内容；1995年1月1日，经过104个缔约方代表签署，世界贸易组织正式建立。

第二，国际经济条约的主要内容——以WTO为例。在WTO框架下，WTO具有如下4个重要职能：① 组织管理职能。在其管辖的协定和协议范围内，通过对各成员国的贸易政策和法规的监督、管理和定期评审，促进各项协定和协议的有效落实，并积极采取各种有效措施，敦促各国按照约定执行。② 协调职能。协调WTO与IMF(国际货币基金组织)和WB(世界银行)等国际组织或机构的关系，以保障全球经济决策的一致性和凝聚力，避免不同国际经贸政策之间相互冲突。③ 调节职能。当WTO各成员国之间发生经贸争执或冲突时，WTO根据其争端解决程序和机制，对所涉案例进行调查、裁决，解决各成员国之间的经贸纠纷，从而保证WTO的有序运行。④ 场所提供职能。世界贸易组织为其成员国提供处理各项协定和协议有关事务的谈判场所或商议场所。WTO的宗旨和GATT是一脉相承的，只是在所涉及的经贸领域上更加广泛，其最终目标是建立一个完整的包括货物、服务以及与贸易有关的投资和知识产权等内容的、更具活力、更持久的多边贸易体系。

WTO框架下涉及如下条约内容：它继承了原来GATT的几乎所有货物贸易相关的多边协议；《服务贸易总协定》及其附件；《与贸易有关的知识产权协定》；《贸易争端解决程序与规则的谅解》(即国际贸易争端解决的相关协议

和程序);国际贸易政策审议机制;等等。WTO的这些条约内容主要遵循了以下基本原则:① 在缔约国之间奉行(无条件或有条件的)最惠国待遇原则,从而尽量消除缔约国之间的歧视性待遇问题;② 国民待遇原则,即保障各缔约国的公民、企业、商船等(国际商务主体)在民商事等经济领域(非政治领域)的待遇一律平等;③ 倡导缔约国之间的市场准入和互惠互利;④ 倡导各国及其国际商务主体之间进行公平竞争和国际贸易;⑤ 倡导并鼓励各国发展经济,力行改革;⑥ 要求各国贸易及相关政策、法规对外提高透明度,增强各国外经贸政策对国际商务活动的预期价值和指导意义。

第三,国际经济条约对世界各国及其商务主体的重要影响。① 战后国际经济条约总体上促进了经济全球化和世界经济发展,为国际商务主体的国际经济活动创造了良好的宏观经济运行背景。第二次世界大战后的国际经济条约总体上是秉持和倡导开放经济理念的。以WTO为代表,这些国际条约大幅削减了各国的关税和非关税贸易壁垒,使世界经济的一体化运行趋势更加明显,全球市场日益形成,各国企业在世界范围内充分利用国内国际的资本、劳动和自然资源,立足自身经济优势,各取所需,促进了国际分工和世界范围内生产效率的提高。在这些条约框架下,各国的国际商务主体在多国或全球范围内进行产业布局,促进了大型跨国公司的出现和发展,使跨国公司成为促进世界经济发展的重要推动力量。同时,各国的消费也具有全球性,全球居民消费全球产品,国际贸易发挥了越来越重要的宏观经济拉动作用。在这些国际经济条约的框架下,凯恩斯主义宏观经济学中推动一国GDP增长的“四驾马车”(C消费、I投资、G政府购买和NX净出口)在全球范围内发挥着越来越明显的作用。各国的产品和资源以国际消费、国际投资等方式在世界范围内流动,在促进各国经济增长的同时,也促进了战后世界经济的迅速发展。② 战后国际经济条约总体上促进了世界各国人民收入水平的提高和生活水平的改善,为国际商务主体的国际经营活动提供了巨大的市场潜力。国际经济条约降低了各国的关税和非关税壁垒,其直接的经济效果是促进了世界范围内进口商品的价格下降,从而满足了更多人口的产品消费需要。正如WTO的宗旨所言:WTO的确提高了各国人民的收入水平,在世界范围内扩大了有效需求,从而促进了各国人民生活水平的明显改善。在这方面有两个典型例证。

一是战后各资本主义国家的"黄金二十年"。从20世纪50年代初到70年代初，欧美等主要资本主义国家的经济增长速度普遍进入快速增长时期，这段时间被西方经济学家称为战后资本主义经济的"黄金时代"。该时期欧美各资本主义国家经济迅猛发展的根本原因逻辑上是战后以计算机、原子能等为标志的第三次科技革命。但是各种国际经济条约理顺了世界各国的经济竞争秩序，避免了两次世界大战时期强国之间赤裸裸的丛林法则，促进了发达国家之间的产业内贸易和相互融合，为各类企业的新技术推广和广泛转移、使用准备了广阔的世界市场空间，为第三次科技革命的生产力推动作用发挥了加速效果。二是中国加入WTO。随着2001年12月1日我国正式加入WTO，我国经济进入了快速发展的十年。这十年也可称作中国经济发展的"黄金十年"。在这十年期间，我国面临的各国关税壁垒大幅下降，我国劳动力密集型的工业制成品出口发生井喷，我国出口导向型的经济发展模式在此期间极其明显，国家经营项目的外汇储备激增猛涨，迅速成为世界第一大外汇储备国。在出口拉动下，我国工业总产值不断攀升，最终对英美各国实现了赶超。随着我国经济总量的增长，城乡居民的生活水平不断提高，如期实现了国家的小康社会建设目标。随着我国市场体量的增大、变强，国际资本更加青睐中国市场，与此同时，根植于我国巨大的市场容量，国内也不断涌现出一批具有国际竞争力的跨国公司，例如早期的海尔和近期的华为。未来，我国居民收入和消费能级的提升必将对国内外跨国公司产生更大吸引力。③ 战后国际经济条约以谈判代替对抗，为世界各国及其国际商务主体创造了长期和平稳定、公平竞争的发展时间。以国际知识产权保护为例，欧美国家的企业在近现代历次科技革命的基础上形成了知识产权领域的先发积累优势，因此在知识产权上具有很强的保护需求，而在中国、印度和拉美等新兴经济体国家，囿于资本的贫乏，大量企业则倾向于先进技术相关知识产权的后发便利使用。由此在不同国家之间基于知识产权的利益冲突极其明显。而双方基于WTO的《与贸易有关的知识产权协定》(TRIPS协定)，可以充分考虑发展中国家的技术需求，同时兼顾发达国家的技术创新利益，根据经济发展阶段和行业发展差异的不同，约定实施不同层次的知识产权保护。双方在利益冲突明显的领域相互妥协，通过国际约定，相互规范，相互监督，为各国企业后续的公平竞争奠定了根本的国际性制度保障。

除了 WTO 框架下的诸条约或协定，在国际技术或知识产权领域、国际税收领域、国际金融领域都存在大量的国际经济条约或协定，它们都在不同经济领域发挥着类似 WTO 诸条约的功用，例如与技术或知识产权保护相关的《巴黎公约》《商标国际注册马德里协定》(简称《马德里协定》)和《伯尔尼公约》；例如防止国际双重征税的《经济合作与发展组织关于避免对所得和财产双重征税的协定范本》(简称《经合组织范本》)和《关于发达国家与发展中国家间双重征税的协定范本》(简称《联合国范本》)；例如与国际银行业监管相关的《新巴塞尔资本协议》等。这些国际经济条约既是各国商务主体从事跨国经营管理活动的基本遵循，也是其从事跨国经营管理活动的利益保障。

3.3 国际商务其他环境

本章第 2 节分析影响国际商务的各种经济环境，既包括地理因素，也包括人文因素。当地理因素纳入经济环境考查后，逻辑上无需再单独对其进行分析了。然而，由于大量人文因素的非经济属性，对影响国际商务的人文环境因素还需要单独考查，其中，最主要的是政治因素和文化因素，它们分别形成影响国际商务的政治环境和文化环境。

3.3.1 影响国际商务的政治环境

亚里士多德说："人天生是政治的动物。"政治现象或政治活动极其复杂。从字面含义来看，可以把政治理解为"执政而治"或"凭政而治"。在政治学领域，对"政治"一词的内涵界定主要包括如下方面：

其一，(我们称之为)中性政治。政治是治理社会的行为，是各种团体进行集体决策的过程。治理社会，维持正常的社会运行是任何国家都必须承担的责任。或者如孙中山先生所言：政就是众人的事，治就是管理，管理众人的事便是政治。从该角度看，政治具有公共管理或公共服务的性质：不论(政党或君王个人)谁执政，政治活动都涉及一大内容，即都要在各领域制定并执行法律、方针政策，维持国家行政事务的常规运行，在管理各项公共事业的同时，为民众提供各种行政服务。

其二，(我们称之为)利益政治。所谓利益政治，即强调政治活动是围绕利益展开的，一切政治活动都是为了利益。这种利益既包括最终的经济利益，也包括各种非经济的社会利益，如对权力的掌控或权威的保持，如地位或身份的尊崇。政治是对社会价值的权威分配——戴维・伊斯顿(1989)对"政治"内涵这一界定是20世纪中期以来政治学界最为流行的观点。当社会性的人群面临利益的非自由协调时，政治就应运而生了。政治是各种权力主体维护自身利益的特定行为以及由此形成的各种互动关系。无论谁执政，他们服务民众，提供行政管理职能，最终都要凭借公权力，进而维护特定的集团(政党)利益、个人利益或者全民利益本身。如果说中性政治强调政治活动的无私性，那么利益政治则揭示无私背后到底是否有私。利益政治强调了不同政治力量之间利益的矛盾关系，从而相应的政治活动往往表现为不同政治力量之间基于各自权威体系的相互碰撞、协商与妥协。在这方面，政治的突出表现就是权力争斗。根据马克思主义政治学的观点，政治是以经济为基础，是经济的集中表现，是以政治权力为核心展开的各种社会活动和社会关系的总和。

其三，(我们称之为)立场政治。立场政治是利益政治的自然延伸。不同政治主体的政治利益不同，而对政治利益的认同和维护就构成特定的政治立场。立场政治反映了不同政治力量之间统治与被统治的关系。政治是阶级社会的产物，是阶级社会的上层建筑，是为维护和发展本阶级利益而处理本阶级内部以及与其他阶级、民族、国家之间关系时采取的各种做法，集中表现为统治阶级和被统治阶级之间的权力斗争、统治阶级内部的权力分配、组织和使用等。最典型的是马克思主义的政治观：一切阶级斗争都是政治斗争。

需要特别注意：首先，要区分政治和权术。权术作为政治手段属于政治范畴，虽然它只是政治的一小部分，但是它一旦对商务活动产生影响，这种影响也可以是致命的。例如，苏联石油企业的私有化及后来俄罗斯对国内外石油寡头的国有化——暂时撇开政治背后的立场，作为政治手段的权术极具弹性，权术若有所求，则往往是任何国内外商务力量本身所无法抵御的。其次，理解政治与法律的关系。总体而言，法律属于政治范畴，是政治的手段或方法。因此，我们这里要讲的政治环境包括法律环境。

各国以执政者为主的不同政治主体基于不同政治立场和利益诉求而形成的相互关系及其外在表现构成国际商务的主要政治环境。对于执政者而言，这些外在表现主要包括各国的政策、法规和公权力的组织机制等正规制度构建及其运作态势。东道国政治环境是国际商务主体选择进入与否的第一决定因素。需要特别说明的是：东道国政治环境的好坏也具有立场属性——如果一个国际商务主体与东道国的主要政治立场是契合的，那么逻辑上东道国的政治环境对该国际商务主体而言往往就是好的，否则就是坏的。即考虑到政治的立场因素，一国政治环境的好坏是相对的，因人（的立场）而异。

3.3.1.1 政局的稳定性与国际商务环境

政局是否稳定是一个国家政治环境的基本面。在各种政治环境中，政局的稳定性是一个国际商务主体选择合作伙伴时最重要的宏观考量因素。政局的稳定性决定一个国家的社会稳定性。一个国家只有社会稳定才能谈经济、文化等各项事业的发展。只有经济能够持续发展的国家才能给国际商务主体提供稳定的国际市场。国际商务的运作最终是由国际资本主导的，国际资本往往是厌恶政治风险的。混乱的政局、无序的社会是最大的政治风险。在巨大的政治风险面前，国际经贸活动难以有序开展，国际商务资本的正常运营往往无利可图。因此，国际商务主体逻辑上会远离政局混乱、社会无序的国家。

首先，战争通常会急剧恶化相关国家的国际商务环境。一个国家政局混乱、社会无序的典型状态就是战争。这里的所谓战争逻辑上包括两方面：其一，一个国家内部不同政治势力之间的战争，即国内战争；其二，一个国家与其敌对国家之间的战争，即国际战争。在国内战争状态下，一个国家往往生灵涂炭，经济崩溃。国际商务资本一定会纷纷选择撤离该国。在这方面，当今非洲的许多小国可以作为典型例证，如近年来的刚果、也门等。由于这些国家内部不同政治派别争夺国家政权，国内长年战乱，经济发展根本无从谈起。在国际战争状态下，一个国家内部的政局和社会可以保持稳定。但是由于战争背后巨大经济风险的存在和其他国际商务机会选择的存在，国际商务资本也会选择远离发生战争的国家，哪怕该国在国际战争中是占据优势的一方。甚至仅仅战争可能性的存在也足以导致国际商务主体远离一个国家。在这方面，一些中东国家可为例证,如近几年的叙利亚、伊拉克乃至伊朗。叙利亚、伊拉克陷入全面战乱,难民流离失所,到处断垣残壁,经济完全崩溃。自2019年美国退出伊核协议后,伊朗和美国的国际冲突加剧了战争风险,原来投资伊朗石油等领域的欧洲资本被迫纷纷撤离了伊朗。朝鲜的情况与伊朗相似,由于美国主导的美韩联盟对朝鲜的敌对和封锁政策,朝鲜希望开放国门、发展经济的愿望始终无法实现,事实上处于闭关锁国状态。在这种情况下,很多国家的国际商务资本根本无法进入,也不会进入朝鲜。另一方面,对于近年来频繁挑起国际战争的美国而言,由于战争投入巨大,其产业结构明显受到影响,目前其国内的传统工业主要集中于军工、石油、汽车等重工业,而更多产业资本早已迁出美国本土,投向了东亚和拉美等新兴国际经济体。虽然美国目前仍然是世界第一经济强国,但是这主要得益于美国高科技产业的国际主导地位、美元的国际货币霸权地位和美国金融市场的国际领导地位。但是由于实体产业的空心化,美国劳动阶层的收入十多年来几乎没有改善,以致美国两党(民主党和共和党)的传统代理人政治竞争趋向混乱,以特朗普为代表的大资本直接参与了政治治理,结果导致美国两党内斗比以往时期更加激烈,美国社会的排外倾向日趋明显,美国的孤立主义、民粹主义思潮渐显。一个国家政局混乱、社会无序的另一大因素就是党争。虽然一个国家内部的党争烈度低于战争烈度,但是它对国际商务主体的影响在逻辑上和战争是相似的,最终的效果都表现为国际商务资本为避险而撤离。

其次,市场化的国家改革模式差异导致相关国家的国际商务环境明显不同。与政局和社会稳定性密切相关的第三个重要因素是一个国家的改革行为,尤其是经济改革或社会改革。改革逻辑上可以分为两种情况:其一,激进改革,即改革力度极大,在短期内彻底脱离改革前的经济社会运行模式;其二,渐进改革,即改革力度是逐步释放的,在相对长的时期内,在原来经济或社会发展模式的基础上,弥补、消除原来的某些缺陷,在不断试探中推进改革。顾名思义,激进改革往往导致一个国际政局和社会面临较大的不稳定风险,而渐进改革通常可以在政局和社会相对稳定的情况进行。前者的典型例证是20世纪90年代以俄罗斯为代表的“休克疗法”;后者的典型代表即中国20世纪80年代以来的中国特色社会主义市场经济改革。20世纪90年代,俄罗斯效法玻利维亚，也实施了类似的“休克疗法”，结果不仅没有缓解俄罗斯的恶性通货膨胀，还导致了 GDP 骤降，失业剧增。与此同时，俄罗斯的各行各业被国内外寡头所垄断，国内贫富差距迅速拉大。由于经济形势恶化和社会动荡，俄罗斯期待的大量国际资本进驻没有出现。此后，俄罗斯用了 10 多年的时间才从“休克疗法”的不良后果中逐渐恢复过来。当然，客观上“休克疗法”使一部分国际资本在短期内进入俄罗斯国民经济的各行各业，尤其是进入涉及本国国计民生和具有战略意义的行业（如石油行业），也使俄罗斯彻底脱离了苏联的高度计划经济运行模式，实现了向欧美资本主义市场经济运行模式的巨大转变。然而，由于美国和欧盟对俄罗斯经济潜力的忧虑和抵制，俄罗斯在普京总统上台后，对国内垄断寡头和外国资本进行了整治，使一些关系国计民生和国家战略的行业企业重新回到了政府的控制之下，尤其是石油产业。我国市场化的社会主义经济改革始于农村。1978 年，我国农村的土地产权改革拉开了整个中国经济改革的序幕。通过集体土地所有权和农户土地使用权的分离，我国在农村初步塑造了独立决策的市场主体——承包土地的农户。进而，在 20 世纪 80—90 年代，我国城市的国有企业借鉴农村产权改革，进行了放权改革和现代企业制度改革，在城市塑造了独立的市场主体——自主决策、自负盈亏的现代企业，并在鼓励乡镇企业和后续民营企业发展的基础上，形成了国有经济企业和非国有制企业的共同发展格局。在价格领域，我国不断放开产品市场的价格管制，实现了产品市场的自由贸易；在劳动、资本和土地等要素市场，我国不断深化改革，实现了劳动力的自由迁移，实现了资本的相对自由流动，并逐渐放开了国家对农村集体土地的垄断性征占，不断塑造自由的要素市场运行机制。与此同时，我国设计了“沿海—沿江—内陆”的“点—线—面”对外开放格局，通过引入国际资本，在 20 世纪末和 21 世纪初期形成了出口导向型的国民经济发展格局，最终构建了中国特色的社会主义市场经济运行模式。我国的 GDP 和工业总产值在 40 多年改革开放的基础上，逐渐跃居世界第一，成为产业门类齐全的“世界工厂”。我国的改革开放具有明显的渐进特征，这种渐进性体现在空间上、时间上，也体现在不同的经济领域中。在改革开放的过程中，我国各地区争相吸引国外资本，以各种优惠措施给国外资本创造良好的营商环境，尤其是加入 WTO 以来，我国逐渐实现了国内国际市场的密切对接。当然,如果从战略性的国际关系视角看,我国渐进的改革开放背后也有国际战争和大国政治的因素存在。20世纪70年代末80年代初,美苏争霸进入苏强美弱时期,且中苏进入交恶状态。美国的统治集团基于其国家利益考量,希望中美联手遏制苏联的国际扩张趋势。在这种情况下,我国通过1979年对越自卫反击战,打退了以苏联为首的霸权威胁,赢得了欧美各国的尊重。这就从国际战略上奠定了我国改革开放的良好国际环境。当然,这次战争逻辑上能够改善我国的国际商务环境,取决于当时特定的国际国内形势,不具有普遍意义,体现了特定时代背景下中美两国领导人的长远战略判断和抉择。总体上看,对比俄罗斯的激进改革,我国40多年改革开放的历史路径表明,一个国家市场化的改革方向是符合各国自身及世界经济发展趋势的。一切具有重大影响的经济或社会改革都具有立场政治属性,会触动既定的利益格局,因而极易引起政局变动和社会紊乱。渐进改革由于注重对国家政局和社会稳定性的保护,因而更容易营造良好的国际商务环境,符合国际商务资本的风险偏好,从而对国际商务资本更具吸引力。

从中性政治和利益政治、立场政治的区分看,逻辑上存在一种可能性:在利益政治、立场政治与中性政治的衔接处构建一道阀门,让中性政治在既定的立场政治和利益政治下运行,并实现中性政治的合理隔离。由此,把利益政治和立场政治引发的不稳定因素适当剥离出来,使之不影响中性政治的运行——不论各利益集团怎样博弈和冲突,正常的社会治理不会因此而受到影响,从而最大限度弱化政治不稳定的风险,保持国民经济对国际商务主体的吸引力。

3.3.1.2　政治运行体系的法治化

现代市场经济是国际商务主体的生存土壤。现代市场经济是政府与市场联动的产物,古典主义的绝对自由市场在现实社会中是不存在的。同时,现代市场经济日益表现为法治经济:国内外市场主体都是基于经济领域的一系列法律法规而存在和开展活动的;政府虽然是法律法规的制定者,但是政府本身也会给自身立法,使自身对市场活动的干预处于特定的法制框架下。当然,在真实世界中,不同国家的法治经济框架差异很大,尤其在对公权力的约束方面,各国的法制化程度是影响国际商务主体行为的一个极为重要的因素。在一个国家，政府是否在法制框架下干预经济运行，或者在多大程度上遵循法制框架干预经济，这会直接影响国际商务主体的预期和行为选择。

首先，政治运行的法治化程度明显影响国际商务主体的疑虑和进驻选择。法制是法治的前提。没有完善的法制框架或体系，法治就没有依托。当然，法制仅仅是法治的开始。空洞的法制本身是没有意义的。法治需要法制的真正落地和严格实施。“有法可依，有法必依，执法必严，违法必究”是法治的集中表现，体现了法制与法治的关系。有法可依——法制化是法治化的最初级阶段。尽管这是法治化的最初级阶段，却不是一个容易实现的阶段。一个国家的法制化过程往往也是漫长的。哪些领域需要立法，如何立法，这是一门法律的艺术，取决于执政者的法律智慧，取决于一个国家国民经济发展的趋势和实际需要，更取决于该国不同政治主体之间的互动状况。没有经济的开放，一个国家就不会也不用制定涉外的经济法律。只有随着一国经济的不断开放和发展，相关的涉外经济法律体系才能在实践中暴露问题并得到解决。在开放经济中，一个国家首先要对国内外经济主体的成立或诞生进行立法，即对国际商务主体的生产进行立法，然后随着国内外经济主体的互动竞争，又需要对不同商务主体之间的运营和竞争关系进行立法。从各国经济开放的历程看，在经济开放的早期，一个国家对国际商务主体的生产立法往往是限制性的，而随着该国经济的发展，经济开放的程度会不断提升，对国际商务主体产生的限制往往会不断减少。因此，在面临一个新的开放经济体时，国际商务主体对该国经济的注意力会受到限制，国际资本的进驻是相对有限的。如果该经济体不能释放出持续开放的积极信号，那么这种不利趋势就难以改变。相反，一旦该经济体以明确信号表达扩大开放的诚意，尤其是以法制化方式就扩大开放事宜取得国际商务主体的信任，那么国际商务主体就可以取消疑虑，迅速进入该开放的经济体。在这一方面，发展中国际经济体往往都经历过，尤其是经济转轨国家，如我国。自 1978 年奉行改革开放的国家政策，我国先后就各类型企业的建立进行立法，中外合资、中外合作和外商独资等企业立法促进了各类企业的建立，而随着我国改革向国有企业延伸，现代企业制度的立法应运而生，股份制公司相关立法实现了国内外企业主体生产立法的对接，如公司法。在这个过程中，国际资本在各类企业中的资本占比各有不同，但是随着 21 世纪以来我国深化改革开放，无论在轻工业领域，还是在重化工业领域，外资占比不断提升。截至目前，国际商务资本在银行、保险、医疗等重要服务业领域的立法限制越来越少，如银行法、保险法和外汇管理法的修订与完善。与此同时，为了维护民族工业的合理发展空间，更是为了营造公平合理的市场竞争环境，相关立法不断出现，如合同法、票据法、证券法、会计法、审计法、税法、企业破产法、公平竞争法、反垄断法等。随着卖方市场向买方市场转变，产品质量相关法规和消费者权益保护法不断涌现并日益受到重视；随着粗放型经济增长方式向集约型经济发展方式转变，环境保护相关立法相继推出。近年来，随着中美在国际技术领域的竞争，我国的知识产权立法也在不断完善之中。20世纪90年代邓小平深化改革开放的南方讲话，21世纪初期习近平深化改革开放的上海自贸区建设，这些标志性事件及随后的法制化建设过程，逻辑上都已经成为或即将成为持续改善我国商务环境的重要国家战略和关键举措。

总之，在当今世界，一国政府干预经济的法制化和法治化进程会系统地、逐渐地影响国际商务活动。这不仅是一国内部集体选择的必然要求，更是国际上不同国家商务利益协调的必然要求。

其次，一个国家在经济领域的反腐力度大逻辑上可以优化国际商务环境。纵然法制再完善，要实现法治也离不开具体行动成员的人为作用。在法治化建设过程中，妨碍国际商务环境建设的最大障碍是政治运行体系中个体的权力实行，具体而言，即政府官员的腐败。腐败是恶化国际商务环境的一大敌人。尽管政治组织逻辑上必然要求行动成员的绝对服从和遵守，但是组织永远也不可能从绝对意义上对行动成员的行动进行完全的限定，组织中的行动成员不是被动的顺应者，而是具有主观能动性的积极行动者。在具体事务面前，拥有权力的个体行动成员始终拥有自己的自由裁量权，拥有行为选择的自由，他往往具有多种可调动的资源，可以“自由决定”是否追求个人利益的最大化（米歇尔·克罗齐耶和埃哈尔·费埃得伯格，2007）。这就涉及个体权力人的腐败问题。权力现象是人类社会的普遍现象。任何权力现象，不论它产生于何种根源，不论它具有怎样的合法性，不论它具有怎样的目的，也不论它使用何种方法——从最广泛的层面来说——都蕴含着一个人或一群人对另外一个人或另一群人施加影响（米歇尔·克罗齐耶和埃哈尔·费埃得伯格，2007）。

对此，经济学领域关注的是权力人的设租行为及市场主体的寻租活动。“设租-寻租问题”显然会恶化一个国家公平竞争的国际商务环境。也正是从该角度看，以习近平为代表的中国共产党人提出“把权力关进(法律)制度的牢笼”，这对我国深化改革开放、改善和提升国际商务环境具有重要战略意义！

总之，理念决定行为，行为决定结果。执政者作为主要的政治主体，其治国理念以多大程度法制化和法治化，事关国内外商务环境的优劣。从逻辑上讲，一国民众的主流经济理念与其执政者是一致的。因此，把握执政者的国际商务理念就可以最大化地理解该国民众的国际商务理念。国家的执政理念最终要依托法制和法治来实现。是追求开放，还是追求封闭；是崇尚全球化，还是反全球化；是包容，还是歧视；是维护少数人的集团利益，还是体现人民群众的大多数利益诉求……这些是一个国家政治格局的内在决定因素，需要法制化和法治化的表达，最终必然影响该国乃至世界的国际商务环境。在这一方面，对权力的管控和对腐败的惩治是极其重要的。

3.3.2 影响国际商务的文化环境

“文化”是对人类文明活动的一种总体性、系统性诠释，是极其复杂的。人们对“文化”一词的内涵界定莫衷一是。美国著名文化学者克罗伯和克拉克洪在《文化：一个概念定义的考评》中收集了166条对“文化”的界定，这些定义分别来自人类学家、社会学家、心理学家、哲学家、政治学家、经济学家、地理学家等。据说，目前世界上有关文化的定义有200多种，其中，比较典型的定义来自英国人类学家E.泰勒，他在1871年出版的《原始文化》一书中认为，文化包括知识、信仰、艺术、伦理道德、法律、风俗和习惯(齐绍洲等，2017)。我们不对文化应该怎样界定进行讨论，而是根据自身研究的需要，界定或区分要研究的文化现象。

文化逻辑上是人类精神文明成果的表现形式，与物质文明是相对应的，它不像物质文明那样具有客观的、物质的呈现形式，而是具有抽象的符号化、意识化或观念化形态。文化往往以书面文字为载体，但不限于文字，也可能是口头的、形象的或行为的。从人类有文字以来，人类生活的几乎所有领域都有其文化层面的呈现。首先，需要在两个层面上厘清人类活动本身和社会文化的关系。以经济和文化的关系为例：有经济活动，就有对经济现象进行描述、总结的文化呈现，更有对经济规律探索的文化呈现。但是需要注意，经济活动和与之相关的文化呈现不属同一范畴——经济活动本身是客观的，与之相关的文化呈现是主观的、意识的。两者是物质和意识的关系。以饮食文化为例，饮食属于经济领域的消费范畴，饮食的客体——饮品和食物本身是客观存在的，饮食制作的工艺流程以及人类的消费过程都是客观的独立存在。但是具体消费过程的规范、仪式或礼节等则属于文化范畴。对饮食制作工艺的记载和研究也是文化范畴。作为文化的饮食是传统饮食的习惯做法的呈现，但是就具体的饮食活动本身而言，它可以脱离或违反习惯做法。只是当有人这样做时，容易引起习惯者的不适。就像中国人用筷子而西方人用刀叉一样。同理，在法律政策和技术领域也存在类似的逻辑。人们遵循法律或政策的行为活动是客观的，而政策、法律本身以及对政策法律的研究总结则是意识形态的文化呈现；技术本身是客观的，但是对技术规律的科学研究或总结性呈现则是主观的文化呈现。其次，要厘清关于知识教育、文学艺术、伦理道德和宗教信仰等人类行为活动的文化属性。它们本身就是文化，或者以文字的形式来呈现文化，或者以图形、行为、形式或仪式来呈现文化。其中，宗教伦理对知识教育、文学艺术和伦理道德有着深刻影响。

在前面章节中，我们分析了生产技术、人力资本、经济运行及相关的经济制度，分析了政治及相关的国内外法律问题，因此，在这里我们要研究的文化主要包括那些相对独立的文学艺术、礼仪交往、伦理道德和宗教信仰等文化现象。这些文化现象中，与国际商务关系较为密切的是人际交往、伦理道德和宗教信仰以及这些文化现象背后蕴含的文化理念或价值标准。

3.3.2.1 国际文化的区域差异

从古代到现代，寻找国际文化差异逻辑上需要瞄准影响世界版图的代表性国家。对15世纪以前的世界历史，我们需要关注传统意义上的“四大文明古国”，即中国、古埃及、古印度和古巴比伦；对于15世纪以来的世界近现代历史，我们则需要关注此前（本章第2节）曾提到那些先后崛起的世界性大国，即葡萄牙、西班牙、荷兰、英国、法国、德国、美国、沙俄（以及苏联）和日本等国。当把这些国家逐一列出之后，我们可以大致结合各国的地理位置、宗教信仰进行划分，区分出三个曾经和现在仍然具有主导意义的国际文化圈。

其一，中华文化圈，或儒-释-道文化圈。中华文化圈主要包括中国、印度以及东亚和东南亚等国。在15世纪以前，以中国为代表的中华文化圈依托农业经济基础，曾经长期领先世界。在该文化圈内，历史上经常出现大一统的中央治理体系，在其内部，道教、佛教、儒教乃至其他宗教文化并存，相对崇尚个体对权威或族群集体的服从意识，在人际交往活动中，倡导维护群体或利他、利民乃至利国的伦常礼仪，注重血亲关系和人际纽带。以中国为代表的中华文化圈具有很强的文化整合能力，当面临外部文化冲击时，中华文化圈表现出较强的适应、学习和再造能力。以小农为基础的中华文化圈在一定程度上限制了商品经济的快速发展。在欧美列强崛起以后，西学东渐，中华文化圈受到剧烈冲击。近现代资本主义市场经济的经济价值对中华文化圈的社会价值形成巨大挑战。市场利益关系不断影响甚至塑造着这里的人际关系和伦常规范。

其二，中东文化圈，或古兰经文化圈。以伊斯兰教为代表的中东文化圈是在古巴伦的基础上衍生出来的。从目前各伊斯兰国家的个人行为规范看，中东文化圈是相对保守和封闭的，非常重视对宗教权威的维护。当然，就具体国家而言，宗教权威和世俗权威的关系有所不同。类似中华文化圈，在中东文化圈里，对稳固、长期性人际关系也非常重视，尤其是在中东阿拉伯世界。

其三，西欧-北美文化圈，或圣经文化圈。这是一个以基督教为宗教信仰的文化圈。从历史演变过程看，基督教源于犹太教，迄今为止演化有天主教、东正教和新教三个分支。在马克思·韦伯看来，新教伦理倡导“资本主义精神”，即注重节俭、冒险、个体自由和财富创造，是推动西欧资本主义和市场经济兴起的重要内在力量。当然，节俭作为美德往往是很多宗教文化所倡导的。新教所倡导的自由思维和冒险精神的确对市场开拓有促进作用。此外，各种宗教伦理对人性美德的倡导具有共通性，除了节俭，诚信、守时、尊老、爱幼、助人等传统美德往往也是各种宗教所倡导的。当然，宗教中的某些极端主义思想以及极端主义的宗教是需要警惕和防范的。

对于国际商务主体而言，在自身文化圈内的国际经贸往来是相对容易的，而跨越文化圈的国际经贸往来则相对困难。由于不同文化圈的巨大差异，国际商务主体在东道国的本土化思维是极其重要的，这种本土化思维不论在国际贸易领域，还是在国际直接投资领域都需要特别重视。尤其在国际经营管理方面，本土化思维对国际商务活动的成败甚至会产生决定性的作用。

3.3.2.2 不同国别的礼仪往来

就名称而言，在国际商务领域存在“国际商务礼仪”之说。国际范围内没有严格的、通行的、标准的国际性礼仪。所谓商务礼仪的国际性，其实就是各国不同的礼仪形式。只不过当国际商务主体彼此沟通交往时，需要彼此照顾或体谅对方的礼仪要求。因此，就国际商务合作这一利益交换的实体内容而言，所谓的国际商务礼仪并不是国际商务活动本身，而是国际商务的文化背景，属于微观的国际商务环境。

各国的商务礼仪主要涉及如下内容：衣着规范、交流用语、称呼头衔、举止神态、餐饮礼节和礼尚往来等。在这些细节方面，不同国家的文化差异较大，需要国际商务主体特别留意。但是无论各国商务礼仪的差异有多大，都有着根本的共性，即尊重彼此，以及懂得如何尊重。

总体而言，文化对国际商务主体的影响主要体现在宏观理念上，体现在以宗教文化为代表的价值标准上，微观的国际商务礼仪虽然重要，但往往是短期性的，可以适应和对接的。宏观价值观念上的文化差异则具有内在冲突性，难以短期弥合，需要求同存异。

第4章

国际商务环境评价

第二次世界大战后，随着国际分工的进一步深入，世界范围内的贸易与投资往来越来越频繁，国际商务环境越来越复杂多变。国际商务环境直接影响着贸易与投资成效。对于投资者或从事国际贸易的商人来讲，要想经营成功，必须掌握国际商务环境的状况。由于业界的客观需求，对国际商务环境的评价就成为决策咨询研究机构、国际经济组织的研究机构、各种类型的国际经济研究所等各种研究机构研究与探讨的重要课题。没有规矩不成方圆，我们在从事国际商务环境评价工作时，必须有坚持的原则，否则就会乱了章法。本章开篇名义就是确定国际商务评价的原则。只有原则是没办法做国际商务环境评价的，还必须有切实可行的方法，因此在原则之后我们总结了国际商务环境评价的方法。做国际商务环境评价有了方法还是不够的，还需要有可通用的评价指标体系，这便是本章最后探讨的内容。本章先后对国际商务环境评价的原则、方法和指标体系展开探讨，为具体开展国际商务环境评价提供路径。

4.1 国际商务环境评价原则

4.1.1 一般与特殊相结合的原则

一般与特殊之间的关系即共性与个性之间的关系。一般与特殊是对立统一的矛盾关系，两者相互依存、相互转化，互为存在的前提条件。因此，国际商务总体环境与不同行业和企业的特定属性是相互依存、相互转化、互为存在的前提条件的矛盾关系。国际商务环境评价既不能离开总体环境，也不能离开不同行业和企业的特定属性，更不能离开国际政治经济格局演进下的世界经济演化而单独存在，国际商务环境作为一种客观存在是各种具体商务环境的一般性与特殊性的总和。

一般性原则即国际商务环境评价的基本原则，是国际商务环境评价人员进行评价工作的基础依据，是进行国际商务环境评价的指导思想和衡量国际商务评价工作成败的标准。它包含五个维度的内容。

一是客观性，又称真实性。国际商务环境评价应当以国际商务客观实际为依据，如实反映国际商务环境的真实状况。客观性原则包括真实性、可靠性和可验证性三个方面，是对国际商务环境评价工作和国际商务环境评价信息的基本质量要求。真实的国际商务环境评价信息对联合国、各国政府以及国际组织把握世界经济发展趋势，对主要国家宏观经济管理，对投资人决策和企业内部管理都有着重要意义，国际商务环境评价的各个阶段都应遵循这个原则。

二是科学性，指国际商务环境评价必须在科学理论的指导下，遵循科学评价的程序，运用科学思维方法来进行评价。科学性原则具有一些主要标志，表现为如下几点。① 信息全面。信息全面是指国际商务环境评价活动中要广泛地、完整地掌握和利用信息。由于影响国际商务环境发展的因素是多方面的，国际商务环境本身也是在不断发展变化的，这就要求人们在国际商务环境评价过程中要全面地收集和处理信息：在时间上，要有历史的资料、现时的情况及未来的预测结果；在空间上，对所涉及的国际组织、国家、地区、行业、企业等的有关信息都要收集；在内容上，凡是有关的政治、经济、科技、社会、文化等方面的信息都要收集。② 科学预测。科学预测是指应用未来学的理论和研究方法，对国际商务环境的未来状态进行科学的预测。换句话说，就是在正确思想指导下，根据国际商务环境系统的内外部各种有关的信息、情报和数据，运用科学的方法和手段，包括推理、判断和建立相应的技术模型，预测国际商务环境发展的可能趋势和变化规律，从而获得国际商务环境的未来信息，预测其发展变化，计算发展变化的影响，提出有针对性的行动计划，避免或减少盲目性。

三是有用性。国际商务环境评价应当能够满足信息使用者的需要，即应当符合国家宏观管理的要求，满足有关各方了解国际商务环境的需求。国际商务环境评价的信息应当同各行各业经济决策相关联，有助于信息使用者做出有关的经济决策。国际商务环境评价的信息通过帮助使用者评估过去、现在或将来的事件，从而影响使用者的经济决策。

四是及时性。即要求国际商务环境发生变化时必须及时进行评价，不得拖延评价时间，以使得国际商务环境评价具有及时性，增强评价的利用价值。及时性包括三个方面：① 国际商务环境评价应当及时进行，不得拖延；② 国际商务环境评价报告或者产出应该及时，以最快的速度完成报告；③ 将国际商务环境评价报告或者产出的信息及时传递，按规定的时限提供给有关方面或者向社会公众公布。

五是明晰性。明晰性原则是指国际商务环境评价报告或者产出的信息必须清晰明了，便于理解。如果国际商务环境评价报告或者产出的信息的表达含糊不清，就容易产生歧义，从而降低国际商务环境评价报告或者产出的信息的质量。根据明晰性原则的要求，国际商务环境评价报告或者产出的信息应当准确、清晰，所使用的数据应当确有依据；数据与相应评价对应关系要清楚，文字摘要应完整；诸多信息与判断要关系清楚、内容完整、数字准确。

特殊性原则揭示了国际商务环境评价报告的独特性。它具体有三个方面的考量。

一是历史性。国际商务环境评价历史性包含三个方面因素：① 评价者是在理解和把握评价之前已存在的国际商务相关的社会历史因素；② 评价者或者评价体系的局限性，决定了国际商务环境评价对象的构成；③ 由于评价者总是站在所在国家的意识形态立场上看问题，因此，国际商务环境评价由评价者所在国家主流价值观决定价值取向。国际商务环境评价历史性原则形成了国际商务环境评价的偏见。所谓偏见指的是对经济与社会理解过程中，人们无法根据某种特殊的客观立场，超越历史时空的现实境遇去加以“客观”的阐释，这就决定了国际商务环境评价作为一种社会科学价值判断，与自然科学判断存在一定的差异。

二是开放性。开放性原则是国际商务环境评价具备特殊性的主要观点。国际商务环境评价不同意评价本身具有某种僵死的规定性，也反对把评价理解为实现某种目的（如迎合某些政治、经济观点）。国际商务环境评价作为一个评价者基于国际商务环境的知识创造，不具备任何特定的与稳固的先在本质，评价者通过不断采集数据并以科学的方法进行分析判断，形成具有评价者价值取向特征的评价报告。国际商务环境评价的开放性原则揭示了评价者的内在开放性的实质。

三是关怀性。关怀性原则指国际商务环境评价者在开展国际商务环境评价时总是有所侧重的，表现为更关注某国家、某地区、某行业、某企业等的数据采集与科学分析，这是由评价报告使用者属性、评价者的个人偏好、数据采集的容易程度、具体经济社会现象的关注度等各种因素决定的。

4.1.2　定性分析与定量分析相结合的原则

定性分析和定量分析具有统一性，反映了定性分析和定量分析两者之间存在着不可分割的密切联系。这种不可分割的密切联系取决于它们分别反映了同一事物的不同方面，只有把定性分析与定量分析相结合，才能完整实现对国际商务环境的分析，才能实现不仅区分商务环境的优劣，还能衡量其优劣的程度。

定性分析法指通过逻辑推理、哲学思辨、历史求证、法规判断等思维方式，着重从质的方面分析和研究某一国际商务事件的属性，是传统的人文科学研究方法在国际商务环境分析中的具体运用。它主要用于研究国际商务环境的经济与社会结构和功能、国际商务环境的政府管控和社会控制、国际商务环境的国际协调和合作、国际商务环境与社会发展的相互关系等。国际商务环境评价者对当下世界经济和社会的认识首先是从属性开始的，世界范围经济与社会的根本差别也表现在其质的差别上，因此对世界经济、社会与政治进行质的分析是认识国际商务环境的重要方法。但是，在对世界经济、社会与政治进行定性分析时，分析者往往容易受个人价值观的影响。因此，有必要在定性分析基础上辅以定量分析，从而得出更准确、更客观、更科学的结论。国际商务环境评价过程中，定性分析大多会借助历史与逻辑相结合的抽象方法，将国际商务环境评价的注意力全部集中到世界经济、社会与政治现象的本质方面，同时对国际商务运行机制的主要影响因素进行归纳与总结，通过对其影响因素的进一步综合分析，从而逐步演绎出国际商务环境评价的一般定律。由于影响国际商务运行机制的各个因素之间存在一定的抽象关系，所以在实际的研究过程中可以利用对适合个案在不同层面的深入探究以及多侧面研究比较来实现。从国际商务环境评价定性分析的实际情况来看，针对具体环境的特定性分析是定性分析在国际商务环境评价中的首要特征，主要体现在国际商务具体环境研究方面。定性分析在揭示国际商务本质及其规定的属性时，一般会对经验研究中所揭示的国际商务存在的主要矛盾、国际商务研究对象所处的社会背景以及文化背景、历史状况、发展过程展开动态考察。此外，国际商务环境评价定性分析还具有一定的初步性。因为定性分析结论大多依靠语言描绘来实现，基本属于初步的模糊阶段，其语义表述的准确性也会受到评价者语言水平等诸多因素的影响，因此很难准确无误地做到对国际商务环境评价定性分析。

定量分析法是对国际商务环境的数量特征、数量关系与数量变化进行分析的方法。在国际商务环境评价中，定量分析法是以系统地收集、记录的国际市场信息为主要数据，按照某种数理方式进行加工整理，得出国际商务环境的某种评价结果。定量分析是国际商务环境分析师使用数学模块对收集的可量化数据进行的分析，通过分析对国际商务环境给予评价并做出具体判断。定量分析的对象主要为收集到的具体数据，如调研得来的一手数据、国际组织发布的数据、地区组织发布的数据、各国政府发布的数据、其他国内外机构发布的数据、典型企业发布的数据等。其功能在于揭示和描述国际商务环境主要构成要素之间的相互作用和发展趋势。国际商务环境数据均具有数量表示的规定性特征，因此定量分析在国际商务环境分析中有着非常广泛的应用。通过对相关文献资料和实证分析结果的深入研究，我们将国际商务环境定量分析的主要特征进行以下总结：① 敏感性。国际商务环境分析中定量分析的敏感性，即一旦变量本身的定量分析超出预定的范围，这种分析就可以立即发现其变化，并能及时做出适当的判断。② 精准性。国际商务环境分析中定量分析的准确性直接关系到数学表达式的抽象性和逻辑结构的严谨性。③ 客观性。国际商务环境分析中定量分析建立在经验事实的基础上，通过实证分析，定量分析的结果具有较高的客观性。

定性分析与定量分析的争论与融合。在国际商务环境评价过程中，定性分析和定量分析都具有不可替代的优势。然而，由于国际商务环境分析对象的复杂性和特殊性，定性分析和定量分析应用的合理性和科学性存在一定的争议。定量分析人员认为，在国际商务环境评价中运用数学语言，严格遵循数学理论的内在逻辑程序，有利于提高国际商务环境分析结果的逻辑性，从而能够明确表达中心思想，提高概念的准确性。另一种观点认为，在国际商务环境评估过程中，数学方法的运用方法直接影响到最后的结果。严格遵循数学学科的逻辑程序，可以避免在分析国际商务环境时出现思维混乱，但由于使用数学方法等诸多因素的影响，最终的分析结果仍会出现许多谬误。数理逻辑程序在国际商务环境评价中发挥着重要作用，但数学的应用逐渐被妖魔化，使得国际商务环境评价的结果更难获得。在这种情况下，一些学者逐渐从数学形式上大做文章，使得数学分析方法越来越浮夸，数学模型的建立过程越来越复杂，最终导致国际商务环境评价内容与国际商务环境评价的客观要求产生分离的现实。数学是国际商务环境评价的重要工具，与国际商务环境评价是一种互补关系，而不是替代关系。国际商务环境评价应以数学工具为辅助，而不是单纯依靠数学并使之成为国际商务环境评价的主要内容。因此，也可以理解，国际商务环境评价的有效性是由国际商务环境评价本身的研究内容决定的，而数学分析方法在大多数情况下只能作为国际商务环境评价的辅助工具。定性分析与定量分析的结合依赖于国际商务环境评价对象质量相互变化的规律，具体情况具体确定。

4.1.3 静态分析与动态分析相结合的原则

国际商务环境静态分析法是根据既定的国际商务环境外生变量值求得内生变量的分析方法，是对已发生的国际商务活动成果进行综合性的对比分析的一种分析方法。如国际商务环境静态分析法研究均衡价格时，舍掉时间、地点等因素,并假定影响均衡价格的其他因素,如消费者偏好、收入及相关商品的价格等静止不变,单纯分析该商品的供求达到均衡状态的产量和价格。简单地说,国际商务环境静态分析法就是抽象了时间因素和具体变动的过程,静止地、孤立地考察某些国际商务现象。它一般用于分析国际商务环境的均衡状态以及有关商务变量达到均衡状态所需要的条件。静态分析主要用于国际商务环境评价初始阶段的粗略分析,以及技术方案的初选。这种分析方式能够反映技术方案的经济性和风险性的指标,在国际商务环境评价中具有独特的地位和作用,被广泛用作建设国际商务环境评价的辅助性指标。国际商务环境静态分析法缺点在于没有考虑时间因素,舍弃与时间相关的众多数据,并且不能反映国际商务环境的时间延续性特征。常用的静态分析包括总量指标、相对指标、平均指标和变异指标。

一是总量指标。总量指标是反映国际商务环境在一定时间范围和条件下的总体规模或水平的统计指标。它的表现形式为绝对数,故又称为统计绝对数。例如,全世界的总人口、总 GDP、总投资、总消费等,都是反映国际商务环境的总量,因此,都是总量指标。总量指标按不同的标志又可以分为以下类型。单位总量是全世界总体内所有单位数的总和,例如,全世界高校总数、全世界企业总数等;标志总量指总体内各单位标志值的总合,例如,全世界高校固定资产总值、全世界企业员工工资总额等。时期指标是说明现象在一段时间内某种标志值累计的总量指标,例如,某企业 2020 年全年销售总额;时点指标是说明现象在某一时刻上某种标志总量的状态指标。

二是相对指标。在国际商务环境评价中,两个有联系统计指标的比率称为相对指标。与总量指标伴随有单位不同,相对指标在绝大多数情况下采用无名数标识。无名数是一种抽象化的数值,多用倍数或系数、成数、百分数和千分数表示。倍数和系数是将对比基数抽象为 1 而计算的相对数。当分子数值比分母数值大得多时,常用倍数表示;当分子分母数值差别不大时,常用系数表示。

三是平均指标。在国际商务环境评价中,平均指标是同类社会经济现象总体内各单位某一数量标志在一定时间、地点和条件下数量差异抽象化的代表性水平指标,其数值表现为平均数。平均指标可以反映现象总体的综合特征，也可以反映各变量值分布的集中趋势。平均指标经常用来进行同类现象在不同空间、不同时间条件下的对比分析，从而反映现象在不同地区之间的差异，揭示现象在不同时间下的发展趋势。

四是变异指标。在国际商务环境评价中，变异指标是综合反映总体各单位标志值变异程度的指标，它显示总体中变量数值分布的离散趋势，是说明总体特征的另一个重要指标，与平均数的作用相辅相成。变异指标的计算包括四分位差、平均差、标准差和方差。

国际商务环境的动态分析是相对于静态分析来讲的。动态分析是只改变一下自变量，因变量相应地做出改变，动态改变一般是一次的改变。国际商务环境的动态分析是对经济变动的实际过程所进行的分析，其中包括分析有关变量在一定时间过程中的变动，这些经济变量在变动过程里相互影响和彼此制约的关系，以及在每个时点上变动的速率等。动态分析法一个重要特点为考虑时间因素的影响，并将经济现象的变化当作一个连续的过程来看待。国际商务环境动态分析主要用来描述和探索现象随时间发展变化的数量规律性，常用动态数列分析。动态数列又称时间数列，是指将同类指标在不同时间上的数值按时间的先后顺序排列起来形成的统计数列，也称为时间数列或动态数列，是一种常见的经济数据表现形式。

4.2　国际商务环境评价方法

4.2.1　PEST评估法

PEST评估法主要是对某一国家宏观商务环境的分析，P代表政治(politics)，E代表经济(economy)，S代表社会(society)，T代表技术(technology)。这种分析的主要目的是为投资者战略决策提供参考，以便提高战略决策的有效性。一个有效的战略决策必须满足与外部环境相适应的基本前提，在此基础上被以股东为代表的主要利益相关者接受，才有被决策者接受的可能性。尽管一个有效的投资决策是以投资者所拥有的资源来决定其可行性的，但是其根本前提是与外部投资环境相适应；因此，PEST

分析法在做投资决策时被广泛使用。对于不同的应用目标,使用不同层面的 PEST 评估法;PEST 评估可以用在世界范围、区域范围、行业相关的分析。

政治环境是指直接或间接影响一个国家或地区国际商务活动的政治制度、政治体制和政治文化等情况的总和。它主要包括国家的社会制度、执政党的性质、政治结构、政治文化、国家法律完备程度、军事与国防状态等。不同的国家有不同的社会特征,不同的社会制度有不同的局限性和组织要求,即使在社会制度相同的国家,由于不同时期执政党的不同,政府政策的态度和影响组织行为的特点和趋势是不断变化的。重要的政策环境变量包括执政党性质、政治制度、经济制度、政府规制、税法变化、各种政治行动委员会、专利数量、特别法规变化、环境法、产业政策、投资政策、国防支出水平、政府补贴水平、反垄断法、与大国关系、地区关系、对政府抗议的数量以及行动的严肃性和地点、民众参与政治活动、政治稳定性、政治利益集团等。政治因素会对投资决策、盈利水平等产生十分重大的影响。如果为某企业做分析,必须弄清楚以下问题:政治环境是否稳定?国家政策是否会改变法律,从而加强对企业的监管,征收更多的税收?政府的市场道德标准是什么?政府的经济政策是什么?政府是否重视文化和宗教?

经济环境主要包括宏观和微观两个方面的内容。宏观经济环境主要是指国家人口及其增长趋势、国民收入、国内生产总值及其变化,以及国民经济发展水平和速度。微观经济环境主要是指企业所在地区或区域内的收入水平、消费偏好、储蓄、就业水平等消费因素,这些因素直接决定了企业目前和未来的市场规模。国际商务的主要经济要素指的是国际商务活动所在国家的社会经济结构、经济发展水平、经济体制、宏观经济政策、当前经济状况等要素。重要的经济环境变量包括国内生产总值及其增长率、工业化水平、获得贷款的机会、可支配收入水平、人口消费(储蓄)水平、利率、通货膨胀、规模经济、政府赤字、消费模式、失业率、劳动生产率、汇率、市场安全形势、外国投资水平、进出口因素、收入差距、价格波动、不同地区和消费群体的货币和财政政策。

社会环境是指一个国家或地区人民的共同价值观、生活方式、人口状况、文化传统、教育水平、风俗习惯、宗教信仰等方面。这些因素是在人类长期的生活和成长过程中逐渐形成的，人们总是有意识或无意识地接受这些准则作为行动指南。社会环境对国际商务的影响是多方面的，有的是直接的，有的是间接的，最重要的是对社会的需求和产品的消费有很大的影响。在国际商务环境评价中，社会环境是比较特殊的，它不像其他环境因素对微观主体的影响那么明显、那么容易理解，但它对微观主体的商务活动成败始终有着深刻的影响。无数事例说明，无视社会文化环境的商务活动必然会归于失败。

需要着重分析的社会环境因素主要有六类。一是人口因素。人口总量直接影响社会生产总规模；人口地理分布影响国际商务微观主体选址；人口性别比和年龄结构在一定程度上决定了社会需求结构，进而影响社会供给结构和企业生产结构；人口文化程度直接影响国际商务微观主体的人力资源状况；家庭的数量和结构变化与耐用消费品的需求和变化趋势密切相关，也影响着耐用消费品的生产规模。二是价值观。价值观是指公众评价各种行为的概念标准。不同的国家和地区有不同的价值观。三是文化传统。文化传统是不朽的民族灵魂。它起源于民族的生活，在民族的反复实践中成长，形成了民族的集体意识和集体无意识。总之，文化传统是民族精神。文化传统是一个国家或地区在漫长的历史时期形成的，它对国际商务活动的影响是间接的、潜在的、持久的。四是社会发展趋势。市场对资源的配置和商品生产的发展对社会发展趋势起着决定性的作用。随着生产力水平的提高，人们开始重新审视自己的信仰、追求和生活方式、穿着款式、消费倾向、业余爱好，对产品与服务的需求也不断变化。随着现代科学技术的不断进步，人们对物质生活的要求越来越高，对精神世界的追求越来越讲究品位。五是消费者心理。消费者心理是指消费者的一切心理活动及其所促进的行为，包括消费者对商品的观察、对商品信息的收集、对商品品牌的选择、决策和购买、利用商品形成心理感受和体验等。在物质丰富的条件下，人们不仅要满足生理需要，还要有心理或精神上的享受。国际商务活动必须关注消费者的心理因素，树立“创造市场、创造需求”的观念。六是社会各阶层对商务活动的期望。社会各阶层包括股东、董事会成员、原材料供应商、产品销售人员等与企业有关的阶层。各阶层对商务活动有不同的期望。例如，股东集团的评价策略标准主要是投资回报率、股东权益增长率等;企业员工的评价策略标准主要是工资收入、福利待遇和工作环境舒适度等;消费者主要关心企业产品的价格、质量和服务态度;政府机构评价的立足点是看企业的经营活动是否符合国家政策、法律和有关行政法规。

关键的社会环境变量有:妇女生育率、人口结构比、性别比、特殊利率、结婚数、离婚数、出生率和死亡率、人口出入境率、社会保障计划、预期寿命、人均收入、生活方式、平均可支配收入、对政府的信任、对政府的态度、工作态度、购买习惯、道德关系、储蓄倾向、性别角色、投资倾向、民族平等、节育措施、平均教育水平、退休态度、质量态度、休闲态度、服务态度、对待外国人态度、污染控制、节能、社会活动、社会责任、职业态度、权威态度、城乡人口变化和宗教信仰。社会环境对国际商务的影响因国而异。社会文化因素非常重要,关键解决以下几个问题:关注的国家或地区中信徒最多的宗教是什么?这个国家的人对外国产品和服务有什么态度?语言障碍会影响产品销售吗?消费者有多少空闲时间?

科技环境指的是国际商务活动中的科技成分及与该成分直接相关的各种社会现象的集合。它大体包括四个基本要素:社会科技水平、社会科技实力、国家科技体制、国家科技政策和科技立法。社会科技水平是科学技术环境的首要因素,它包括科学技术研究领域、科学技术研究成果的分布与先进程度、科学技术成果的推广与应用。社会科技实力是指一个国家或地区的科技研发实力。国家科技体制是指一国社会科技体制的结构、运行方式及其与国民经济其他部门的关系,主要包括科技机构的设置原则和运行模式、科技管理体制、科技推广渠道等。国家科技政策和科技立法是指国家借助行政和立法权力履行科学管理和指导职能的方式。科技环境除了要考察与国际商务所处领域的活动直接相关的科技手段的发展变化外,还应及时了解以下内容:国家对科技开发的投资和支持重点;该领域技术发展动态和研究开发费用总额;技术转移和技术商品化速度;专利及其保护情况;等等。科技不仅是全球化的动力,也是国际商务竞争的动力之源,关注科技环境,需要回答以下几个关键问题:所关注的技术是否能降低产品和服务的成本,提高质量?所关注的技术是否为消费者和企业提供了更具创新性的产品和服务?所关注的技术如何改变销售渠道?所关注的技术是否为企业与消费者沟通提供了新的渠道?

为了更好地理解PEST评估方法，我们给出用PEST评估方法的具体案例如下。

案例研究——乐购PEST分析①

乐购是英国公司，但近些年扩张到包括泰国和中国在内的国际市场。中国有14亿人口，从人口意义上说中国是当今世界最大的经济体。在投资中国之前，乐购公司考察了中国的投资环境，以判断中国是不是适合的潜在市场。它主要考虑了如下因素：

(1) 政治环境。在中国做生意从国家和地方政府获得批准是很重要的，中国政府对于企业和地方政府的合作项目是非常支持的。在中国，许多有关商业上的条例有待完善。因此，乐购与大多数中国的经销商和零售商建立合作伙伴关系。另外，乐购的大部分员工都是本地人。

(2) 经济环境。过去的十年，中国经济迅速增长——这些年，以10%的可观的实质的边际增长率超越了几乎所有的世界性经济体。中国拥有由工人组成的大型城市人口，并且第三产业的从业人员的收入一直在稳步增加。中国的经济在中国政府谨慎的经济体系管理下——就业率高，通货膨胀和利率相对较低。

(3) 社会环境。因为独生子女政策，中国家庭相对富裕。越来越多的城市消费者在大型购物商场购买相当比例的物品，往往是每周一次的购物。超市购物是中国城市购买商品的主要方式。

(4) 技术环境。合适的技术是开展国际联系的重要桥梁。乐购通过其电子市场销售点进行销售，扩大销量，获得竞争优势。在中国，越来越多的人使用信用卡和借记卡消费，乐购通过找出个人客户在哪个销售点购买，从而能够更深刻洞察客户。技术因素与超市行业有关，还与供应链环节有关，例如，基于分布探讨冷藏运输车的可用性。

基于上述PEST分析，乐购针对性地采取了下述战略：

① Rob Dransfield. Business Economics[M]. Routledge, 2013: 155-156.

在中国对它的商标“乐购”投入巨资。乐购在中国普通话里意味着“快乐的购物者”。乐购已经投资的大型购物商场、地下城作为乐购超市，其他楼层出租给其他零售商。乐购对中国的策略是适合的，因为：一是适应了政治和法律要求——通过一个合伙安排，并且雇用当地的管理者和员工；二是在一个健全经济模型的基础上——一个迅速增长、稳定和大的经济体；三是与中国的消费购物的社会模式相一致；四是运用新科技——在中国的配送、采购和营销。

乐购在中国的战略是可接受的，因为它允诺股东当乐购在其他国家的分公司相对不成功时，可分得有持续增长潜力的股利（例如在美国的不佳成绩和损失）。乐购的战略是可行的，因为它有足够的备用资源（例如金融）在中国投资，再加上适当的技术和市场营销的专业知识，来开拓新的市场形式。

4.2.2 多因素评估法

多因素分析亦称“多因素指数体系”，是指数体系的一种，用于说明一个现象总变动受三个或三个以上因素影响时，其中每个因素的变化对总变动影响的方向和程度。其分析依据是：① 根据统计分析目的和经济现象的内在联系确定指数体系；② 各因素的排列顺序应是数量指数在前，质量指数在后；③ 各个因素指数的编制原则是，观察数量指标变动时，将质量指标（权数）固定在基期，观察质量指标变动时，将数量指标（权数）固定在报告期。如利润额＝销售量×价格×利润率，则该总量指标指数等于这三个因素的特定指数的乘积。在多因素分析中，要从相对数和绝对数两方面分析多个因素的变化方向（上升或下降）和变动程度（上升或下降多少）构成①。为了更好地展示多因素评估法的应用，我们以探讨闵氏多因素评估法及其运用的方式进行具体分析。

闵氏多因素评估法是指将影响投资环境的主因素分为十一类，每一类主因素又由一组子因素组成。主因素和子因素如表 4-1 所示。

① 陆雄文. 管理学大辞典[M]. 上海：上海辞书出版社，2013.

表4-1　闵氏多因素评估法因素构成表

主因素	子因素
1. 政治环境	政治稳定性，国有化可能性，当地政府的外资政策
2. 经济环境	经济增长，物价水平
3. 财务环境	资本与利润外调，对外汇价，集资与借款的可能性
4. 市场环境	市场规模，分销网点，营销的辅助机构，地理位置
5. 基础设施	国际通信设备，交通与运输，外部经济
6. 技术条件	科技水平，适合工资的劳动生产力，专业人才的供应
7. 辅助工业	辅助工业的发展水平，辅助工业的配套情况等
8. 法律制度	商法、劳工法、专利法等各项法律制度是否健全，法律是否得到很好的执行
9. 行政机构效率	机构的设置，办事程序，工作人员的素质等
10. 文化环境	当地社会是否接纳外资公司及对其信任与合作程度
11. 竞争环境	当地竞争对手的强弱，同类产品进口额在当地市场所占份额

根据闵氏多因素评估法，先对各因素的子因素作出综合评价，再对各因素作出优、良、中、可、差的判断，然后按下列公式计算投资环境总分：

$$\text{投资环境总分}=\sum_{i=1}^{11} w_i(5a_i+4b_i+3c_i+2d_i+e_i)$$

式中，w_i 指第 i 类因素的权重，a_i，b_i，c_i，d_i，e_i 指第 i 类因素被评为优、良、中、可、差的百分比。

投资环境总分的取值范围在 11～55 分，分值越高，说明投资环境越佳。闵氏多因素评估法是对评估对象投资环境作一般性的评估所采取的方法，基本上不从具体投资项目的动机出发进行考察。

闵氏关键因素评估法从具体投资动机出发，从影响投资环境的一般因素中找出影响具体投资项目的关键因素，并对这些关键因素作出综合评价，然后按与闵氏多因素评估法相同的方法和步骤对投资环境进行评价打分。

下面我们举例闵氏多因素评估法的应用。

以包括 A 市在内的五个城市的数据作为研究基础，选择 5 个方面共 19 个指标,这些指标与区域投资环境关系密切且易采集、可度量。其中,C_1 经济环境指标为经济发展水平、经济开放程度、经济结构、市场容量;C_2 社会文化环境指标为劳动力供给、社会生活水平、科技发展水平;C_3 自然环境指标为绿化状况、污染治理水平、矿产资源状况、其他资源状况;C_4 基础设施环境指标为生活设施、交通运输总量、道路建设情况、邮电服务能力、通信普及率;C_5 政治法律环境指标为政策法规环境、政务环境、法制环境。

另选取 B 市、C 市、D 市、E 市的数据作为比较,数据来自官方网站及国民经济和社会发展统计公报。定性指标用抽样调查法,通过问卷调查的方式由企业打分进行量化。设置环境类因素权重为 $w_1=0.3$, $w_2=0.2$, $w_3=0.2$, $w_4=0.1$, $w_5=0.2$。按五个城市实际数据排名换算为五分制。

汇总相关数据并进行计算处理,得出省内五市的环境类因素评分和投资环境总评分如下。

C_1 指标:A 市 2.56,B 市 4.56,C 市 2.44,D 市 3.33,E 市 2.11;

C_2 指标:A 市 3.25,B 市 4.50,C 市 2.88,D 市 2.50,E 市 1.88;

C_3 指标:A 市 2.67,B 市 2.50,C 市 3.17,D 市 3.17,E 市 3.50;

C_4 指标:A 市 3.22,B 市 4.22,C 市 3.44,D 市 2.44,E 市 1.67;

C_5 指标:A 市 3.57,B 市 4.57,C 市 2.14,D 市 3.71,E 市 1.00;

综合指标 T:A 市 2.99,B 市 4.10,C 市 2.71,D 市 3.12,E 市 2.08。

实证分析的结果显示,A 市的投资环境在所研究的五个市中属于中等偏上水平,次于 B 市,与 D 市相差不大,较 C 市与 E 市投资环境具有相对明显的优势。

经济环境:B 市总得分最高,而 E 市与前几名相比差距较大。A 市的经济环境在省内处于中等偏上,具有一定的优势但并不明显。

社会文化环境:随着近年来对科教的重视,A 市教育水平、科教实力不断增强,居民收入增长较快,较除 B 市以外的各市具有更强的投资优势。

自然环境:A 市虽然煤炭资源丰富,但环境污染问题严重。虽然近些年的积极治理取得很大成效,但环境问题仍然是需要重视的问题。

基础设施环境:B 市因是全省对外的形象代表,基础设施建设好;E 市归于基础设施环境发展得不好的地区,某一方面特别差。A、C 市得分属于第一阶梯基础设施环境较好的地市。

政治法律环境：A市的政治法律环境建设得较好，属于中等偏上水平。

为提升A市的投资环境，争取更多的招商引资机会，应从以下几方面进行改善：重点提升经济实力，以加快转变经济发展方式为主线，突出加快转型、推进跨越的工作重点，促进经济建设取得新进展；重点建设自然环境，深入开展节能减排、造林绿化等一系列环保工作；继续加快生态环境综合治理等生态工程建设，积极构建环境优美的生态体系；持续发挥科教优势，进一步促进居民生活水平提高。

4.2.3　动态分析法

动态分析(Dynamic Analysis)是以客观现象所显现出来的数量特征为标准，判断被研究现象是否符合正常发展趋势的要求，探求其偏离正常发展趋势的原因并对未来的发展趋势进行预测的一种统计分析方法。与静态分析相比较，动态分析的优点很多：① 它能系统了解经济运动的全过程，较好地揭示经济运动的规律性，为实际政策的制定提供可靠的基础。② 它能对静态分析进行有效的补充。对具有单一均衡位置的经济体系，它能依据时间过程探索经济变量的数值变动；对有多个均衡位置的经济体系，它能详细描绘由一个均衡位置到另一均衡位置的实际过程。③ 它不仅适用于均衡体系，而且适用于连续失衡的经济体系。因而它在现实经济生活分析中有着特别重要的地位①。

动态分析法主要包括两个方面。第一，编制时间数列，观察客观现象发展变化的过程、趋势及规律，计算相应的动态指标用以描述现象发展变化的特征；第二，编制较长时期的时间数列，在对现象变动规律性判断的基础上，测定其长期趋势、季节变动的规律，并据此进行统计预测，为决策提供依据。

编制时间数列是将社会经济现象某一指标在不同时间上的数值，按时间先后排列形成的数列，它由指标所属的时间和指标在某一时间的数值两个要素构成。编制时间数列要注意时间范围应该一致，但有时为了生动突出地反映某些方面的变化也可以灵活运用。观察编制好的时间数列，可以看出现象

① 何盛明. 财经大辞典[M]. 中国财政经济出版社，1990.

变化的大致过程和趋势，但要给予定量分析，必须计算各种动态分析指标。一类是动态比较指标，主要有增长量、发展速度、增长速度；一类是动态平均指标，主要有平均发展水平、平均发展速度、平均增长速度。时间数列的形成是各种不同的影响事物发展变化的因素共同作用的结果。为了便于分析事物发展变化规律，通常将时间数列形成因素归纳为以下四类：一是长期趋势，是指某一经济指标在相当长的时间内持续发展变化的总趋势，是由长期作用的基本因素影响而呈现的有规律的变动；二是季节变动，是指社会经济现象由于季节更替或社会因素的影响形成周期性变动；三是循环波动，是指变动周期在一年以上近乎有规律的周而复始的一种循环变动，如经济周期、自然界农业果树结果量有大年小年之分等，研究宏观经济的循环波动问题，需要计算扩散指数和合成指数；四是不规则变动，是指由于意外的自然或社会的偶然因素引起的无周期的波动。

为了展示动态分析方法，我们借助一个案例来说明。

案例：基于动态因子分析法的竞争力比较与分析①

1. 研究方法与指标体系

(1) 动态因子分析

动态因子分析是将主成分分析得到的截面分析结果和线性回归模型得到的时间序列分析结果进行综合的一种方法。运用该方法不仅能对中部六个省会城市竞争力进行横向对比分析，还能反映各城市竞争力的纵向动态变化。

该方法的具体计算步骤如下：

① 对数据进行标准化处理。

② 根据各年份的协方差矩阵 $\boldsymbol{S}(t)$，求解平均协方差矩阵 $\boldsymbol{S}_T$，其综合反映了数据静态结构差异和动态变化的影响，具体表现形式如下：

$$\boldsymbol{S}_T=\frac{1}{T}\sum_{t=1}^{T}\boldsymbol{S}(t)$$

① 王飞，黄璨. 基于动态因子分析法的中部六省省会城市竞争力比较与分析[J]. 特区经济，2013(04).

③ 求解 $\boldsymbol{S}_T$ 的特征值与特征向量，以及各个公因子的方差贡献率、累计方差贡献率。

④ 提取公因子，并建立原始因子载荷矩阵。

⑤ 计算出各样本的静态得分矩阵：

$$\boldsymbol{C}_{ih}=(\overline{\boldsymbol{Z}}_i-\overline{\boldsymbol{Z}})'a_h$$

式中，$\overline{\boldsymbol{Z}}_i=\frac{1}{T}\sum_{t=1}^{T}\boldsymbol{Z}_{it}$ 为单个样本的平均向量，$\overline{\boldsymbol{Z}}=\frac{1}{I}\sum_{i=1}^{T}\overline{\boldsymbol{Z}}_i$ 为总体平均向量，$i=1, 2, 3, \cdots, I$，$t=1, 2, 3, \cdots, T$。

⑥ 计算出各样本第 t 年的动态得分：

$$\boldsymbol{C}_{iht}=(\boldsymbol{Z}_{it}-\overline{\boldsymbol{Z}}_t)'a_h,\ h=1, \cdots, k,\ t=1, \cdots, T$$

式中，$\overline{\boldsymbol{Z}}_t=\frac{1}{I}\sum_{i=1}^{T}\boldsymbol{Z}_{it}$，矩阵 $\overline{\boldsymbol{Z}}_t$ 是第 t 年各指标的平均值。

⑦ 计算平均得分 $\boldsymbol{E}$，$\boldsymbol{E}=\frac{1}{T}\sum\boldsymbol{C}_{iht}$，$\boldsymbol{C}_{iht}$ 是第 t 年各样本的动态得分。

(2) 评价指标体系

对于城市竞争力评价指标体系，由于不同学者的分析角度不同，指标体系的构建也不尽相同。本文在坚持科学性与实用性、系统性与层次性、动态性与稳定性以及可测性和可比性的原则基础上，参考相关研究成果，构建了由经济综合实力、基础设施、开放程度、人才科技和环境质量五个方面的 28 个指标所组成的指标体系（表 4-2）。

表 4-2　六省省会城市竞争力评价指标体系

目标层	准则层	指　标　层	单　位
城市竞争力	经济综合实力	X_1 GDP	亿元
		X_2 GDP 增长率	%
		X_3 人均 GDP	元
		X_4 第二产业占 GDP 比率	%

续 表

目标层	准则层	指 标 层	单 位
城市竞争力	经济综合实力	X_5 第三产业占 GDP 比率	%
		X_6 社会消费品零售额	亿元
		X_7 城乡居民人均储蓄年末总额	元
	基础设施	X_8 医院床位数	张
		X_9 每十万人拥有医生数	人
		X_{10} 邮政业务总量	万元
		X_{11} 电信业务收入	万元
		X_{12} 国际互联网用户数	户
		X_{13} 人均住宅面积	平方米
		X_{14} 人均生活用电量	千瓦时
		X_{15} 每万人拥有公共汽车量	辆
		X_{16} 人均铺装道路面积	平方米
	开放程度	X_{17} 国际旅游外汇收入	万美元
		X_{18} 当年实际利用外资金额	万美元
		X_{19} 客运总量	万人
		X_{20} 货运总量	万吨
	人才科技	X_{21} 地方财政教育支出	万元
		X_{22} 地方财政科技支出	万元
		X_{23} 在校高校学生数	人
		X_{24} 高等学校数	所
	环境质量	X_{25} 环境投资占 GDP 比重	%
		X_{26} 工业废水排放达标率	%
		X_{27} 生活垃圾无害化处理率	%
		X_{28} 人均绿地面积	平方米

2. 实证研究

(1) 数据来源与计算过程

我们采用王飞、黄璨(2013)的面板数据来作说明。基于动态因子分析法,运用 STATA 软件,根据研究方法步骤①～④,得到特征值以及因子的方差贡献率和累计方差贡献率,根据累计方差贡献率大于85%的原则,提取 3 个公因子,3 个公因子的特征值、方差贡献率和累计方差贡献率见表 4-3。

表 4-3　公因子的特征值、方差贡献率和累计方差贡献率

公因子	特征值	方差贡献率	累计方差贡献率
F_1	13.511	54.043%	54.043%
F_2	5.870	23.480%	77.523%
F_3	2.738	10.952%	88.475%

由表 4-3 可知,3 个公因子的累计方差贡献率为 88.475%,说明这 3 个公因子基本上可以代表原指标体系中 5 个方面的 28 个指标,因此提取这 3 个公因子作为评价中部六省省会城市竞争力的计算因子。

为便于解释主成分,采用方差最大法得到旋转后的因子载荷矩阵(表 4-4)。这一步骤在动态因子分析法中并没有显示,但是为便于解释公因子,通过 STATA 软件编程计算得到相关数据。

表 4-4　旋转因子载荷矩阵

原始指标	主成分		
	1	2	3
X_1GDP	0.720	0.529	−0.144
X_2GDP 增长率	0.729	0.538	−0.129
X_3 人均 GDP	0.579	0.602	0.057
X_4 第二产业占 GDP 比率	0.842	−0.080	0.126
X_5 第三产业占 GDP 比率	0.921	0.031	0.096

续 表

原始指标	主成分		
	1	2	3
X_6 社会消费品零售额	0.885	0.028	−0.001
X_7 城乡居民人均储蓄年末总额	0.235	0.181	0.850
X_8 医院床位数	0.226	0.763	0.323
X_9 每十万人拥有医生数	0.358	−0.064	0.797
X_{10} 邮政业务总量	0.681	0.485	0.190
X_{11} 电信业务收入	0.578	0.195	0.060
X_{12} 国际互联网用户数	0.587	0.488	−0.037
X_{13} 人均住宅面积	0.185	0.891	0.234
X_{14} 人均生活用电量	0.353	0.448	0.788
X_{15} 每万人拥有公共汽车量	0.126	0.876	0.283
X_{16} 人均铺装道路面积	0.809	0.332	0.337
X_{17} 国际旅游外汇收入	0.771	0.059	−0.048
X_{18} 当年实际利用外资金额	0.679	0.180	0.208
X_{19} 客运总量	0.728	0.367	0.470
X_{20} 货运总量	0.571	0.184	0.231
X_{21} 地方财政教育支出	0.274	0.726	0.224
X_{22} 地方财政科技支出	0.765	0.334	0.184
X_{23} 在校高校学生数	−0.510	−0.050	0.012
X_{24} 高等学校数	−0.153	−0.714	−0.150
X_{25} 环境投资占GDP比重	0.183	0.606	0.355
X_{26} 工业废水排放达标率	−0.012	−0.607	0.261
X_{27} 生活垃圾无害化处理率	−0.231	−0.564	−0.204
X_{28} 人均绿地面积	0.319	0.149	0.694

由表4-4可知，第一个公因子主要解释了社会经济综合实力，包含GDP、GDP增长率、人均GDP、第二产业占GDP比率、第三产业占GDP比

率、社会消费品零售额、人均道路铺装面积、国际旅游外汇收入、当年实际利用外资金额、货运总量、客运总量等16个指标变量，因此可命名为经济综合实力和社会发展总体水平因子，该主成分的方差贡献率为54.043%，该因子是影响城市竞争力的最主要的因素。第二个公因子主要解释了城市基础设施建设和生态环境质量。医院床位数、人均住宅面积、每万人拥有公共汽车量、地方财政教育支出、高等学校数、环境投资占GDP的比重、工业废水排放达标率和生活垃圾无害化处理率8个指标变量在第二个公因子上有较高载荷。该公因子主要说明城市建设和环境状况，该主成分的方差贡献率为23.480%。第三个公因子主要表征城市居民的生活质量水平，包含城乡居民人均储蓄年末总额、每十万人拥有医生数、人均生活用电量、人均绿地面积，可将其命名为城市居民生活质量水平因子，该主成分的方差贡献率为10.952%。需要指出的是，这里提取的3个公因子与本文最初考虑的28个指标变量的分类标准有所变化，说明一些指标与公因子之间存在内在的联系，这种联系可能是忽略掉的或者是无法看到的。但是，这并不影响对原指标体系的分析，因为提取的公因子已经包含了原指标体系的全部或大部分信息。

根据研究方法步骤⑤～⑦，计算各样本的静态因子得分、动态得分和平均综合得分，并根据平均综合得分进行排序，得到表4-5的结果。

表4-5　综合得分排名

城市	2006年得分	2007年得分	2008年得分	2009年得分	2010年得分	平均综合得分 E	静态综合得分 C_{ih}	排名
F市	1.2686	1.6448	1.9108	2.4071	2.7268	1.9916	3.3194	1
G市	1.5204	0.5333	0.7008	0.7219	0.4463	0.7845	1.3076	2
H市	0.2270	0.6242	0.6628	1.0611	1.1435	0.7437	1.2395	3
I市	−0.8545	−0.8137	−0.6548	−0.5124	−0.5686	−0.6808	−1.1347	4
J市	−0.8257	−0.8426	−1.0995	−1.3316	−1.5390	−1.1277	−1.8794	5
K市	−1.3358	−1.1461	−1.5202	−2.3461	−2.2090	−1.7114	−2.8524	6

表4-5显示了6个城市竞争力的动态得分、综合得分和排名。按平均综合得分可将6个城市分为三类：F市竞争力得分远远高于其他地区，属于第一类；G市、H市属于第二类，具有较强的竞争力；I市、J市和K市的综合得分为负值，这并不是代表这三个城市的竞争力为负，而是说明这三个城市的综合竞争力在中部六省会城市平均水平之下，属于第三类，城市竞争力较弱。

（2）计算结果分析

图4-1中显示，2006—2010年，六市竞争力水平整体呈上升趋势，但是各个城市有所差异。F市、H市、I市城市竞争力水平一直在稳步上升，G市在这五年间有较大的波动，而J市、K市与六市竞争力平均水平之间的竞争差异有不断增大的趋势。

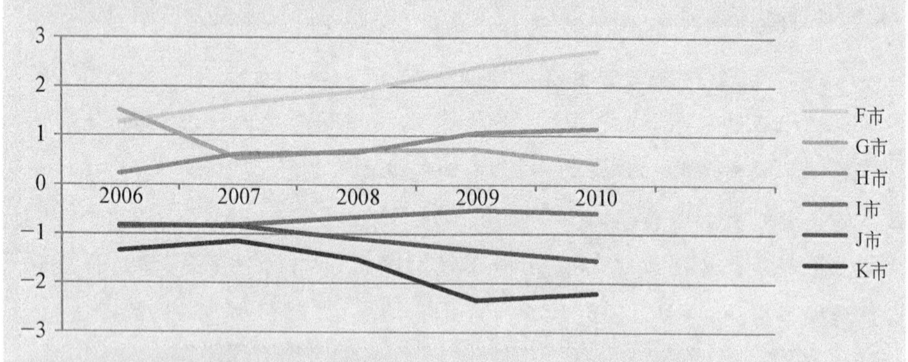

图4-1 2006—2010年六市竞争力动态变化图

从横向比较而言，F市城市综合竞争力水平在六市始终排名第一，处于领先地位。从竞争力表现的各项数据来看，F市绩效特别突出，尤其经济增长率在基数很大的情况下仍然保持较高的水平，产业层次和经济效率处在竞争力最强城市的前列，预示着F市竞争力未来潜力较大，还将稳步上升。H市和G市同样具有较强的竞争力，在六市中处于第二等的位置。H市经济发展迅速，城市建设较快。随着H市自身能力的提高，其开放程度也逐渐提高。G市区位优势明显，与周边城市的经济合作不断强化，促进了经济的发展，提高了竞争水平。但是G市城市环境质量较差，城市信息基础设施也比较滞后。经济区位优势不足,需进一步加快经济结构转化,提升产业结构。

I市、J市和K市城市竞争力较弱,在六市中处于第三等的位置。I市在城市环境、人才、信息等方面具有一定的优势。但其经济发展总体水平落后,人民生活质量不高,经济区域化和开放程度需进一步加强。J市整体竞争力不高,大部分指标都在六市中排名靠后。城市人力资源的数量和质量不高,科研实力和技术创新能力也相对薄弱;市内外基础设施和信息技术基础设施不够发达;城市环境质量和环境舒适度一般,经济国际化程度较低。K市建筑业较有优势,分配性服务业、消费性和社会性服务业也都不错,但其城市综合经济实力不强,自然区位优势不足,面临产业结构调整、生态环境保护等多种挑战。

4.2.4 “冷热”国对比法

美国学者伊西阿·利特法克和彼得·班廷根据他们对20世纪60年代后半期美国、加拿大工商界人士的调查资料,提出通过七种因素对各国投资环境进行综合、统一尺度的比较分析,从而产生了投资环境“冷热比较法”。投资环境冷热比较法是利用“冷热”因素来表达环境质量,即对各种因素和数据进行分析,得出“冷热”差异的评价方法。该方法将一国的投资环境分为七个因素。第一,政治稳定。东道国政府由社会各界代表组成,受群众支持。政府可以鼓励和促进企业的发展,为企业的长期经营创造良好的环境。当一个国家的政治稳定度很高时,这个因素就是一个“热”因素。第二,市场机遇。当外商投资在东道国市场生产或提供的产品或服务的有效需求得不到满足时,表明东道国市场机会很大,这是一个“热”因素。第三,经济发展和成就。如果东道国经济发展迅速,运行良好,这是一个“热”因素。第四,文化融合。东道国各阶层民众的相互关系、社会哲学、人生观和目标都受到传统文化的影响,东道国文化高度融合是一个“热”因素。第五,法律障碍。东道国法律复杂,有意无意地限制和阻碍外国企业的经营,影响企业未来的投资环境。如果法律障碍很大,那就是一个“冷”因素。第六,物质障碍。东道国的自然条件,如地形和地理位置，往往阻碍企业的有效经营。如果实质性障碍很高，那就是“冷”因素。第七，地理和文化差距。这意味着投资国与东道国距离遥远，文化差异很大，社会观念、风俗习惯和语言的差异阻碍了思想交流。如果地域文化差异大，那就是“冷”因素。在上述七个因素的制约下，东道国的投资环境越好（即越热），外国投资者就越倾向于在本国投资。在这七个因素中，前四个被称为“热”环境。相反，后三种因素如果程度为中或高则被称为“冷”环境。

我们以汪晶晶、马惠兰（2015）《基于“冷热”国对比法的中亚农业投资环境评价》[①]作为案例，来详细说明“冷热”比较法的应用。汪晶晶、马惠兰（2015）从“冷热”国对比法的视角，综合考虑影响投资环境的常规要素和中亚五国的特点，参考粮农组织和相关学者的评价指标（阿不都斯力木·阿不力克木等，2012），在美国学者伊西阿·利特法克和彼得·班廷归纳出的七大构成要素基础上，去掉三项构成要素（即文化融合、物质障碍、地理和文化差距），增加四项构成要素（即基础设施、贸易便利度、农业资源条件和腐败程度），分别从八项构成要素方面进行分析，并在此基础上进行综合评价。

借鉴“冷热”国对比法的基本原理，从中国投资者的角度出发，在中亚农业投资环境各构成要素分析的基础上两位作者构建了评价指标体系（见表4-6）。并假定“冷热”指标分别表示数值越大时投资环境越“热”或越“冷”，在用 Y_{ij} 表示第 j 个指标下第 i 国的数值的前提下，应用公式 $\max y_j = \max(y_{1j}, y_{2j}, y_{3j}, y_{4j}, y_{5j})$ 求出各指标最大值，然后利用公式 $a_{ij} = y_{ij}/\max y$ 计算出各项指标的“冷热”比重，接着在确定“冷热”指标的基础上根据 a 的大小确定冷热程度（即“大”“中”和“小”），最后，根据细化指标“冷热”程度所占比重及相关定性分析，确定各构成要素的“冷热”程度，结果如表4-7所示。

表4-6　中亚五国投资环境指标体系

一级指标	二级指标	三级指标	单位
农业投资环境	政治稳定	政治稳定、无暴力恐怖活动	人/每十万人
		国际谋杀犯罪率	

① 汪晶晶，马惠兰．基于“冷热”国对比法的中亚农业投资环境评价[J]．商业经济研究，2015(21)．

续　表

一级指标	二级指标	三 级 指 标	单　位
农业投资环境	市场机遇	人均国民收入	美元
		进出口贸易额	十亿美元
	法律阻碍	法律环境指标	
	经济发展和成就	人均 GDP	美元
		GDP 增长率	%
		FDI 净流入占 GDP 比重	%
		通货膨胀率	%
	贸易便利度	是否加入 WTO	
		监管质量	
	腐败程度	清廉指数	
	基础设施	铁路货运量	百万吨/千米
		公路货运量	百万吨/千米
		航空货运量	百万吨/千米
	农业资源条件	淡水资源总量	十亿立方米
		电产量	亿千瓦时

表 4-7　“冷热”国对比表

国　家	综合评价结果	政治稳定	法律阻碍	市场机遇	经济发展和成就	贸易便利度	腐败程度	基础设施	农业资源条件
哈萨克斯坦	大	大	中	大	中	大	小	大	大
吉尔吉斯斯坦	小	小	小	小	小	大	小	小	小
塔吉克斯坦	中	大	小	小	小	大	小	小	小
乌兹别克斯坦	中	小	小	小	中	小	小	小	中
土库曼斯坦	小	大	小	小	中	小	小	小	小

注：各构成要素的“冷热”值基于细化指标的“冷热”值所占比重及定性分析。

总体来看，中亚五国在农业投资环境上差距明显。其中，哈萨克斯坦表现最好，绝大多数要素评价上均为“热”国，政治稳定、基础设施、农业资源条件等五大要素构成的“冷热”值为“大”，故其农业投资环境为适宜投资的“热”国。塔吉克斯坦、乌兹别克斯坦两国次之，综合评价结果为比较适宜农业投资的“中等”环境。由表4-7可知，塔吉克斯坦在政治稳定、贸易便利度上均表现为“热”国，而其他要素的“冷热”值为“小”，“冷热”指标的比重相当。乌兹别克斯坦在农业资源条件等设施建设方面表现较好，“冷热”值均为“中”，然而该国“冷”指标较多，故而判定为“中等”环境。土库曼斯坦、吉尔吉斯斯坦两国表现最差，均为不适宜农业投资的“冷”国。由表4-7可见，两国在多数要素评价上均表现不佳，“冷热”值多数为“小”。

中亚五国在农业投资环境各构成要素上表现不一。从腐败程度要素看，中亚各国均为“冷”国，腐败问题仍然严重；在法律阻碍、市场机遇、基础设施三个要素方面，哈萨克斯坦在中亚具有相对优势，评价结果分别为“中”“大”“大”；从政治稳定、贸易便利度两个要素看，中亚多数国家均表现较好；在经济发展和成就方面，哈萨克斯坦、吉尔吉斯斯坦、塔吉克斯坦三国都具有相对优势，评价结果分别为“大”；从农业资源条件看，哈萨克斯坦优势明显，乌兹别克斯坦次之，其余国家表现较差，评价结果依次为“大”“中”“小”“小”“小”。

4.2.5 投资障碍分析法

投资障碍分析法是根据阻碍国际投资运作的潜在因素的数量和程度来评估投资环境的方法。为了评估一个国家的投资环境是否适合外国投资，只要考虑其投资壁垒，就可以得出一个基本结论，这也符合企业间竞争的一般原则，要求投资者在投资环境因素分析框架下，列出阻碍企业间竞争的主要因素，障碍较少的国家是投资环境较好的国家。通常有十个投资障碍：① 政治障碍，如东道国的政治体制不同于母国，如政治动荡、内乱、内战、民族纠纷等。② 经济障碍，如国际收支逆差增加、货币短缺、通货膨胀、货币不稳定和基础设施差。③ 金融困境。④ 技术人员和技术工人短缺。⑤ 国有化和没收政策的实施。⑥ 对外商投资的歧视政策。例如，禁止借贷资金进入某些外商投资的行业，要求当地居民参与公司治理，以及其他限制外国人员的活动。⑦ 对企业的干预过多。例如，实行价格管制和强制本地原材料的使用。⑧ 进一步限制进口。⑨ 货币管制和限制利润汇回投资国。⑩ 法律管理制度不完善。比如，投资法律法规不健全，仲裁制度不完善，行政效率低下。

投资障碍分析法是基于定性分析的国际投资环境评价方法，简单易行。投资障碍分析法的优点是能够快速、舒适地对投资环境进行评估，减少评估过程中的工作量和成本。然而，它只根据个别关键因素进行评估，有时会导致对投资环境的评估失去准确性，甚至会导致失去一些良好的投资机会。

我们以蔡思宁、蔡金明(2013)《中国企业对巴西投资的风险与障碍分析》[①]为例，详细说明投资障碍分析法的应用。中国与巴西人口规模都比较大，国内市场广阔且发展潜力巨大，同时两国经济具有较强的互补性，这些都为两国扩大彼此之间的贸易投资合作奠定了坚实的基础。

中国企业对巴西投资障碍包括：

一是外资准入障碍。巴西市场准入方面做得较差。巴西在一些领域采取禁止或限制外国投资的举措。如在普通邮件服务、海洋和管道运输方面，巴西联邦政府均进行垄断，而可以将这些项目承包给国有或者私人企业。在电信服务领域只有在巴西注册经营的公司，才能提供移动电话服务或通过卫星传输等。

二是投资经营障碍。① 外汇转移障碍。外汇能否进行自由转移，影响到投资者能否将股利、资金或其他所得自由汇回母国。然而，巴西颁布的外国资本法规定，投资者每一次的利润汇回都需要经过中央银行的批准，而且，如果汇回资金超过了投资者的注册投资时，还要接受进一步的审查。另外，中央银行保留在巴西国内出现严重国际收支不平衡时禁止利润汇出的权利。② 经商程序障碍。巴西是世界上商业规则和法律最多的国家之一，意味着在巴西的投资者将面临着比其他国家更严峻的挑战。③ 税收障碍。巴西的税法内容多而复杂，税率较高，整体税收负担较重。④ 外籍员工进入障碍。巴西对于外籍员工的工作签证十分严格，从而间接地形成了准入壁垒。巴西法律规定，不仅需要拥有工作签证，还必须掌握一定特殊技能，才能取得在巴西企业工作的合法资格。巴西严格审批工作签证，且申请签证时需要提交多种证明文件，十分复杂且烦琐。这对于赴巴西工作的劳务人员是一个巨大的障碍，尤其是短期劳务人员，雇佣成本十分高。⑤ 原产地证明获得障碍。对于巴西的外资企业，

① 蔡思宁，蔡金明．中国企业对巴西投资的风险与障碍分析[J]．吉林省经济管理干部学院学报，2013(06)．

当产品生产的增值幅度达到某一标准即可获原产地证，使得企业享受巴西与其他国家之间规定的出口贸易方面的优惠待遇，但仍有诸多限制。

三是外资待遇和保护标准障碍。① 外资的国民待遇有瑕疵。总体而言，国民待遇已经成为巴西对外国投资者最具吸引力的政策亮点，只要在巴西成功建立企业，巴西政府将对企业给予国民待遇。但是，巴西现有的外资管理体制依然存在着与国民待遇相背离的方面：第一，外资企业发行的上市股份必须拥有投票权，而国内企业则不受此限制；第二，外资企业不得把特许权使用费汇回母公司；第三，外资企业在巴西严重国际收支不平衡时期不得进入巴西国内资本市场；第四，外资企业雇员只有三个签证名额，而国内企业则不受此限制。② 征收补偿尚不满足国际原则。巴西传统中，对私人产权一直较为尊重，这一点在宪法中也有所体现。因此，宪法所允许的因“公共需要”和“社会利益”引发的征收必须建立在公平和事前补偿的基础之上。迄今为止，这样的规定还比较合理。然而，“社会利益”中不仅包括了公共事业或环境因素，而且还允许政府的经济调整，如征收农村用地以发展旅游业。征收的估价原则上采取独立定价，但这种定价却非市场价格。而且，补偿的方式不一定是现金，如对征收农村用地的补偿采用一半现金、一半十年期政府债券的方式。所有上述措施均适用于国内企业和外资企业。显然，在征收补偿方面，巴西尚不满足国际上“及时、适当、有效”的原则。

4.3 国际商务环境指标体系

用于国际商务环境评价指标设计的方法有多种，例如文献分析法、头脑风暴法、专家评价法等。

文献分析法是在现有文献体系和文献特点的基础上，运用数学、统计学等计量方法对研究领域的学术成果（包括专著、学术论文、专利等）进行分析的一种定量分析方法。论文数量是衡量学术产出能力的重要指标，引文数量是衡量其影响力的重要指标。因此，在文献分析法中，论文和引文是两个重要的分析对象。同时，由于它们易于统计，该方法得到了许多学者和专家的应用和认可。文献来源多种多样，主要包括国内外引文数据库、权威报告、官方统计数据等。

头脑风暴法是一种群体决策编制指标体系的方法。主持人宣布国际商务环境评价指标建设会议主题，介绍与主题相关的参考情况；突破思维惯性，大胆联想；控制时间，力求在有限的时间内获得尽可能多的指标建设创意。头脑风暴法可以举办多次，在第一次形成指标体系后，对指标进行科学分析，形成基本方案后，进行第二次头脑风暴；依次类推开展，直到形成满意的指标体系。

专家评价法是定量与定性相结合的方法，由于其具有操作简单、直观等优点，在许多研究中得到了广泛的应用。将预先选定的投资环境因素给予专家学者进行充分的研究和筛选，专家充分交换意见，提出自己的看法和筛选原因，最后给出相应的结果和建议。专家评价法对参与评价的学者提出了更高的要求，因为评价结果的准确性很大程度上取决于专家学者的个人经验和知识储备。本书以文献分析为基础，以作者对指标体系的理解为来源，以专家意见为指导，结合国际商务环境的特征与发展趋势编制指标体系。

4.3.1 国际商务环境指标体系特点

对国际商务环境进行评价从来就被认为是一个棘手的问题。国际商务环境是一种复杂的环境，对国际商务环境的评价不是一个简单的项目评估问题，而是一个复杂的综合过程。国际商务环境是特定历史境况下的商务环境，是不断变化和发展的环境，是受各种突发事件影响的环境，其复杂性和对企业的影响程度超过了以往任何一种单一因素。因此，对国际商务环境的评价也变得更加复杂和困难。当前，国际商务环境随着世界经济的发展变化具有以下特点：

一是国际商务环境是在以科技为先导、以经济为中心的日趋激烈的综合国力竞争的演进下发展变化的。综合国力是指一个主权国家所拥有的一切力量，包括物质力量、精神力量和国际影响力。过去，在大国综合国力的较量中，军队发挥着最重要的作用。冷战结束后，几乎所有国家都认识到，一个国家的强弱最终会对综合国力产生作用，其核心是科技和经济发展水平，而不是单纯的军事力量，因为经济和科技始终是国家实力、安全和发展的基础。具体表现为：① 各国都把经济安全作为对外战略的重点；② 积极调整经济政策和经济结构；③ 各国正在积极调整科技战略和政策；④ 对科技人才的竞争已成为高科技竞争的焦点。各主要国家都在调整国家战略，把争夺经济和技术优势作为主要目标。

二是科技革命对国际商务环境的影响不断加深，经济信息化中科技进步的加快发展是国际商务环境发展的主要动力。第三次科技革命在 20 世纪 70 年代掀起了新的高潮，信息技术和信息产业在这场科技革命中起到了“火车头”的作用。科技知识的空前快速生产、传播和转化，对国际商务环境、各国经济增长方式和国际经济竞争产生了深刻影响。一方面，科学技术对传统产业有着高度的渗透和改造；另一方面，基于知识的新兴产业层出不穷。随着各国经济信息化的快速发展，科技对国际商务环境乃至整个人类社会的影响将逐渐显现。

三是新型冠状病毒肺炎疫情将对国际商务环境产生一定影响，但经济全球化的历史趋势不会改变。贸易保护主义者、民粹主义者利用人们对新冠病毒的恐惧心理，进而鼓吹逆/反经济全球化，其影响程度有待时间检验。经济全球化是国际分工不断细化和优化的结果，是国际商务环境发展的客观规律和人类社会发展趋势的必然结果。它在发展过程中必然会有曲折，但决不会被逆转。

四是各国经济朝着市场化的方向发展，扩容了国际商务环境的体量，改善了国际商务环境的品质。市场经济是指市场在资源配置中发挥决定性作用的经济，它是商品经济的发达阶段。经济发展就是要提高资源尤其是稀缺资源的配置效率，以尽可能少的资源投入，生产尽可能多的产品，获得尽可能大的效益。理论和实践都证明，市场配置资源是最有效率的形式。市场决定资源配置是市场经济的一般规律，市场经济本质上就是市场决定资源配置的经济。市场经济提高了资源配置的效率，改善了国际商务环境的品质。

五是人口、粮食、能源、水资源、生态环境等一些全球性经济问题仍然影响着国际商务环境。与国际商务环境的快速发展相联系，人口、粮食、能源、水资源、生态环境等一些全球性经济问题日益突出，成为影响人类经济和社会可持续发展的障碍；这些问题不妥善解决，势必将影响国际商务环境的健康发展。

六是国家之间经济发展的不平衡引起不同国家国际商务环境的巨大差异。美国经济学家罗斯托(W. Rostow)提出了经济发展五阶段理论：传统社会阶段的不发达国家沿用落后的科学技术进行生产活动；起飞准备阶段的发展中国家开始将现代科学技术运用到工业生产领域，规模不大、生产力改变不大且经济增长速度不快；起飞阶段的发展中国家把现代科学技术应用于国民经济主要行业并积极参与国际经济活动；趋向成熟阶段的发达国家把现代科学技术普遍应用于所有行业并大规模参与国际经济活动；高消费阶段的发达国家把主要产业部门转向生产和提供高档消费品和服务。

七是世界各国不断调整经济结构，从而不断改变着国际商务环境。随着经济全球化的发展，传统的以商品贸易为基础的国际分工正在被打破，国际分工逐渐深入企业内部。从产业间分工延伸到产业内产品和要素分工，表现为产业间分工和产业内产品分工新模式与要素分工并存。主要表现形式为：第一，全球产业内贸易快速增长。产业内贸易是指一个国家(地区)进出口同一产品的现象。从世界范围看，产业内贸易规模继续扩大。第二，跨国公司成为国际分工的微观主体。在新的国际分工模式下，跨国公司扮演着全球生产和交流的组织者角色。从全球价值链内部分工状况来看，全球价值链的推动者主要是行业内领先的跨国公司。第三，产品价值链的划分导致了生产的分割，改变了资源配置的方式。在产品内部，当分工形式由劳动密集型向资本技术密集型升级，由产品组装向核心零部件转移时，就可以实现产品的分段生产。产品的不同生产环节可以在不同的国家进行，改变了产品只能在一个国家或地区生产的传统方式。

国际商务环境的特点决定了国际商务环境指标体系构建的复杂性，选取普遍适用的指标是非常困难的。本书作者借鉴平衡计分卡原理，结合包括世界银行在内的机构提出各种指标，试图构建一种评价国际商务环境的综合指标体系。

4.3.2　国际商务环境评价平衡计分卡原理

平衡计分卡(Balanced Score Card, BSC)，是根据系统理论建立起来的一个系统性战略管理体系。对于企业来讲，平衡计分卡的内容包括财务、客户、内部流程和学习与成长四个层面。从这四个角度看，平衡计分卡将企业的战略目标转化为一种新型的、可操作的、可测量的绩效管理。平衡计分卡方法综合考虑了企业的表面特征和实质、近期和长期目标、内部情况和外部环境、过程和结果等各种因素，将所有影响因素划分为若干重要层次，构建了相应的评价指标体系，根据各个层次的目标制定评价指标，最终形成一个综合性的指标体系。

国际商务环境评价平衡计分卡借鉴了企业平衡计分卡的理念，认为国际商务环境评价应从四个维度展开，分别是国际环境维度、国内环境维度、行业发展维度、企业经营维度。我们把国际商务环境评价平衡计分卡理解为飞行的鸟，以国际环境维度为头，以国内环境维度和行业发展维度为两翼，以企业经营维度为身体，国际商务环境评价平衡计分卡以此四个维度构造了四个一级指标体系（见表 4-8）。

表 4-8　国际商务环境评价一级指标

一级指标名称	一级指标权重
国际环境维度	A
国内环境维度	B
行业发展维度	C
企业经营维度	D

一级指标权重分别为 A，B，C，D，具体数值依据投资环境具体情况而定。投资可行性(feasibility)设定为 F。$F=A\times B\times C\times D$，可以计算出一个确定值。该评价体系主要是以企业为中心、市场为导向、行业为关键、国内为基础、国际为前提，围绕企业全生命周期，计算国际商务环境评价值。

4.3.3　国际环境维度指标体系

此项二级指标为：a_1——国际化趋势、a_2——世界经济与贸易、a_3——世界资源与能源、a_4——环境保护、a_5—否定性指标。可以用公式 $A=\frac{\sum a}{13}\times a_5$ 计算 A 值。各指标下的三级指标及其赋值范围如表 4-9 所示。

表 4-9　国际环境维度指标体系

二级指标	三级指标	赋值范围，最大值 13
a_1 国际化趋势	a_{11} 世界经济一体化	0～1
	a_{12} 国际区域经济一体化	0～1
	a_{13} 国际经济组织活动力	0～1
a_2 世界经济与贸易	a_{21} 国际贸易趋势	0～1
	a_{22} 国际直接投资趋势	0～1
	a_{23} 国际资本流动趋势	0～1
a_3 世界资源与能源	a_{31} 不可再生资源探明储量与趋势	0～1
	a_{32} 不可再生能源探明储量与趋势	0～1
	a_{33} 可再生资源探明储量与趋势	0～1
	a_{34} 可再生能源探明储量与趋势	0～1
a_4 环境保护	a_{41} 国际环境保护协议签订与执行	0～1
	a_{42} 温室气体减排	0～1
	a_{43} 可持续发展目标	0～1
a_5 否定性指标	全球战争或全球持续瘟疫	如果存在，此二级指标为 0；如果不存在，此项指标为 1。

4.3.3.1　国际化趋势

第二次世界大战后，人类逐渐进入国际经济全球化时代。冷战的结束，促使全球化加速形成，尤其是 20 世纪 90 年代以来，以中国为代表的亚洲外向型经济发展为先锋，世界经济活动出现一个新的国际化趋势。一直到美国总统特朗普上台之前，世界各国间贸易壁垒基本上呈减弱势态，国际资本流动的加速，交通运输和信息技术的突飞猛进似乎促使国际化趋势呈现不可逆转的姿态。2020 年全球新冠疫情暴发，给国际化趋势的发展带来严峻的挑战。二级指标国际化趋势下有三个三级指标（见表 4-9）——世界经济一体化、国际区域经济一体化、国际经济组织活动力。

一是世界经济一体化。世界经济一体化，是指世界各国经济之间彼此相互开放，形成一个相互联系、相互依赖的有机的经济整体的过程[①]。在20世纪世界经济发展中，市场体系、生产体系和金融体系的形成超越国界，将世界经济一体化进程推向了一个新的阶段，这是值得注意的。21世纪，资本主义生产方式仍将占主导地位。全球信息联系是世界经济体系形成的基本前提，产业革命是世界经济体系形成的主要动力。随着各国工业革命的完成，世界各国的生产都被国际分工体系所吸引，资本主义生产方式取得了普遍胜利。与此同时，资本主义世界市场和世界经济体系应运而生。世界经济一体化具有如下特点：世界市场进一步扩大，国际分工更加深入；以科学技术进步为动力源泉，引领世界进入知识经济时代；跨国公司是世界经济一体化直接的驱动力和主要载体，以其自身的优势迅速扩展全球范围的生产经营活动，通过直接投资把技术和管理经验推广到世界各地；WTO在世界经济一体化中发挥着不可或缺的作用[②]。因此，我们需要把世界经济一体化作为国际环境维度之下国际化趋势的三级指标，以标示国际化趋势的情况。

二是国际区域经济一体化。在世界经济一体化进程中，由于世界政治经济发展的不平衡，各国之间的矛盾和竞争更加激烈，推动了国际区域经济一体化的趋势。区域经济一体化指地理位置相邻或相近的若干国家，为了达到某些相同的经济利益，签订多边合作条约来共同制定和执行统一的经济政策，以实现市场开放化、统一化，贸易投资自由化的区域经济合作组织[③]。区域间的经济一体化已经成为一个时代潮流，全球绝大多数的国家都或多或少地参加了一定量的区域经济一体化组织，例如，“一带一路”、WTO、欧盟等。如今，无论是在区域经济一体化的发源地欧洲，还是在经济较为落后的亚非拉地区，很难找到一个没有加入任何区域经济一体化组织的国家了[④]。因此，我们需要把国际区域经济一体化作为国际环境维度之下国际化趋势的三级指标，以标示国际化趋势的情况。

三是国际经济组织活动力。国际经济组织作为重要的国际制度，是全球

---

① 王潇怡.世界经济一体化的特点[J].时代经贸，2006(S2).

② 同上。

③ 郭浩，王禹.中国参与区域经济一体化进程分析[J].区域与全球发展，2019(03).

④ 胡毅翔.国际区域经济一体化的原因、发展及未来前景[J].现代商业，2020(08).

经济事务重要的管理者，在维护世界金融稳定、协助各国经济转型、完善社会治理等方面发挥着重要的作用。通常认为，像IMF和世界银行这类国际经济组织，由于其日常处理议题的专业性强，因而具备了完善的专家队伍和官僚机构，从而使国际经济组织在决策过程中不易受到来自其成员国的影响，因而在组织决策过程中具有较强的自主性[①]。但是，在实际运作中我们经常看到国际经济组织的决策会受到来自其主要股权国，尤其是美国的影响，这严重损害了国际经济组织在国际社会中所应具有的独立性。权力政治视角下的国际经济组织是其主要股权国美国实现自身政治利益的工具，但是，考虑到现实运作中国际经济组织处理议题的专业性较强，因而国际组织在决策过程中享有较高的自主性，这使得美国在主导国际经济组织决策时将面临一定的困难。在此情况下，美国主导国际组织决策行为的手段有软硬两种：意识形态和断绝资助[②]。因此，把国际经济组织的具体活动力作为三级指标，可以从一定层面把世界经济发展过程中的大国博弈情景纳入国际商务环境指标。

4.3.3.2　世界经济与贸易

2018年年底以来，全球经济增长放缓，全球贸易活动增速放缓，难以担当全球经济重要推动力的角色。全球经济增长率低的同时，在贸易紧张、关税政策执行困难和自由贸易协定谈判困难等不确定因素的共同围攻下，全球贸易增长将进一步下滑。当前，新冠病毒肆虐更令世界经济与贸易雪上加霜，疫情过后世界经济与贸易能否恢复增长态势，有待时间检验。

一是国际贸易趋势。近年来国际贸易形成了新格局，各国政府和国际机构对国际贸易的管理方式、制度架构也有相当大的变化和调整。世界上主要的贸易品，已经不是由单一国家、单一地区的企业生产，一个产品往往由几十个国家、几百个企业生产的上千个零部件互相组合形成。这个过程就产生了中间品的贸易，带来了包括生产性物流、生产性服务业、产业链金融等各种各样的科研开发、研究设计在内的服务贸易的飞速发展。全球贸易格局出现了

① 刘宏松.国际组织的自主性行为：两种理论视角及其比较[J].外交评论，2006(03).

② 刘岚雨，陈琪.国际经济组织如何思考：IMF和世界银行决策行为背后的大国因素[J].暨南学报(哲学社会科学版)，2017(10).

两个巨大变化：一是货物贸易中中间品的比重上升到70%以上，二是总贸易量中服务贸易的比重上升至30%以上。生产企业的组织和管理方式发生深刻变化。现在一个产品的生产涉及几千个零部件，由上千个企业在几百个城市、几十个国家形成一个游走的逻辑链，在这个过程中，谁是灵魂、谁牵头、谁在管理、谁把产业链中众多的几百个上千个中小企业组织在一起，谁就是这个世界制造业的大头、领袖、集群的灵魂[①]。新的国际贸易趋势影响着投资企业对东道国目标的选择，把国际贸易趋势纳入三级指标具有必要性。

二是国际直接投资趋势。联合国贸易和发展会议《2019年世界投资报告》指出，2018年全球外国直接投资(FDI)同比下降13%，降至1.3万亿美元，标志全球FDI连续第三年下降。新一代制造技术的兴起以及数字经济跟实体经济的融合导致跨国公司价值链出现了轻资产化、去中介化、制造业服务化、非股权化的特点[②]。日益增长的贸易和投资保护主义，对于跨国公司全球价值链造成了严重干扰冲击，新型冠状病毒的传播更给国际直接投资带来巨大困扰。在国际直接投资前景不容乐观的态势下，把其纳入三级指标体系就尤为重要了。

三是国际资本流动趋势。在过去的几十年里，世界经历了许多系统性金融风险的积累和爆发，这些风险将以类似的方式聚集和扩散。当一个国家或地区爆发系统性金融风险时，在信贷紧缩的冲击下，国际资本会在恐慌中加速外流，转向相对安全和有吸引力的国家。短期内，国际资本流入国家或地区的宏观经济将呈现阶段性扩张，资产价格和杠杆水平将继续上升；长期来看，未来出现金融风险或危机的可能性也将显著增加。第一，在系统性金融风险爆发后，国际资本流动的影响具有非对称性，对原始流入国产生的影响要比原始流出国更为强烈。第二，在系统性金融风险爆发后，国际资本流动能够引致两国部分宏观经济变量短期出现"超调"现象。第三，在系统性金融风险爆发后，国际资本流动可引致部分宏观经济变量持续保持低位运行，最终难以恢复至

① 黄奇帆. 新时代国际贸易新格局、新趋势与中国的应对(上)[N]. 第一财经日报，2019-10-08.

② 詹晓宁. 联合国《2019年世界投资报告》：全球FDI连续第三年下降[EB/OL]. https://www.sohu.com/a/321952460_825950.

系统性金融风险爆发前的均衡水平[①]。国际资本流动趋势是国际商务环境的重要组成部分,把其纳入三级指标是十分必要的。

4.3.3.3 世界资源与能源

自然资源是指在自然界中可以直接获得用于生产和生活的物质。它可以分为两类:不可再生资源,如各种金属和非金属矿物、化石燃料等,需要很长的地质时间才能形成;可再生资源,是指生物、水、土地等资源,可以在短时间内再生利用。能源是指在当前社会经济和技术条件下,能够为人类提供大量能量的物质和自然过程,包括煤、石油、天然气、风、河流、潮汐、植物燃料和太阳辐射等。

一是不可再生资源探明储量与趋势。由国际资源小组编写的《全球资源展望2019》审查了自20世纪70年代以来自然资源及其相应消费模式的发展趋势,在过去50年中,全球每年的资源开采量从270亿吨上升到920亿吨(截至2017年)。照这一趋势发展下去,到2060年,这一数字将再次翻倍。《全球资源展望2019》表明,人类正毫无节制地攫取地球资源,毫不顾忌未来可能面临的风险,这些短视的行为正导致气候变化加剧和生物多样性丧失。说直白一点,如果我们不停下当前疯狂的脚步,我们的后代将未来堪忧。金属矿的使用自1970年以来每年以2.7%的速度增加,而它对于人类健康和气候变化的关联影响在2000—2015年也翻了一番。化石燃料的使用量从1970年的60亿吨增加到2017年的150亿吨。生物质从90亿吨增加到240亿吨——主要用于食品、原料和能源[②]。把不可再生资源探明储量与趋势纳入三级指标从企业承担社会责任的角度来看,是必要的。

二是不可再生能源探明储量与趋势。全球首部化石燃料生产计划及产量预测评估报告指出,当前世界煤炭、石油和天然气的产量远远超出维持1.5℃和2℃温控目标所要求的生产水平,并且相关产量仍处于上升趋势,由此造成了“生产差距”,使兑现气候目标的进程阻碍重重。到2030年,预计全球化石

① 王榆芳.金融风险传递、国际资本流动与最优托宾税率选择——基于国际资本流动两国模型的分析[J].经济经纬,2020(03).

② 联合国环境规划署.资源使用量急剧攀升,联合国呼吁紧急反思[EB/OL]. https://www.unenvironment.org/zh-hans/xinwenyuziyuan/xinwengao/ziyuanshiyongliangjijupanshenglianheguohuxujinjifansi.

燃料产量将比实现 2℃温控目标要求的产量水平高出 50%，比实现 1.5℃温控目标要求的产量水平高出 120%[①]。同样，把不可再生能源探明储量与趋势纳入三级指标从企业承担社会责任的角度来看，是必要的。

三是可再生资源探明储量与趋势。《全球资源展望 2019》在数据和历史趋势的总结基础上，对 2060 年进行预测。从 2015—2060 年，自然资源的使用预计将增长 110%，导致森林面积减少 10%以上，以及包括草原在内的其他栖息地减少约 20%。这将对气候变化产生严峻的影响，因为温室气体排放量将增加 43%[②]。同样，把可再生资源探明储量与趋势纳入三级指标从企业承担社会责任的角度来看，是必要的。

四是可再生能源探明储量与趋势。可再生能源包括太阳能、水能、风能、生物质能、波浪能、潮汐能、海洋温差能、地热能等。可再生能源给人类绿色发展带来可行性，把可再生能源探明储量与趋势纳入三级指标从企业承担社会责任的角度来看，是必要的。

4.3.3.4 环境保护

环境保护一般是指人类为解决实际或潜在的环境问题，协调人与环境的关系，保护人的生存环境，保证经济社会可持续发展而采取的各种行动。

一是国际环境保护协议签订与执行。联合国环境规划署 2019 年发布《排放差距报告》警告说，如果全球温室气体的排放量在 2020—2030 年之间不能以每年 7.6%的水平下降，世界将失去实现气候变化《巴黎协定》规定的 1.5℃温控目标的机会。《排放差距报告》指出，即使当前《巴黎协定》中的所有无条件承诺都得以兑现，全球气温仍有可能上升 3.2℃，从而带来更广泛、更具破坏性的气候影响。全球的整体减排力度须在现有水平上至少提升 5 倍，才能在未来 10 年中达成 1.5℃目标所要求的碳减排量[③]。可见，全世界达成一致签订环境保护协议很难，即使达成后执行起来同样很难。这就要求我们的企业

① 联合国环境规划署. 各国政府预计在 2030 年前燃烧比实现 1.5℃温控目标多 120%的化石燃料[EB/OL]. https://www.unenvironment.org/zh-hans/xinwenyuziyuan/xinwengao-14.

② 联合国环境规划署. 资源使用量急剧攀升，联合国呼吁紧急反思[EB/OL]. https://www.unenvironment.org/zh-hans/xinwenyuziyuan/xinwengao/ziyuanshiyongliangjijupanshenglianheguohuxujinjifansi.

③ 联合国环境规划署. 2019 年碳排放差距报告[EB/OL]. https://www.unenvironment.org/zh-hans/resources/2019paifangchajubaogao.

更大力度承担起环境保护责任，国际环境保护协议签订与执行有必要纳入三级指标。

二是温室气体减排。上述报告展示了 2030 年预期排放值和实现《巴黎协定》规定的 1.5℃和 2℃温控目标须达到的排放值之间的差距。报告考虑了不同的情景，从自 2005 年以来没有任何新的气候政策到全面实施《巴黎协定》下的各国自主贡献目标。报告也首次考察了 2020—2030 年间每年需要削减多大规模的碳排放量才能确保我们行进在实现巴黎气候目标的轨道上。在新的时代，企业不仅仅是盈利的经营实体，更是环保卫士，其承担着保护环境的社会责任，故此，温室气体减排需要作为三级指标。

三是可持续发展目标。2015 年，国际社会通过了 17 项雄心勃勃的目标，每项目标都有具体的子目标，须在 2030 年前实现。具体来说，为将全球平均温度相较工业化前水平的升幅保持在 1.5℃以下，这一相对较新的关注领域要求政策制定者凭借远见卓识，制定长期的发展和适应策略，实现必要的“进化”，为子孙后代做出正确的可持续决策[①]。同样，该指标有必要纳入三级指标。

4.3.3.5　否定性指标

2020 年新冠疫情史无前例地中止了很多人类活动，到 2020 年 5 月下旬，很多国家经济还处于停摆状态；这种全球流行的恶性传染病一旦流行，将使得国际商务环境归零。因此，我们将其与全球范围战争并列，作为一个指标，即否定性指标。一旦指标成立，国际商务环境在指标存续期间实质性不存在。

4.3.4　国内环境维度指标体系

我们将五个方面作为国内环境维度的二级指标，每个二级指标下设若干三级指标，如表 4-10 所示，可以用公式 $B=\frac{\sum b}{25}$ 计算出 B 值。

① 联合国环境规划署. 2018/19 前沿报告：全球新兴的环境问题[EB/OL]. https://www.unenvironment.org/zh-hans/resources/2019paifangchajubaogao.

表 4-10 国内环境维度指标体系

二级指标	三级指标	赋值(总值最大 25,依据实际评判赋予各指标数值)
b_1 政治法律	b_{11} 反垄断法	0～1
	b_{12} 税法	0～1
	b_{13} 放松管制的政策	0～1
	b_{14} 教育理念及教育政策	0～1
b_2 经济环境	b_{21} 通货膨胀率	0～1
	b_{22} 利率	0～1
	b_{23} 贸易赤字或顺差	0～1
	b_{24} 预算赤字或盈余	0～1
	b_{25} 个人储蓄率	0～1
	b_{26} 企业储蓄率	0～1
	b_{27} GDP	0～1
b_3 社会环境	b_{31} 妇女劳动力	0～1
	b_{32} 劳动力构成	0～1
	b_{33} 对工作生活质量的多样化态度	0～1
	b_{34} 工作态度的转变	0～1
	b_{35} 产品和服务偏好的转变	0～1
b_4 技术环境	b_{41} 产品创新	0～1
	b_{42} 新通信技术	0～1
	b_{43} 知识的运用	0～1
	b_{44} 聚焦于私人和政府支持的研发支出	0～1
b_5 人口因素	b_{51} 人口的数量	0～1
	b_{52} 年龄结构	0～1
	b_{53} 地理分布	0～1
	b_{54} 种族构成	0～1
	b_{55} 收入分布	0～1

4.3.4.1　政治法律

这些因素反映了企业如何影响政府以及企业和政府对战略行动的影响力。

一是反垄断法。《中华人民共和国反垄断法》是一部为了预防和制止垄断行为,保护市场公平竞争,提高经济运行效率,维护消费者利益和社会公共利益,促进社会主义市场经济健康发展而制定的法律。世界上很多国家都有此类法律,国际投资过程中进行商务环境分析时,不能忽视此项法律。

二是税法。这里的税法指的是与企业相关的税法,《中华人民共和国企业所得税法》是为了使中国境内企业和其他取得收入的组织缴纳企业所得税制定的法律。一般税法规定了企业所得税税率,对企业经营影响非常大。

三是放松管制的政策。政府管制的理论经由芝加哥大学法律经济学派(Law and Economics)的倡导,得到了广泛的认同。同时,经济合作与发展组织(OECD)努力推动各国政府监管在实际层面的运行和改革。事实上,政府管制是对微观主体经济活动的直接制约,放松管制的政策对企业来讲意义重大。

四是教育理念及教育政策。教育理念,即教育方法理念,是教育主体在教学实践和教育思维活动中,形成的对"教育应然"的理性认识和主观要求,包括教育目的、教育使命、教育理想、教育目标等方面。教育政策是一个政党和国家为实现一定历史时期的教育发展目标和任务而制定的关于教育的行动准则。

4.3.4.2　经济环境

一是通货膨胀率。通货膨胀率(inflation)是货币超发部分与实际需要的货币量之比,用以反映通货膨胀、货币贬值的程度。

二是利率。利率是指一定时期内利息金额与贷款资金(本金)的比率。利率是决定企业资金成本的主要因素,也是企业融资和投资的决定性因素。

三是贸易赤字或顺差。贸易赤字是指一个国家的进口总额大于出口总额,反映的是国与国之间的商品贸易状况,也是判断宏观经济运行状况的重要指标。贸易顺差亦称"贸易出超",指各国家或地区在一定时期内的出口额大于进口额的现象。

四是预算赤字或盈余。收入小于支出，称为政府有预算赤字；与此相反，收入大于支出，称为政府有预算盈余。

五是个人储蓄率。个人储蓄率是指一国个人储蓄金额占个人可支配收入的百分比。中国的个人储蓄率则是指在一定时期（通常为一年）内，所有个人在银行储蓄存款的金额占城乡居民或单位职工货币收入的百分比。

六是企业储蓄率。受融资约束影响企业倾向于提高现金持有率，这和公司的预防性储蓄动机一致。融资约束越强企业储蓄率就越高。

七是国内生产总值（GDP）。GDP 是指按国家市场价格计算的一个国家（或地区）所有常驻单位在一定时期内生产活动的最终成果，常被公认为是衡量国家经济状况的最佳指标。

4.3.4.3 社会环境

一是妇女劳动力。妇女参加劳动，在很多国家都是常见的，但是妇女参加劳动的程度各国是不同的。一般来说，中国妇女劳动力占女性人口比例最大。

二是劳动力构成。劳动力构成包括：① 在业人口；② 16 岁以上的在校学生；③ 失业人员；④ 家务劳动者；⑤ 不足劳动年龄但常年参加劳动的少年人口；⑥ 超过劳动年龄但常年参加劳动的老年人口。

三是对工作生活质量（Quality of Work Life，QWL）的多样化态度。工作生活质量也被称为“劳动生活质量”，它是根据“生活质量”引申而来的术语，起源于 20 世纪 30 年代的“霍桑实验”。工作生活质量的理论基础来源于英国塔维斯特克所提出的社会技术系统的概念，该概念的基本思想是为了提高组织工作效率，不能只考虑技术因素，还要考虑人的因素，使技术和人协调一致，但其实施方案首先是在美国发展起来的。

四是工作态度的转变。工作态度是对工作所持有的评价与行为倾向，包括工作的认真度、责任度、努力程度等。

五是产品和服务偏好的转变。偏好是反映消费者对不同产品和服务的喜好程度的个性化偏好，是影响市场需求的一个重要因素。它主要由当时当地的社会环境、风俗习惯、时尚变化等影响而引起改变。

4.3.4.4　技术环境

一是产品创新(Product Innovation)。产品创新是指创造某种新产品或对某一新或老产品的功能进行创新。产品创新可分为全新产品创新和改进产品创新。产品创新是新经济企业发展的动力。

二是新通信技术。新通信技术是人们利用科学技术手段,运用电磁波在自由空间中信息不被束缚的特点,开发出的通信方式,即我们所说的无线通信技术。因其具有传播速度快、信号稳定等特点,该技术得到了突飞猛进的发展。

三是知识的运用。第一种情况,是作为一个主流人物,在主流市场中,做出重要的知识贡献;第二种情况,是根据自身的情况,综合现有知识,给自己制定一个解决方案;第三种情况,是在互相矛盾的专家意见之中选择一个值得相信的意见。

四是聚焦于私人和政府支持的研发支出。

4.3.4.5　人口因素

一是人口数量。人口数量是指人口的量的规定性,是以数量表示人口的存在和变化程度。从狭义上说,它仅指人口的绝对量,即人口总体中所包含的生命个体的多少,如一国人口的总数。

二是年龄结构。人口年龄结构亦称人口年龄构成,是指各个年龄组人口在总人口中所占的比重或百分比。年龄是人口基本的自然属性。任何一个人口群体都是由许多具有不同年龄的人口所组成。

三是地理分布。它是表示世界各地人口的密集程度的指标。通常以每平方千米或每公顷内的常住人口为计算单位。

四是种族构成。它是指人口由哪些种族组成,以及各种族占比情况。

五是收入分布。它是指高收入、中等收入、低收入人群占总人数的比例。

4.3.5　行业发展维度指标体系

行业发展维度指标可以用公式 $C=\frac{\sum c}{27}$,计算出 C 值。每个二级指标下设若干三级指标，如表 4-11 所示。

表 4-11　行业发展维度指标体系

二级指标	三　级　指　标	赋值(总值不超过 27，依据实际评判赋予各指标数值)
c_1 新进入者威胁	c_{11} 规模经济	0～1
	c_{12} 产品差异化	0～1
	c_{13} 资本要求	0～1
	c_{14} 转换成本	0～1
	c_{15} 分销渠道的获得	0～1
	c_{16} 与规模无关的成本劣势	0～1
c_2 供方议价能力	c_{21} 供方市场集中度情况	0～1
	c_{22} 供应商的产品的替代品情况	0～1
	c_{23} 对供应商的重要程度	0～1
	c_{24} 供应商产品的重要程度	0～1
	c_{25} 供应商产品的转换成本	0～1
	c_{26} 供应商资源的充盈程度	0～1
	c_{27} 供应商前向整合的程度	0～1
c_3 买方议价能力	c_{31} 买方购买量占行业比例	0～1
	c_{32} 购买产品的总价格占销售方年收入的比重	0～1
	c_{33} 转换成本	0～1
	c_{34} 行业产品差别大小或者是标准化产品程度	0～1
	c_{35} 买方前向整合进入销售市场的可能性	0～1
c_4 替代品的威胁	c_{41} 替代品价格	0～1
	c_{42} 顾客的转换成本	0～1
	c_{43} 替代品的质量与价格	0～1
	c_{44} 与替代品比较有价值的差异化程度	0～1

续　表

二级指标	三　级　指　标	赋值(总值不超过27,依据实际评判赋予各指标数值)
c_5 同产业竞争	c_{51} 现有竞争对手之间竞争的激烈程度	0～1
	c_{52} 竞争维度：价格	0～1
	c_{53} 竞争维度：售后服务	0～1
	c_{54} 竞争维度：创新	0～1
	c_{55} 退出壁垒	0～1

4.3.5.1　新进入者威胁

一是规模经济。规模经济指用产品、企业、产业附加值、综合效益等来衡量的发展指数。规模经济也指规模经济效益,即通过一定的经济规模形成的产业链的完整性、资源配置与再生效率的提高带来的企业边际效益的增加。随着规模的不断扩大,公司的边际效率不断提高;规模经济可以通过许多商业功能来实现,如市场、制造、研发和采购等。

二是产品差异化。依赖独特的产品、忠诚的顾客、新进入者经常低价销售产品来实现产品差异化。

三是资本要求。新进入者要在资本上满足进入的高门槛才能进入行业。因为行业的差异,导致进入困难,隔行如隔山。

四是转换成本。这是指顾客转向不同供应商购买产品时产生的一次性成本。新设备需要花时间熟悉,员工也需要重新培训。

五是分销渠道的获得。这包括是否有足够的空间摆放货架,分销商的各种广告费用是否给予一定补贴,基于信息化网络的销售是否有好的成绩。

六是与规模无关的成本劣势。如果行业内企业具有独有的产品技术、唯一的原材料获取途径、优越的地理位置,那么潜在进入者就具有了与规模无关的成本劣势。

4.3.5.2　供方议价能力

一是供方市场集中度情况。供方市场只由少数几个大公司控制,市场集中程度很高,供方集中度越高,其议价能力越强。

二是供应商的产品的替代品情况。在供应商的产品没有很好的替代品的情况下,他的议价能力就很强。

三是对供应商的重要程度。对供应商而言,如果行业公司不是重要的客户,则对其议价能力强。

四是供应商产品的重要程度。如果供应商的产品是行业公司获得成功的关键,则其议价能力强。

五是供应商产品的转换成本。如果供应商产品的有效性增加了行业公司的转换成本,则其议价能力强。

六是供应商资源的充盈程度。供应商拥有充足的资源并能提供高度差异化的产品,则其竞争力强。

七是供应商前向整合的程度。供应商通过前向整合进入买方市场而对公司造成威胁。

4.3.5.3 买方议价能力

一是买方购买量占行业比例。如果买家购买量占整个行业产出的比例很大,则其竞争力强。

二是购买产品的总价格占销售方年收入的比重。如果买家购买产品的总价格占销售方年收入的比重很大,则其竞争力强。

三是转换成本。如果买家转换成本低,则其竞争力强。

四是行业产品差别大小或者是标准化产品程度。如果行业产品差别不大或者是标准化产品,则买家的竞争力强。

五是买方前向整合进入销售市场的可能性。买方前向整合进入销售市场而带来的威胁。

4.3.5.4 替代品的威胁

一是替代品价格。替代品是指外部特定行业生产的,与本行业的产品和服务具有类似或相同功能的产品和服务。替代品为产品价格设置了上限。

二是顾客的转换成本。顾客的转换成本很低,则替代品竞争力强。

三是替代品的质量与价格。替代品的价格更低,质量更好,竞争力则强。

四是与替代品比较有价值的差异化程度。在顾客认为有价值的方面进行差异化可以减少替代品的威胁。

4.3.5.5　同产业竞争

一是现有竞争对手之间竞争的激烈程度。同一行业内类似的公司越多竞争越激烈;塑造公司差异,可以降低竞争的激烈程度。

二是竞争维度：价格。价格战是减少行业内公司众多现象的唯一办法。

三是竞争维度：售后服务。寡头垄断下行业结构,企业间的竞争维度转为售后服务。

四是竞争维度：创新。无论竞争程度如何,创新永远是重要的竞争维度。

五是退出壁垒。如果有很高的退出壁垒,行业内企业竞争程度趋高。

4.3.6　企业经营维度指标体系

我们完整引入世界银行营商环境指标体系作为企业经营维度的指标体系,把世界银行营商环境指标体系的一级指标作为二级指标,把世界银行营商环境指标体系的二级指标作为三级指标,构造的指标体系如表4-12所示。

表4-12　企业经营维度指标体系

二级指标	三　级　指　标	前沿水平	最差水平
d_1 开办企业	d_{11} 办理程序(项)	1	18
	d_{12} 办理时间(天)	0.5	100
	d_{13} 费用(占人均收入比,%)	0	200
	d_{14} 开办有限责任公司所需最低注册资本金(占人均收入比,%)	0	400
d_2 办理施工许可	d_{21} 房屋建筑开工前所有手续办理程序(项)	5	30
	d_{22} 房屋建筑开工前所有手续办理时间(天)	26	373
	d_{23} 房屋建筑开工前所有手续办理费用(占人均收入比,%)	0	20
	d_{24} 建筑质量控制指数(0～15)	15	0
d_3 获得电力	d_{31} 办理接入电网手续所需程序(项)	3	9
	d_{32} 办理接入电网手续所需时间(天)	18	248

续 表

二级指标	三 级 指 标	前沿水平	最差水平
d_3 获得电力	d_{33} 办理接入电网手续所需费用(占人均收入比,%)	0	8 100
	d_{34} 供电稳定性和收费透明度指数(0～8)	8	0
d_4 产权登记	d_{41} 产权转移登记所需程序(项)	1	13
	d_{42} 产权转移登记所需时间(天)	1	210
	d_{43} 产权转移登记所需费用(占人均收入比,%)	0	15
	d_{44} 用地管控系统质量指数(0～30)	30	0
d_5 获得信贷	d_{51} 动产抵押法律指数(0～12)	12	0
	d_{52} 信用信息系统指数(0～8)	8	0
d_6 保护少数投资者	d_{61} 信息披露指数(0～10)	10	0
	d_{62} 董事责任指数(0～10)	10	0
	d_{63} 股东诉讼便利指数(0～10)	10	0
	d_{64} 股东权利保护指数(0～10)	10	0
	d_{65} 所有权和控制权保护指数(0～10)	10	0
	d_{66} 公司透明度指数(0～10)	10	0
d_7 纳税	d_{71} 公司纳税次数(次/年)	3	63
	d_{72} 公司纳税所需时间(小时/年)	49	696
	d_{73} 总税率(占利润比,%)	26.1	84
	d_{74} 税后实务流程指数(0～100) d_{741} 增值税退税申报时间(小时) d_{742} 退税到账时间(周) d_{743} 企业所得税审计申报时间(小时) d_{744} 企业所得税审计完成时间(周)	100 0 3.2 1.5 0	0 50 55 56 32
d_8 跨境贸易	d_{81} 出口报关单审查时间(小时)	1	170
	d_{82} 出口通关时间(小时)	1	160
	d_{83} 出口报关单审查费用(美元)	0	400
	d_{84} 出口通关费用(美元)	0	1060

续　表

二级指标	三　级　指　标	前沿水平	最差水平
d_8 跨境贸易	d_{85} 进口报关单审查时间(小时)	1	240
	d_{86} 进口通关时间(小时)	1	280
	d_{87} 进口报关单审查费用(美元)	0	70
	d_{88} 进口通关费用(美元)	0	1 200
d_9 合同执行	d_{91} 解决商业纠纷的时间(天)	120	1 340
	d_{92} 解决商业纠纷的成本(占索赔金额比,%)	0.1	89
	d_{93} 司法程序的质量指数(0～18)	18	0
d_x 破产办理	d_{x1} 回收率(美分/美元)	92.9	0
	d_{x2} 破产法律框架的保护指数(0～16)	16	0

资料来源：世界银行国际商务环境指标体系.

该指标体系基本是从企业获得感角度来测评营商环境的，指标体系基本都可以量化，具有一定的参考性和国别可比较性，可以用 $D=\sum d_{ij}$ 计算出 D 值。

用公式 $F=A\times B\times C\times D$ 计算投资的可行性。A，B，C 的赋值是投资企业依据自身资源状况有针对性的差异化赋值，不存在普适性赋值办法。

第 5 章

国际商务环境比较研究

构成东道国商务环境的要素一般包括经济规模、金融环境、科技水平、劳动力素质、资源禀赋、基础设施条件、法律环境、政府调节与干预、税收优惠政策以及文化差距等几个方面。商务环境是东道国区位优势的重要组成部分，决定了国际直接投资的流向。考虑到本书的研究目的，我们仅从金融制度、税收制度和法律制度三个维度，挑选有代表性的国家和地区进行比较，通过研究，以期促进我国商务环境进一步完善，成为全球资本投资的首选地。

根据联合国贸易和发展会议发表的历年《世界投资报告》，2019 年美国仍然是获得外商直接投资最多的国家，其吸引的外商直接投资总量约为 2 510 亿美元（全球占比为 18%，占发达国家整体吸引外资总量的比例为 39%）。美国不仅 2019 年吸引外资投资在全球各国中最高，同时也是最近几十年吸引外资的“总冠军”（见图 5-1）。因此我们将美国作为国际商务环境研究的国别之一。

据 2019 年世界银行发布的营商环境报告，新西兰各项指标排名世界第一，新加坡排名世界第二。但新加坡在 2019 年吸引了约 1 100 亿美元的外商投资，比 2018 年增长了 42%；从经济总量和人均总量来看，新加坡的 GDP 排名第 40 位（人均 GDP 排名第 12 位），新西兰排名第 49 位（人均 GDP 排名第 21 位）。以这两个指标为根据，我们将新加坡作为国际商务环境研

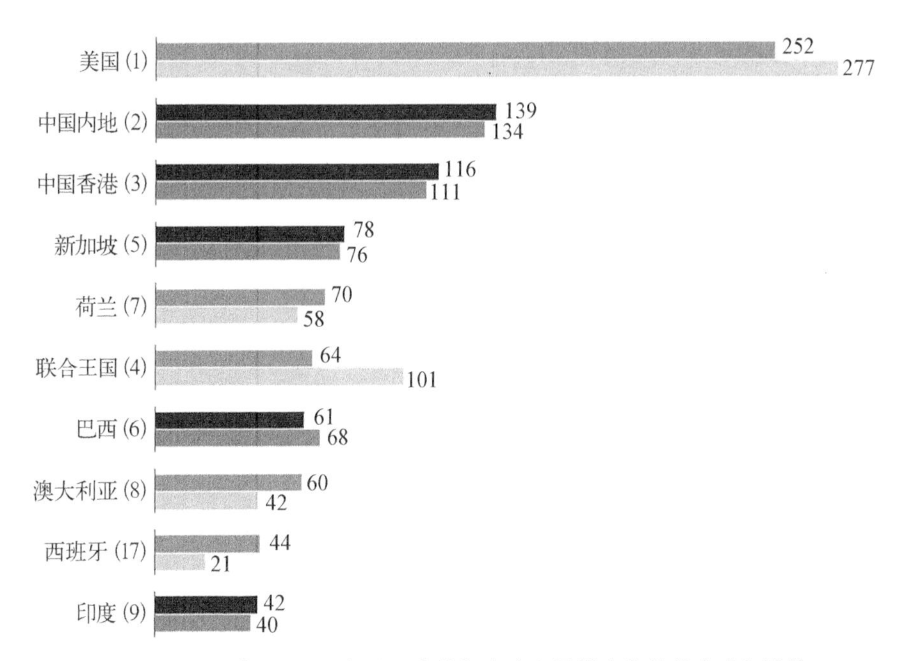

图 5-1　2017 年和 2018 年外国直接投资流入量排名靠前的东道经济体

注：① 单位：10 亿美元；② (X)为 2017 年排名.
资料来源：《2019 年世界投资报告》.

究的国别之一。

阿联酋的迪拜获得了 2018 年全球未来城市报告中外国直接投资最佳城市之一。2018 年迪拜吸引外商直接投资金额达到 385 亿迪拉姆，相比 2017 年增长 41%，迪拜在全球投资排名中从第 10 位上升到了第 6 位，吸引外国投资项目 523 个，比 2017 年增加了 43%，这也使得阿联酋在全球外商投资排名中从第四位上升至第三位。阿联酋在世界银行发布的最新营商环境报告中排在第 16 位。综合以上，我们将迪拜作为国际商务环境研究的地区之一。

5.1　金融制度比较研究

金融因素中的主要因素是货币因素，包括货币的稳定性和货币进出的便利性。企业在国际经营中，会有大量资金在区域内各国子公司之间频繁进出，因此，东道国货币是否稳定和是否存在严格的外汇管制，是资本在国际选址的重要考虑因素。

5.1.1 美国金融制度研究

经过两百多年的发展，美国的商品市场、技术和信息市场、金融市场、房地产市场、劳动力市场等各种市场组织形式相对完善，相应的法律制度和市场惯例比较健全。美国金融市场发达，市场容量巨大，拥有完整的金融体系。同时，美国对金融市场的监管非常严格，较为有效地控制了各种欺诈行为和内部舞弊现象，外国投资者对其信任度较高。外国投资者可以利用纽约外国债券市场（扬基市场）筹措资金，方便地进行再融资，减少了企业的流动性风险。美国是国际金融市场上主要的金融创新发源地，金融产品丰富多样，投资者的选择余地较大。在外汇管制等方面，除少数国家，比如朝鲜、古巴、伊朗等国家的支付要进行管制外，美国对外资企业的利润汇出等一般没有外汇限制。此外，20 世纪 80 年代中期以来，美元与其他主要发达国家货币的汇率长期保持在较低的水平，降低了外国跨国公司的投资成本，提高了投资收益。同时，美国证券市场特别是股票市场的繁荣为外国投资者并购美国企业提供了有利的契机。美国发达、完善的金融制度安排与其商务环境呈正相关，吸引了更多的企业来美国投资。

汇率与证券市场的走势与直接投资的发展存在密切的关系。对外直接投资收益中包括通货溢价，各种货币币值因存在于不同的通货区而各不一致，通货坚挺国家的跨国公司便因通货溢价而获益（R. Z. Aiber，1970）。近年美元对世界主要货币的汇率大幅下降，详见表 5-1。美元贬值意味着进口门槛的提高，这会促使出口厂商转向对美国的直接投资。桑默斯估算美元汇率下降 10%，就等于所有进口货物的关税提高 10%和给所有出口货物以 30%的补贴。美元作为世界货币，美元汇率降低后，外国投资者在美国的创建和并购成本下降，在美国购买的原材料和劳动力更为便宜，外国投资者在美国的投资和生产经营成本下降，提高了投资收益。美元汇率的下降变相改善了美国的商务环境，推高了外国企业在美国的投资。以中国为例，在美元对人民币贬值期间，中国企业在美国的投资量都非常大。

表 5-1 2010—2019 年美元与其他主要国家货币的汇率变化(1 美元兑换其他外汇)

年份	澳大利亚元	加拿大元	人民币	欧元	日本元	韩元	瑞典克朗	瑞士法郎	英镑
2010	0.920 0	1.029 8	6.769 7	1.326 1	87.78	1 155.74	7.205 3	1.043 2	1.545 2
2011	1.033 2	0.988 7	6.463 0	1.393 1	79.70	1 106.94	6.487 8	0.886 2	1.604 3
2012	1.035 9	0.999 5	6.309 3	1.285 9	79.82	1 126.16	6.772 1	0.937 7	1.585 3
2013	0.968 3	1.030 0	6.147 8	1.328 1	97.60	1 094.67	6.512 4	0.926 9	1.564 2
2014	0.903 4	1.104 3	6.162 0	1.329 7	105.74	1 052.29	6.857 6	0.914 7	1.648 4
2015	0.752 2	1.279 1	6.282 7	1.109 6	121.05	1 130.96	8.435 0	0.962 8	1.528 4
2016	0.744 5	1.324 3	6.640 0	1.107 2	108.66	1 159.34	8.554 1	0.984 8	1.355 5
2017	0.767 1	1.208 4	6.756 9	1.130 1	112.10	1 129.04	8.543 0	0.984 2	1.289 0
2018	0.748 1	1.295 7	6.609 0	1.181 7	110.40	1 099.29	8.694 5	0.978 4	1.336 3
2019	0.695 2	1.326 9	6.908 1	1.119 4	109.02	1 165.80	9.460 4	0.993 7	1.276 8

注：英镑为 1 英镑兑换美元.
资料来源：Economic Report of the President 2020，Table B-60.

股市会产生良好的“财富效应”，股市的繁荣为外国公司并购美国企业创造了条件。近年，美国股市异常繁荣(表 5-2)，外国资本认为通过并购美国上市公司可以获得进一步的股票溢价。在美国投资的外国企业，通过在美国上市，可以从本身股票的溢价和增股中获得较为充裕的并购资金。美国股市的繁荣，使得美国消费者对经济前景预期乐观，继而对商品和服务有旺盛的需求，潜在的巨大市场增加了对外国投资者的吸引力。美国股市的繁荣，改善了美国的商务环境，吸引更多的资本流入美国。

表 5-2 2010—2019 年美国股指变化

年 份	NYSE 指数	道琼斯	标准普尔	纳斯达克
2010	7 964.02	11 577.51	1 257.64	2 652.87
2011	7 477.03	12 217.56	1 257.60	2 605.15
2012	8 443.51	13 104.14	1 426.19	3 019.51
2013	10 400.33	16 576.66	1 848.36	4 176.59
2014	10 839.24	17 823.07	2 058.90	4 736.05

续 表

年 份	NYSE 指数	道琼斯	标准普尔	纳斯达克
2015	10 143.42	17 425.03	2 043.94	5 007.41
2016	11 056.89	19 762.60	2 238.83	5 383.12
2017	12 808.84	24 719.22	2 673.61	6 903.39
2018	11 374.39	23 327.46	2 506.85	6 635.28
2019	13 913.03	28 538.44	3 230.78	8 972.60

资料来源：Economic Report of the President 2020，Table B-56.

5.1.2 新加坡金融制度研究

新加坡自由港的发展成就得益于政府的正确定位。新加坡政府在充分利用内外部要素的基础上，为新加坡经济发展创设良好条件。在新加坡经济发展的重要依托——自由港的建设过程中，新加坡政府实施了一系列行之有效的政策，包括税收优惠、贸易自由、金融自由、投资自由、货物及人员流动自由等。经过半个多世纪的奋斗，新加坡自由港已经发展成为国际著名的航运中心、金融中心。

5.1.2.1 独有的区位优势，高效的政府组织，造就了新加坡的国际金融中心地位

新加坡地处欧、亚、非交通要道，有利的地理位置使之成为世界金融活动昼夜进行的接力点。新加坡拥有极为独特的地理位置，一是地处东八时区，与伦敦正好相差 8 个小时，这意味着当伦敦结束一天的金融交易，纽约还未开始金融交易时，正是新加坡可以进行金融交易的时段，新加坡的金融交易弥补了伦敦、纽约金融交易时段的空缺；二是处在连接太平洋和印度洋的黄金水道——马六甲海峡的咽喉地带，国际货物流、信息流、资金流在此交汇、中转、集散等。新加坡独特的地理位置为新加坡成功打造国际金融中心提供了天然而又独特的条件。

新加坡自独立以来政局稳定，投资风险小。作为世界第二大集装箱港口，拥有技术先进且运转良好的通信网络，可以实现与世界各贸易、金融中心的密切联系。这些都为新加坡金融业的发展奠定了良好的基础。作为服务于新加

坡转口贸易活动的金融产业，在19世纪后半叶已形成了相对广泛而复杂的银行系统。1864年，新加坡已有渣打、有利、东方和亚洲四家外国银行的分行，不过都属于为转口贸易服务的商业银行。取得自治后，新加坡政府采取了各种激励措施促进经济的发展，也带动了金融业的繁荣。随着新加坡工业计划的不断推进和诸如《经济扩展豁免所得税法案》(1967年)等法律以及自由贸易政策的实施，越来越多的外国资本涌入新加坡，许多跨国公司纷纷投资设厂，跨国银行和其他国际金融机构则利用新加坡宽松的金融政策开展国际金融业务(樊一帆，2014)。

新加坡国际金融中心的形成是政府推动的结果，属于政府主导型。金融业自20世纪八九十年代持续发展并成为新加坡经济发展的一个引擎，很大程度上得益于新加坡政府的一系列自由化政策。特别是在1997—1998年亚洲金融危机之际，东亚一些金融中心开始萎缩，大量国际资本从东南亚撤出，但新加坡政府在危机后实施的自由化政策反而巩固了其作为国际金融中心的地位。一些跨国公司持续向新加坡投资，这与新加坡把自己建成跨国公司区域总部的目标是一致的。外国企业的进入，特别是跨国企业区域总部的建立，稳步地扩大了新加坡的银行商业贷款额。目前金融产业已成为新加坡经济的一个重要部门，随着金融服务范围的逐渐扩大，金融业在国内生产总值中所占的比重也显著增长。新加坡金融业增加值占GDP的比重达12.2%(其中，银行业增加值占金融业增加值的比重为46.7%)。新加坡所管理的全球财富规模高达2.1万亿美元，仅次于纽约和瑞士，名列全球第三。

5.1.2.2　亚元市场的建设和发展

1968年新加坡通过实行税务优惠政策发展亚元市场，经营以美元为主的离岸金融业务，独立记账接受非新加坡公民的美元存款，免收利息税，鼓励海外银行参与离岸银行业务而不受国外银行法管制并给予减税鼓励。此举拉开了建立亚洲美元市场的序幕，为把新加坡建成国际金融中心迈出了重要的一步。1973年，新加坡引入离岸银行的概念，为许多亚元市场的国际银行提供便利。到20世纪80年代，新加坡发展成为重要的国际金融中心，拥有许多国际金融机构。到1994年，新加坡已发展成继纽约、伦敦和东京之后的第四大世界外汇交易中心(樊一帆，2014)。

在发展金融业方面，采取放宽汇兑政策和鼓励外资银行到新加坡开业，特别是在1968年10月批准设立亚元市场和11月创设的黄金市场。1973年，又进一步批准岸外银行和证券银行经营亚元，允许发放亚元债券和组织财团进行贷款活动，同年，也放宽黄金交易的限制。新加坡离岸金融中心最初采取的是内外分离的模式，商业银行和金融公司等金融机构可以兼营ACU(亚洲货币单位)，但必须另立单独账户分开管理。后来新加坡政府为了吸引银行经营ACU，于1968年取消了对亚洲美元市场的外汇管制，逐渐形成了一个以经营美元为主、兼营英镑等10多种硬通货的高效国际货币和资本市场。1976年6月，新加坡政府放宽外汇管制，与东盟各国自由通汇；1978年6月进一步全面取消外汇管制，以吸引外资银行到新加坡经营ACU，开展离岸金融业务。新加坡通过放宽金融政策和提供优惠措施以促进其国际金融中心的形成和发展：首先，逐步放宽外汇管制；其次，逐步放宽黄金交易的限制；最后，不断修改税务条例以提供各种优惠税收。

5.1.2.3 自由贸易区的金融创新

新加坡自由贸易港区内的金融自由化水平较高，可以自由兑换外汇，资金流动没有限制，汇出收入、利息、利润、分红以及投资所得没有限制。区内还设有离岸金融中心，实行与境内市场分割的模式，豁免法定储备金率、无利率管制、无外汇管制、不收资本所得税等。

5.1.2.4 货物贸易结算

新加坡实行自由贸易政策，贸易便利化程度也处于领先水平。贸易企业能否自由选择结算货币，决定了贸易企业能否在交易过程中灵活地规避外汇风险，减少风险敞口，增加收入。新加坡无外汇管制，贸易结算自由，资金可自由流入流出。企业利润汇出无限制也无特殊税费。企业在新加坡一般可开立新元、美元、港币、欧元、澳元等账户，可自由决定结算货币种类。

5.1.3 迪拜金融制度研究

据统计，在2003—2016年，阿联酋吸引外资项目占阿拉伯国家吸引外资项目总量的36.8%。世界经济论坛《2017—2018年全球竞争力报告》显示，阿联酋在全球最具竞争力的137个国家和地区中，排第17位。世界银行《2018

全球营商环境报告》显示，阿联酋在全球190个经济体中排名21位。世界知名跨国公司大多在阿联酋有投资，阿经济部长表示，目前20%的跨国集团将地区商业总部设在阿联酋。

迪拜是阿联酋第二大酋长国，面积3 885平方千米，占阿联酋总面积的5%，2019年人口332.5万。迪拜的经济实力在阿联酋仅次于阿布扎比，排第二位。迪拜被称为阿联酋的“贸易之都”，阿联酋70%左右的非石油贸易集中在迪拜。它以前所未见的勇气开创了“迪拜模式”，在国家的现代化建设中取得了巨大的成就，在广大的阿拉伯国家乃至全世界都受到追捧。由于迪拜优越的地理位置，在19世纪70年代末，迪拜已经成为海湾地区重要的港口。迪拜有“海湾的威尼斯”“中东的香港”之称。过去几个世纪以来一直是海湾地区的货物集散中心，靠着繁荣的贸易迪拜逐渐兴旺起来。20世纪60年代之前，采珠业、渔业和贸易是迪拜的传统支柱产业。70年代开始，迪拜开始生产石油，利用最初的“石油美元”，迪拜建成了一系列现代化配套基础设施。由于石油储量有限，且石油储量接近枯竭，为了摆脱对单一石油经济的依赖，迪拜酋长国长期奉行自由经济政策，发展多样化经济。迪拜凭借优越的地理位置和现代化的基础设施，以及传统的转口贸易优势，大力发展非石油产业，经济、社会现代化发展迅速，经济以金融服务业、贸易、旅游和房地产业为支柱，现已成为本地区最重要的贸易、交通运输、旅游、购物和金融中心。为了加快经济发展，迪拜建立了众多经济自贸区，迪拜大部分的贸易往来业务都来自自由贸易区，在自由贸易区内的企业享有高度的自由，包括贸易自由、外汇自由、出入境自由，企业在区内的经济活动基本上不受干预。迪拜奉行开放的经济政策，吸引了全世界大量私人资本前来投资。在迪拜投资的私人资本中，来自海湾产油国家的私人投资金额尤为巨大，为迪拜建设各类旅游设施和地标性建筑提供了资金保障。

迪拜金融市场发达，阿联酋的外资银行大部分都设在迪拜。2008年迪拜吸引外资额度首次超过了伦敦和上海，被列为世界第一外国直接投资目的地城市，阿联酋继续为本地区吸引外国直接投资的主导性国家。据《海湾消息报》报道，迪拜2015—2018年在人工智能等高科技领域吸引外国直接投资总量达216亿美元，居全球之首。其中，最大投资来源地为欧盟和美国，投资额分别为57亿美元和39亿美元。预计到2030年,人工智能对全球经济增长贡献率将达45%。其中,阿联酋将增长33.5%,系阿拉伯国家中最高。金融业是迪拜经济发展的主导产业,对迪拜GDP的贡献度常年在10%以上。作为迪拜经济的重中之重,金融业的快速发展不仅保证了迪拜GDP的逐年增长,而且还有效地利用金融杠杆,通过直接融资、发债、衍生品交易等金融手段带动了迪拜经济各个产业的发展。

迪拜金融市场、纳斯达克迪拜交易所以及迪拜黄金和商品交易所,是迪拜的三大资本市场交易所,其业务各有侧重。迪拜金融市场于2000年开始正式作为一家公共机构和独立的法律实体从事经营活动,其主要经营范围是面向公众持股公司发行的有价证券,联邦政府、地方政府以及地方公共事业单位发行的债券,共同基金等金融工具提供可进行交易的二级市场(张明生,2015)。在此上市的企业以阿联酋本国企业为主,也有部分来自中东和北非地区的企业选择在此上市。纳斯达克迪拜交易所成立于2005年,主要从事股票、债券、伊斯兰债券、结构性金融产品和金融衍生品的交易。其目标上市公司面向全球范围内计划海外上市的公司,特别是中东及北非地区、南非、印度次大陆,以及亚洲地区的公司。迪拜黄金和商品交易所作为中东地区首个大宗商品交易中心于2005年开始从事交易,发展至今已成为引领中东地区的大宗商品和衍生品交易所,交易对象主要包括贵金属、贱金属、能源和货币交易等。随着迪拜金融市场的发展壮大,金融业对于迪拜的重要性将越来越多地得到凸显。作为整个中东地区最发达的金融中心,迪拜金融市场的影响力将逐步扩大到整个中东地区。中东、非洲、亚洲地区的企业将会选择拥有发达金融市场的迪拜为其融资、发债和首次公开募股的首选地,以获得更低的融资成本和更有竞争力的报价,这将进一步增强迪拜在全球金融市场的话语权和竞争力。

迪拜政府在2004年参照纽约、中国香港等国际金融中心模式,创立了迪拜国际金融中心(DIFC)及其成员机构迪拜国际金融交易所。迪拜国际金融中心自由区是世界上增长最快的金融中心之一,该中心允许外资公司持有100%所有权,无收入所得税,外汇汇兑无限制。迪拜实施低进出口税、100%资本和利润汇出和不征收公司和收入所得税的贸易政策优惠,使得其成了世界最大的黄金转口地。资本和利润也可以自由汇出不受限制。在金融与结算方面，在迪拜港的货币可以自由兑换不受限制。迪拜国际金融中心作为离岸金融中心，推出允许外资100%所有权，50年免税，资本账户完全可兑换以及区内独立的法律体系和金融监管体系等优惠措施，并规定在迪拜金融中心内的外国金融企业不受迪拜和阿联酋地方法律约束，可以以美元作为结算货币，以英国法作为适用法律(张明生，2015)。经过十多年的发展，DIFC已成为国际金融和商业活动的理想港湾，吸引多家全球著名机构入驻，包括大多数全球顶级银行、全球著名资产管理公司、全球知名保险公司，其他入驻机构涵盖了来自电信通信、商业服务等相关行业的世界知名企业。

为了吸引更多的人来迪拜投资，迪拜政府推出了一系列的优惠政策，包括：第一，零税率优惠和完全外资所有权。迪拜国际金融中心为入驻的所有金融机构提供了至少50年的零公司所得税优惠条件，为了避免区内的企业被重复征税，迪拜政府和多个国家签订了"避免双重征税"的协定等。离岸金融中心普遍允许公司在当地注册但在其他地方运营，而迪拜金融中心则要求公司注册后必须有实体公司在中心内实际经营，与开曼群岛等实行零税率政策的离岸金融中心不同的是，迪拜国际金融中心是在岸金融中心。在岸金融中心保证了迪拜国际金融中心发展的持久性，降低了突发性的外国资本大量撤离的情况出现的概率。第二，资本项目自由兑换和收入利润自由汇出。一方面，迪拜国际金融区取消了区内一切汇率管制政策，实现了资本项目的完全自由兑换，这样的完全开放可以大幅降低中心内外国企业所面临的政治风险，增加了资本的流动性，从而吸引专业金融资本大量流入迪拜，形成了积极的雪球集聚效应。另一方面，迪拜对国际金融区内企业经营收入和利润的汇出也不做限制，从而极大地激发了全球金融机构来迪拜国际金融中心投资兴业的动力。

5.2 税收制度比较研究

企业在东道国经营须考虑税务成本，这会直接影响到企业的盈利水平。税务成本主要包括东道国的企业和个人所得税、营业税、预提所得税水平等。

在经济全球化发展的今天,生产要素的自由流动和优化配置扩大到全球范围,经济政策在国与国之间的联动日益频繁。减税对于促进国际分工格局的改变产生一定影响,其影响程度与该国在国际分工格局中的地位正相关(乔瑞,于光军,辛倬语,2018)。跨国企业面临着激烈的全球化竞争,税负水平对企业盈利有着较大的影响,直接影响资本在全球的流动。税收是政府通过税收政策参与国民收入分配,影响劳动、资本等要素的流动,从而对投资和消费产生影响,最终对经济社会发展产生影响的一种特殊分配关系。一般而言,降税对投资的带动效应有三个方面:一是增加投资者对投资的期望值;二是对投资品降税会使其价格下降,使单位货币购买投资品数量上升,即提高投资品的购买力和竞争力;三是对投资直接降税如降低资本税、投资税等,直接降低资本的税负,提高资本投入的积极性和资本积累速度。具体而言,税负对投资与资本的影响机制如下:一方面,税收通过影响资本形成而影响投资决策。投资是预期的未来收益和资本对劳动替代成本的函数,资本成本与收益的对比影响投资决策。资本成本包括折旧、融资和因价格变化所致的资本利得、损失和税收。如果税收负担重,则投资的成本就会增加;如果投资收益不能抵消投资成本,则就会降低投资的积极性,甚至退出投资。投资抵免的增加直接降低了投资后收益的不确定性,有助于投资者对投资风险的把握,相应地会提高投资的积极性。另一方面,税收通过影响私人部门可支配收入的大小,制约进一步投资的能力。投资决定与私人部门可支配收入的多少,税收负担越重,可支配收入就越低,在影响投资的其他因素不变时,私人部门的投资越少。因此,从总体上看,税收负担的提高会降低投资规模,而降低税负会扩大投资规模。税收负担还会通过影响投资乘数影响投资,宏观税率的提高会引起投资乘数的下降,减弱了投资对于 GDP 的拉动作用。不同国家的税收差异影响国际资本的流向,进而影响不同国家投资环境优劣性。一般情况下,一国的税负越低,越能吸引他国的资本流入和限制本国资本流出,从而增加一国所能支配的资本数量,带动本国经济增长。

5.2.1 美国税收制度研究

第二次世界大战后,美国有两次较大的税制改革。一次是 20 世纪 80 年代，里根总统进行的税制改革，另一次是2017年特朗普总统的税制改革。由于美国在国际社会特殊的地位，美国两次的税制改革都引发世界税制格局发生了根本性变化，促进了美国营商环境的改善。

5.2.1.1 里根税改

20世纪80年代，美国发生经济增长停滞和通货膨胀共存的现象，居民储蓄下降，企业投资率下降。期间失业率大幅上升，而通货膨胀引致的税档爬升，使得纳税人负担加重。在此背景下，美国推出《1981年经济复兴税法》，包括分阶段降低个人所得税；加速企业资产折旧以加快企业资本回收进程，通过税改，企业最长可在15年内折旧完毕，最短3年；资本利得税率从28%下降到20%。这次税改促进了美国的经济复兴，存货/销售率处于历史低位，经济潜力仍然很大，减税改善了美国的商务环境。之后，针对1981年税改中存在的问题，里根政府进行了第二次税改。这包括个人所得税最高边际税率从50%下降到28%，降幅达到44%，最低税率从11%上调到15%；公司所得税最高边际税率从46%下降到34%；取消了原先的6%～10%的投资税收抵免；放慢房屋与设备的折旧速度，房屋最高使用年限提高为27.5年；长期资本利得原先适用28%的税率，税改后取消优惠，按普通所得征税；业务招待费由全部扣除改为仅扣除80%；替代性最低税(AMT)从无到20%，用专门方法计算(杨志勇，2018)。经过税改，美国经济快速增长，失业率下降，美国确立宽税基、低税率、简税制的原则，对世界税制改革产生了影响，直接影响了国际资本的流向，改善了在美企业的营商环境。

5.2.1.2 特朗普税改

总体上来讲，里根实行税改后，企业所得税税率由原先的50%左右下降至39%左右，此后多年基本保持在这一水平。与此同时，OECD税收数据显示，OECD成员国的平均企业所得税税率大幅度下降，由2000年的32.28%降至2017年的24.03%，全球平均企业所得税税率仅为22.9%(李太平，2018)。从中可以看出，美国的企业税率远远高于其他发达经济体。同时伴随美国制造业的空心化，自奥巴马政府开始，美国呼吁在海外的美国制造业企业回流。在此背景下，2017年12月，特朗普签署《减税与就业法》(The Tax Cuts and Jobs Act, TCJA)，美国税制改革方案落地。特朗普政府税改内容包括以下几个方面：削减企业所得税、降低个人所得税、提高遗产税免税额、征税体制变为属地征税制、新增边境调节税和降低企业海外留存收益的一次性征税税率。美国税制改革的主要目标是增加全球企业对美国的投资，因此该法案包含了改善美国投资环境的措施（主要通过减税和简化税制），以及鼓励跨国公司将海外资金汇回国内并减少某些海外资产或经营活动的措施。税制改革不仅影响流入美国的外国投资，还将影响美国跨国公司在海外的投资。降低税率以及资本支出全额计入成本等刺激投资的措施，会一定程度上促进美国吸引外资。

特朗普政府的税改，直接影响美国投资环境的措施包括：企业所得税从2018年1月1日起由最高税率35%降至21%，为1939年以来的最低水平；资本支出全额计入成本；将可抵扣的利息支出限制在应税所得的30%，取消公司替代最低税（AMT）制度，如果税收抵免将公司的有效税率推到20%以下，企业可选择的最低税率仍为20%；规定企业在一年内扣除可折旧资产的成本，而不是数年摊销；强化对附带权益利润的要求，满足“持有资产一年及以上”这一条件的公司附带权益的税率变为23.8%。

影响美国跨国公司国际税收环境的措施包括：主张从目前的全球税制向属地税制转变。在属地税制体系下，不会对海外利润再次征税（戴悦，2017），海外分支机构的股息将100%从所得税中扣除；鼓励境外资本回流，对于回流本国的境外资金，作为过渡措施，对境外已有的留存收益一次性纳税（现金以15.5%的税率，非流动性资产以8%的税率），视同汇回本土；采取一系列反避税措施，包括对无形资产全球低税收入征税，以及对可能侵蚀美国税基的母公司对海外分支机构的支付进行征税（许娜，2018）；向境外提供无形资产减税，美国公司从境外供应方取得的销售或服务所得中与知识产权有关的无形资产收入，适用13.125%的税率；关联交易付费征税，为限制跨国公司的关联交易，引入反税基侵蚀税（BEAT）。自2018年起近3年年均收入达5亿美元以上，向境外关联方支付的除实物销售成本以外，可在税前扣除并占公司可税前扣除费用达3%或以上，引入反税基侵蚀税，适用10%的税率（2018年适用5%）（杨志勇，2018）。

美国《减税与就业法案》将企业所得税从35%降至21%，使美国的名义税率降到略低于主要发达国家的水平（欧盟企业所得税平均税率为22%，OECD

国家平均税率为24%),这一措施无疑有利于美国企业。该法案对跨国企业国际税收环境影响最大的措施是从以前的全球征税制度(即对所有美国企业的全球收入征税,同时扣除其海外纳税额)转变为属地征税制度(即只对国内收入征税)。这使得美国与大多数OECD国家的税制更加接近。在新的税制下,美国企业国外股息将100%予以扣除,即国外盈利不再征税。属地征税制度将使得美国跨国公司不再需要为了避税而将大量海外收益留存海外,因此将对美国跨国公司对外投资产生重要影响。在新的税制下,美国跨国企业在海外留存大量收益的动机大为减弱,因此对其海外投资模式可能带来显著的影响。

特朗普版税改法案被视为"美国30年来最大规模减税"的税改,该法案是否会产生巨大的"虹吸效应",引导全球产业、资本回流美国,短期来看,还不知道结果。但长期以来,美国高税负和复杂的税制是影响美国营商环境的重要因素,因此特朗普税改对企业的税收优惠,很大程度上会吸引资本向美国流动。

5.2.2 新加坡税收制度研究

5.2.2.1 新加坡税收制度的历史变迁

新加坡独立后至今,有几次重要的税制改革,其税收制度变迁大概经历了三个阶段。

第一阶段:1965年独立后到20世纪80年代初。1980年以前,新加坡的税制结构主要以关税和消费税为主,这主要是因为新加坡的经济主要依赖转口贸易,因此1965年新加坡独立后的相当长一段时间里,新加坡实行了以间接税为主的税制。随着工业化进程的不断推进,新加坡的产业结构发生了较大变化,转口贸易不再是经济结构的主体,因而关税与消费税在税制结构中的主体地位逐渐被所得税所取代(杨苏苋,2017)。

第二阶段:20世纪80年代到1994年。20世纪80年代中期,为了刺激新加坡经济的自由化,新加坡政府开始着手进行一系列的税制改革,大幅度调整了政府的税收结构,降低所得税的税率。为了减少对外国劳工的依赖,新加坡政府于1982年开征外国劳工税,同时鼓励企业采用机械化以代替劳动力的使用。为扩大税基并使税收更公平合理,新加坡政府1994年开始征收货物与劳务税，但所得税在税制结构中仍占主导地位。

第三阶段：20 世纪 90 年代中期至今。在这一阶段，新加坡税制结构仍以所得税为主，但货物与劳务税所占比重上升，主要调整的对象为已设税种税率。如 2004 年将个人所得税的最高税率从 22%降为 20%；2005 年起把公司所得税税率降到 20%。目前，新加坡的税制结构主要由所得税、货物与劳务税、财产税以及其他税课税组成（杨苏苋，2017）。

5.2.2.2 新加坡税制简单、税负低

新加坡几乎是世界上税负总成本最低的国家，其被公认是世界税率最低的国家之一，相对于美加澳等发达国家，新加坡的税极低：无遗产税，无资本利得税和股息税，能有效为投资人创造最大化收益。新加坡通过低税率、各种税务优惠政策，吸引全世界的人才及企业落户新加坡。新加坡自由港一直实行低关税乃至零关税政策，20 世纪 60 年代为了保护国内民族产业而对少数商品开始征收关税，但尽量把关税制定在低于周边港口的水平上。目前新加坡自由港近似于非课税区域，99%的货类进入区内不用缴纳关税。进口的免征关税货物，有 80%以上将会再出口。进口免征关税货物在先行存放于保税仓库直至复运出口为止，不会被加征消费税。此外，免征关税货物自保税仓库出口时，无须加征消费税，唯有免征关税货物进入新加坡境内供民生消费或使用时，才须加征消费税。保存在自由贸易区内的货物不缴纳消费税，从区内转口的货物也不缴纳消费税。与其他国家相比，新加坡的税收制度简单、合理，是世界各国中税负最低的国家之一（见图 5-2），众多的优惠税制吸引到很多优质企业落户新加坡。相比较而言，新加坡采取单一税制（中国和美国是复合税制）、属地征税（中国为全球征税），不但税种少，而且对于个人所得税、企业所得税等大税种，新加坡同样采取低税率、大优惠、多减免的政策。新加坡政府为了帮助新加坡企业减少关税和非关税壁垒，避免双重征税协议，已经签署了 20 多项自由贸易协定（FTAs），拥有亚洲最广泛的自由贸易协定网络，并且已与美国、日本、澳大利亚、新西兰、欧洲自由贸易联盟成员国、海湾合作委员会、东盟、约旦、中国、智利、韩国、印度和巴拿马等主要经济体签署协议。除此之外，新加坡已签署了 40 多项投资保证协议（IGA），以及 74 项全面和 8 项有限避免双重征税协定（DTAs）。

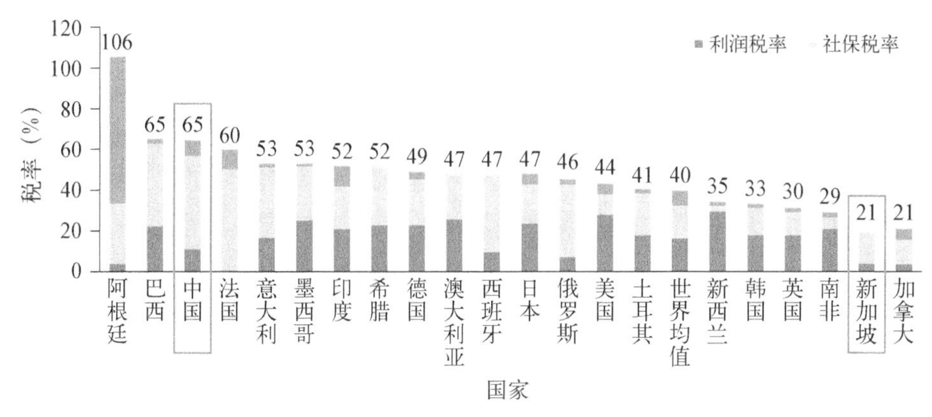

图 5-2　企业综合税率的国际比较

资料来源：世界银行，国金证券研究所.

新加坡不对资本收益或从企业收到的股息征税，这对于在新加坡注册新公司或建立新业务的企业家来说具有很大吸引力。新加坡对个人所得税和公司所得税采用分层税制。原则上在新加坡赚取的收入或接收到的国外收入都必须缴税。在公司所得税方面，如果符合规定的条件，从国外汇回的股息、国外分行的盈利及在国外赚取的服务收入可以免税。而个人所得税，从国外汇回的国外收入可以免税。

5.2.2.3　新加坡各类税率变迁

我们根据文献梳理了新加坡的税收相关数据。1959 年新加坡颁布了《新兴工业（豁免所得税）法案》和《工业扩展（豁免所得税）法案》，鼓励对新兴工业的投资，并根据投资资本的多寡，给予豁免 2～5 年的 40%所得税；如果出口额达到一定限度，其缴纳的所得税可由 40%减少为 4%。1960 年，为了保护国内工业，新加坡开始对某些商品征收关税，但是征税项目少，税率较低，除了对烟、酒、汽油征税外，只对肥皂和清洁剂征税。到了 1963 年，一些工业开始投产，征税项目增加到 30 种，包括收音机和各类石油产品。1965 年，由于工业化的继续推进，征税项目扩大到 183 种，包括橡胶制品、建筑材料等。到 1969 年，新加坡的关税保护到达最高峰，共对 398 种进口商品征收关税。为了降低关税保护对转口贸易的影响，1966 年，新加坡国会颁布了《自由贸易区条例》，并于 1969 年正式设立自由贸易区。

1968—1979年,《经济扩展奖励豁免所得税法案》中规定,新加坡工业区为外资投资企业所提供的主要优惠政策有:免征进、出口税;降低公司所得税率,从40%降至20%;对拥有巨额投资及引进、采用先进生产技术的新兴工业企业,给予5~10年的免税期;15年内可以享受只征4%出口利润税优惠,通常的出口利润税税率为40%;外资企业可以自由选择独资经营或合资经营;资本和投资利润可以自由汇出;外资企业可以雇佣外籍经营管理人员和技术人员,不受限制,并获得入境方便;等等。虽然当时还没有明确出台法律吸引外资,但是以上优惠政策的实施,不仅刺激了国内资本投资于工业部门,而且还吸引了一部分外资。1970年,国会又对1967年的法案进行修改,称为《1970年经济扩展鼓励(豁免所得税)法案》。这个法案对原有新兴工业提供豁免所得税的期限由2~5年的规定,一律更改为5年,但新规定指出,享有这种待遇的企业,其固定资本开支(包括工厂建筑物、设备及机器的开支等)必须不少于100万元。企业扩展所享受的优待条件,也由原规定合格的资本开支应超过100万元,更改为应超过1 000万元。为了鼓励技术密集的工业,1975年国会通过的《经济扩展奖励(豁免所得税)(修正)法案》规定,对新兴工业的免税期延长至10年。修正法案为了鼓励小型而又高度专门化的辅助工业,特取消了原先的一个规定,即对厂家在有资格享受新兴工业地位之前必须有不少于100万元的固定资本开支的限定。

新加坡对内外资企业实行统一的企业所得税政策,企业所得税的纳税义务人包括按照新加坡法律在新加坡注册成立的企业、在新加坡注册的外国公司,以及不在新加坡成立但按照新加坡属地原则有来源于新加坡应税收入的外国公司(合伙企业和个人独资企业除外)。自2010年起,新加坡公司税税率为17%,这一税率远低于全球25%的平均税率,且所有企业可享受前30万新元应税所得部分免税待遇:一般企业前1万新元所得免征75%,后29万新元所得免征50%;符合条件的企业前10万新元所得全部免税,后20万新元所得免征50%。在关税方面,政策相对宽松。除酒类、烟草(含卷烟)、石油、机动车以外,新加坡对所有进口商品免征关税。国际运输服务和与进出口相关的运输服务,以及与进出口有关的货物装卸、搬运、保险等服务都适用零税率。

5.2.2.4　新加坡的最新税率调整

2019 年新加坡政府的税法对新成立企业和已成立企业的税率进行了调整。对于新成立的企业(成立前三年),其所得税大幅度优惠,即首 10 万新元以内的应税收入,所得税全免;接下来 20 万新元,减免 50%,相当于税率 8.5%;享受 20%的所得税减免,1 万新元封顶。对于已成立的企业(成立三年后),其所得税大幅度优惠,即首 1 万新元以内的应税收入,将减免 75%,相当于税率 4.25%;接下来 29 万新元的应税收入,减免 50%,相当于税率 8.5%。2020 年的税率规定为,对于新成立的企业(成立前三年),所得税继续优惠,即首 10 万新元以内的应税收入,减免 75%,相当于税率 4.25%;接下来 10 万新元的应税收入,减免 50%,相当于税率 8.5%。对于已成立的企业(成立三年后),所得税大幅度优惠,即首 1 万新元以内的应税收入,减免 75%,相当于税率 4.25%;接下来 19 万新元的应税收入,减免 50%,相当于税率 8.5%。

在知识产权领域,新加坡为了增强企业持有和商业化知识产权的吸引力,所有的企业可以享受减记获得知识产权的资本支出津贴。获得知识产权的资本支出不包括法律费用、注册费、印花税和与获取知识产权有关的其他费用。可获得津贴的知识产权,包括专利、著作权、商标、注册外观设计、地理标志、集成电路的布局设计、商业秘密或具有商业价值的信息,以及植物品种。

在消费税领域,为了确保新加坡税收体系在国际旅行增加情况下继续保持弹性,新加坡政府修订了对旅行者的 GST 进口减免额,较之前,免税额度有所下降。在新加坡境外停留不到 48 小时的旅客将获得商品及服务税进口减免,减免额为海外购买商品价值的前 100 美元(修订前是 150 美元)。在新加坡境外停留超过 48 小时的旅行者将获得商品及服务税进口减免,减免额为海外购买商品价值的前 500 美元(修订前是 600 美元)。

5.2.2.5　新加坡税法完善

新加坡有健全完善的税收法律体系,几乎每一种税种都有专门的立法,从而明确各个税种的具体征收规定和责任。目前,新加坡的税收法律体系包括《所得税法》《货物和劳务税法》《财产税法》《印花税法》《遗产税法》等多种单项税法,此外,还包括与他国签订的税收协定以及一些管理雇员的辅助法规,如《技术开发法》和《工资税法》(杨苏莞,2017)。

5.2.3 迪拜税收制度研究

1904年迪拜就废除了5%的关税，成为自由港，吸引了大量国外投资。2008年3月美国遗产基金会评阿联酋为拥有世界上最佳的免税系统，是阿拉伯世界不腐败的社会。美国遗产基金会经济自由指数在“财务自由”这项给阿联酋99.9分，免于腐败项目打分。贸易在阿联酋经济中发挥着非常重要的作用，为了促进贸易发展，阿联酋实行进出口贸易自由政策，资本流通自由，支付不受限制，外汇兑换不受管制。政府对企业和个人基本上不征收营业税和所得税及其他税收。具体到各酋长国，又有所不同。

迪拜政府为投资者制定了包括用地、融资和税制在内的许多优惠政策。目前进出迪拜的货物可以自由进出港口，对于进出的货物海关采取随机抽查的方式进行监管排查。货物在自贸港内进行货物储存、加工、贸易等不征收进口环节关税和增值税。如果货物进入阿联酋关税区，则要缴税；但若商品再出口，则迪拜政府给予全部退税。为了吸引企业在迪拜投资，迪拜政府制定了一系列优惠政策。在迪拜自由贸易港准备投资的外资企业，可以享受100%的独资经营，而不受阿联酋法律规定的内资51%和外资49%的比例限制。为方便企业投资，迪拜政府对企业的投资制订了配套的政策，比如，对于企业生产所需要的原材料和设备的进口实行免税政策，货物转口实行零关税，企业雇佣外国员工没有限制，境外公司所得税前50年可以不必缴纳。此外，外资企业在迪拜的资本和利润也可以自由汇出不受限制。

迪拜自贸区的快速发展得益于其一系列开放的经济政策，取消对外商的投资限制，提供个性化服务。在杰贝·阿里自由贸易区，区内的企业受自贸区专门的法律和法规制约，除非在阿联酋入籍，否则阿联酋《商业公司法》的内容不适用于自由区企业。根据杰贝·阿里自由贸易区规定，区内企业可拥有100%的所有权，区内实行零企业所得税和零个人所得税的政策。不同于阿联酋，杰贝·阿里自由贸易区内企业雇工没有限制政策，可以享受一条龙式的海关、边检、税务、商会服务。此外，在自由贸易区内无货币限制，可自由选择货币交易，无外汇管制措施。另外，在自由区内使用的设备，其进出口关税全免，除个别产品外，其他产品均可自由进出口，并且关税极低（一般为5%），这些政策吸引了大量外资和劳动力，带动了迪拜的经济发展。在迪拜购房的首付价格较低，占总价格的 20%；迪拜资金流动性充足，想要获得抵押贷款基本无障碍；在迪拜购买房产，税收少，只需交付注册费，为房价的 4%（冯惠尧，2018）。在迪拜购房会享有多项权益：房产是永久产权，业主全家人可以获得迪拜的永久居留权，无房产持有税，无房产继承遗产税，迪拜的永久居民能快速地申请到其他国家的旅游签证。另外，迪拜房产相当于美元资产，因为迪拜的货币和美元的汇率是固定的，全家人可以购买永久居民医疗保险。在迪拜投资房产交易方便快捷，对投资者没有限制。

5.3　法律制度比较研究

5.3.1　美国法律制度研究

美国法律体系健全，为外国投资者提供公平、公正和非歧视性的待遇，但对涉及环境保护和国家安全方面的项目审批具高度政治敏感性，对电信行业的国家审查日益严格（陈晶，2016）。

美国联邦政府对外国直接投资实行中立政策，没有制定针对特定地点、特定行业的优惠政策，各州和地方政府可视当地情况实施吸引或限制投资的具体政策。在联邦层面，航空运输、通信、能源、矿产、渔业、水电等部门对外国投资者设有一定的限制。

对外资进入美国基础设施投资实行对等原则。美国联邦政府对外资进入美国各具体的基础设施领域实行对等原则。准许外国投资者在美国公共土地上铺设石油和煤气管道，修筑铁路和开采矿藏，但要求投资者母国政府对美国投资者提供对等的权利。没有与美国政府签署类似条约的国家不享有该权利。

关于外资企业在美国获得土地的规定。依照法律，美国联邦政府土地管理局所持有的土地不出售给外国企业或外国人。美国半数以上州的土地法都限制外国人拥有美国政府和农业土地，但限制程度不同。外国人可以购买美国私人拥有的土地，手续比较简单，只需向政府缴足税金，进行注册登记即可。

在不动产方面，美国政府限制外国人对联邦不动产有直接所有权，但许多州对外国人购买不动产都没有限制或仅要求履行报告的制度。

对外资并购的国家安全审查。美国由外国投资安全委员会负责监督、评估外国投资兼并、收购美国企业的交易，并根据其对美国国家安全的影响程度展开初步审查或正式调查，提出建议，视情交由总统批准。

引进外籍劳务的主要规定。根据美国《移民和国籍法》规定，美国政府依据外籍工人是否申请在美国永久工作制定了两套准入制度，分别核发永久和短期工作许可。美国公民及移民服务局负责受理永久工作许可申请。永久工作许可申请主要面向本领域表现杰出的专业人才、外籍公司高管、赴美投资者等经营阶层。非移民类临时性外籍劳务人员由美国劳工部及其派驻各州机构负责审核申请条件，美国移民局决定是否批准，由美国驻外使领馆面试后决定是否发放相应类别签证。按照规定，目前中国公民无法在美国农业、非农行业从事临时性劳务工作。

与其他国家相比，美国特别强调市场的有效竞争，让不同规模的企业都有自己的立足之地和发展空间。相应地，制定了一套比较健全的法律体系。为遏制垄断和维护市场的有效竞争，美国立法部门曾制定一系列联邦反托拉斯法。反托拉斯法的作用是保护竞争环境和竞争过程的公平、公正。相关机构利用其既定的权力强有力地执行反垄断法，以防止企业的反竞争行为。他们还试图避免联邦政府在竞争过程中的不当干预。如 1890 年《谢尔曼法》、1914 年《克莱顿法》、1950 年《塞勒-凯弗维尔法》、1976 年《哈特-斯考特-罗蒂诺法》等(逄增辉，2003)。《谢尔曼法》是原则性地禁止垄断、鼓励竞争的法律，规定“凡是限制几个州之间的贸易或商业活动的合同，以托拉斯形式进行并购或暗中策划，都是非法的”；《克莱顿法》则明确界定了垄断的含义，并规定公司间任何并购如果“其结果可能使竞争大大削弱或导致垄断”都是非法的；《哈特-斯考特-罗蒂诺法》扩大了联邦政府反托拉斯的权力，确立了并购前申报制度，并允许各州制定地区性的州并购法律。正因为有一系列反托拉斯法作保障，所以尽管美国的兼并风潮愈刮愈烈，中小企业并没有因此消失，反而不断涌现和壮大，各种规模的企业起到了良好的互补作用。为保护股东和广大投资者的利益，美国还制定了一系列联邦证券法，主要有 1933 年《证券法》、1934 年《证券交易法》、1968年《威廉姆斯法》和1975年《证券法修正案》。《威廉姆斯法》对1934年《证券交易法》作了增补，强调对上市公司的收购，必须向目标公司及其股东做出充分披露，以保证投资者有足够的时间对并购意向做出恰当反应。

在法律层面，美国对外国直接投资很少采取严格的进入限制和过多的业务限制。美国政府发表的官方声明中指出："国际直接投资在世界经济中发挥着日益重要的作用。为了确保它对国内和全球经济福利做出最大贡献，美国政府认为，国际直接投资流动应由私人市场力量决定，遵循国民待遇原则，它应免受歧视性待遇。"因此传统上，美国联邦政府对于外资采取的是中性的政策，既不歧视，也不给予优惠。美国国际经济学家保罗·克鲁格曼认为，所谓中性原则包括两个方面：一是创建的权利，即外国企业在创建或者扩大在美国的经营时不应遇到美国国内企业没有遇到的障碍；二是国民待遇，即已经在美国经营的外国企业不能因为政府行为或政策原因承担比国内企业更大的负担。

概括起来，美国针对外国投资有关的法律包括一般性法律和针对外国投资的立法。一般性法律指的是对美国本土企业和外资企业普遍适用的法律，除了前面所述的联邦反托拉斯法、联邦证券法之外，还包括公司法和州一级的有关法律。美国联邦一级没有统一的公司法，公司法由各州分别制定，基本上以1979年1月美国律师协会的公司法委员会制定并通过的《美国标准公司法》为蓝本。该法一般不限制外国企业或个人在各州进行投资，外国直接投资可以采取设立子公司、分公司或者与美国企业合资等形式。子公司可以受到美国公司法和相关法律的保护，分公司因不属于独立法人，不能享受有关保护。

美国专门针对外国投资的立法主要包括：1974年《外国投资研究法》，要求确切调查外国人在美国投资的具体情况；1976年《国际投资调查法》，目的是研究外国人在美国投资提供基本的统计信息；1978年《农业外国投资申报法》，目的是监视外国人在获得、转让美国农民农田或家庭庭园的投资活动；1977年《国内外投资披露法》，修正了1934年《证券交易法》，规定凡拥有美国公司5%有表决权的有价证券的外国人需要进一步披露其有关的投资情况，并向证券交易委员会提交必要的报告;1978年《国际银行法》,目的是建立一个联邦管理体系,以对所有美国境内银行实行平等待遇;1988年《综合贸易与竞争力法案》中的《埃克森-弗洛里奥修正案》;1991年《加强对外国银行监督法》,以加强对外资银行的监管。《埃克森-弗洛里奥修正案》规定,在外国利益相关者对美国法人的收购、兼并和接管有损于美国的国家安全时,总统有权终止这种行为。美国在1991年8月宣布埃克森-弗罗里奥对保卫生产法案的修订长期有效。此外,美国政府还与外国政府签订了许多友好通商和投资保证条约。在这些双边条约中,美国政府明确表示,其他缔约国的公民和公司在美国从事商业、工业、金融和其他活动时可以享受国民待遇,即外国投资者在美国享有同美国公司、公民同样的民事权利与待遇,同时外国投资者应像美国企业一样遵守美国的各项法律。

与其他发达国家相比,美国对外国直接投资的授权/通告程序表明其对外资的限制较少。美国在欢迎外来投资的同时,为了保护本国利益,也曾规定一些部门禁止和限制外国跨国公司进入;有些行业,中性原则被互惠原则所代替,即外国企业在美国受到的待遇要与美国企业在该国受到的待遇对等。对外资限制或禁止的行业主要包括国内航空运输、核能的生产和使用以及绝大多数的国内海运。对于广播和无线电通信业,除非联邦通信委员会特许,外资不许拥有超过20%的股份。对于特定的企业,如卫星通信公司,外资的参与是被限制或者禁止的。这些限制也会随着时间和环境不同而做出改变。如1991年美国交通运输部提出建议,放松外资对国内航空公司的所有权限制。

与联邦政府相比,美国的地方政府对外来投资采取更为积极的欢迎态度,尤其是近年来各州政府大多订有各种计划,鼓励外国投资者来本州投资。地方政府吸引外国投资者的政策主要包括:税收优惠,一般采取的形式是减免税收、延期支付税款、税收信贷;各种补贴、低于市场利率的信贷、贷款担保以及低息债券。

总体上,美国的法律和政策反映了美国对外国投资者采取的是公平对待、来去自由的态度,为外国投资者在美国的规范经营和公平竞争提供了一个宽松的外部环境。

5.3.2 新加坡法律制度研究

新加坡自1965年独立，短短的时间内，其经济发展创下了奇迹，成为世界发达国家之一，这很大一部分原因归功于新加坡的法律制度。新加坡法律完备，包括土地征收法律制度、工伤认定法律制度、人权保障法律制度、投资法律制度、食品安全法律制度、金融服务监管法律制度、税收法律制度、知识产权法律制度、引进外资的法律制度等。

5.3.2.1 新加坡法律概况

新加坡继承了相对完整的英国法体系，并以此为基础制定了一系列新的法律，形成了以宪法、国会法令与附属法规、司法判例、法律惯例为主要内容的完整法律体系。

新加坡政府不对企业进行常规的工商、卫生、环境保护等方面的行政管理，而由执法机构依据《公司法》《劳工就业法》《环境保护法》《商品对外贸易法》《商品及服务税收法》《海关法》《商船运输法》《战略物资管制法》《自由贸易区法》等法律制度，对企业进行执法监督，并依法对违规者追究责任。

在自贸区的管理上，新加坡先后制定颁布了《自由贸易区法》和《自由贸易区条例》，对自贸区内市场主体的日常经营行为进行管理。在自贸区法律体系的设计方面，新加坡注重国家统筹协调与园区自主管理的双重作用，法律实施呈现出集中、权威、高效的特点。《自由贸易区法》全面规定了自由贸易区的制度安排，包括定位、功能、管理体制、优惠制度、监管制度等多个方面，其中优惠制度主要涉及税收豁免、所得税和其他税收减免、投资、海关制度、劳工政策、土地制度等内容。

作为高度依赖外部市场的国家，新加坡制定了与国际规则相对接的高效、完备的法律体系，这是新加坡保持可持续创新发展的“定海神针”(中国南海研究院课题组，2019)。倡导商事纠纷解决机制多元化、便利化，是新加坡优化其商务环境的选择。近年来，全球商事争议解决机制日益成熟，新加坡将自身定位为解决跨国商事争端的中立国，致力于建设亚洲乃至全球范围的国际商事争议解决中心。新加坡国际仲裁中心和国际调解中心合作建立了独特的“仲裁-调解-仲裁”机制，在实现两者无缝对接的同时也极大提升了调解协议的可执行率。从服务成本上看，在世界商事争端解决的主要城市中，新加坡的费用几乎最低。此外，为减轻争议当事方的现金流压力，新加坡还参照最新国际实践，允许当事方在国际仲裁及相关程序中进行“第三方融资”（中国南海研究院课题组，2019）。

5.3.2.2　新加坡引进外资的法律制度

外资投资一般适用公司法。对于金融、贸易等投资，则要先取得有关方面的认可。在新加坡产业从劳动密集型向资本和技术密集型转变的过程中，新加坡政府对相关产业，比如电子机械、高技术产业级医疗品等产业的投资进行奖励。对于出口型企业，新加坡政府在税制和金融上给予优惠，先后出台了《扩大经济奖励法》和《资本援助计划》，具体的措施包括：对于先行企业给予一定的免税优惠；扩大设备项目的免税；为购买生产设备借外币利息可免税；减免特许权使用费、手续费、开发分押金的税款；对出口型企业给予一定程度的免税；对其他企业（仓储业、国际咨询服务业、国际贸易）也在纳税上给予优惠；减免设备和原料的进口税；根据投资项目的重要程度，将占资本一定的支出额从征税所得中扣除。对于外国人的出资比例，对其股份没有限制，只要其项目对新加坡出口导向型的经济发展有贡献，则外国资本的出资比例可达 100%。

5.3.2.3　坚持司法独立

新加坡法律体系归属于英国普通法，并结合自身又有所独创，比如取消陪审团制度，实行过堂庭制度。新加坡的司法机关由法院、总检察署、司法部和内政部组成。法院行使国家司法权，总检察署行使检察权，司法部和内政部行使司法行政权。新加坡的最高司法权属于最高法院。为保证独立行使司法权，新加坡宪法对最高法院的大法官、法官的任职资格、任职年限都作了严格的规定。在司法实践中，新加坡至今保留鞭刑。新加坡坚持严刑峻法，执法必严、违法必究是维护司法公正的重要保证，这也保障了新加坡经济、贸易和金融在全球的独树一帜。

以上这些法律、法案的基本精神，就是要通过鼓励扩大投资和出口，迅速地实现输出的增加和资本、技术的流入，以促进新加坡经济的发展。新加坡税法的变化反映了新加坡对资本、市场、技术的新要求，即从主要是依靠本国资本转为依靠外来投资，特别是依靠国际跨国公司的投资，以利用跨国公司现有的销售市场和引进先进的技术，从而实现由主要是依靠本地市场转为面向国际市场,由主要是发展劳动密集的工业转为发展资本、技术密集的工业策略,由进口替代转变为促进出口的策略。这种政策的演化,使新加坡工业化的着重点完全放在吸引外资尤其是跨国公司的投资上面。新加坡法律的完备,为大量吸引外资创造了条件,自20世纪60年代,外资开始投资新加坡,投资设厂的数量和规模迅速增加,新加坡经济建设快速发展。

5.3.3 迪拜法律制度研究

法律为一国或者地区的经济发展提供了强有力的保障。2004年,阿拉伯联合酋长国授权迪拜酋长国成立迪拜国际金融中心,随着迪拜金融中心的建立,涉及国内和国际主体的民商纠纷大幅度增加,而迪拜独特的伊斯兰法律决定了其传统的法院体系无法解决这种多元主体的商业性纠纷。在此背景下,迪拜国际金融中心法院适时成立。迪拜国际金融中心在商事适用法律方面采用独立于阿联酋和迪拜当地司法体系的司法制度。整个国际金融中心是一个特殊的司法区域,以普通法原则为基础,效仿世界范围内认可程度较高的英格兰及威尔士法律模式构建了一整套独立司法系统,并采用英语作为官方语言。中心法院对金融中心内的所有民事和商业纠纷或与中心内注册机构和公司有关的纠纷具有专属管辖权,相关的商事诉讼或仲裁都可遵循普通法规定,在中心内的司法机构或仲裁机构得到解决。

迪拜通过构建新的自由贸易区并在自由贸易区内实施法律体系改革成为迪拜行之有效的解决措施。在以英国为代表的普通法体系下的自由贸易区对于吸引外资具备制度优势。迪拜国际金融中心及其法院建立并实施普通法改革。迪拜国际金融中心是迪拜新型自由贸易区的典型代表,迪拜国际金融中心法院的成立促进了迪拜的经济发展。据统计,迪拜国际金融中心法院建立后的第一年,在迪拜的外国直接投资增长了136.71%,中心法院的成立为迪拜的经济发展和外商投资提供了强有力的司法保障。

迪拜国际金融中心法院由初审法院、上诉法院以及其他审判庭构成,实行两级两审制度,在初审法院与小额诉讼法庭提起的诉讼最多经过两级法院的审理,判决、裁定即具备终审效力,上诉法院做出的判决是可以执行的终审判决,并且不得再以任何形式上诉(张霞光,2015)。此外,对于专业性强的案件,比如技术和建筑工程部门的诉讼，迪拜中心法院专门建立了相关诉讼的部门。技术与建筑部门有专门任命的法官负责解决涉及复杂技术争议和问题的相关案件；中心法院通过纳入不同法域的法官来保证法院的国际化和争议解决的专业化。迪拜中心法院的审级设置、专门法院对案件的分流以及不同领域法官的加入，有效提高了案件解决的效率和当事人的满意度。据迪拜国际金融中心法院2016年报告，迪拜中心法院受理的案件中75%以上的案件在四周之内能解决，案件当事人对迪拜中心法院的满意度达96%。

迪拜金融中心颁布的法律为《迪拜国际金融中心法律适用法》，该法共17条，包括合同、代理、代位求偿权、财产、证券、投资权利和信托的法律适用。该法结合了迪拜国际金融中心的主要定位，为迪拜的发展发挥了重要的作用。该法的内容涵盖了中心在发展过程中主要面临的各类民商事纠纷，突出了迪拜国际金融中心法院在民商事纠纷解决领域的特色，强化了中心法院在解决所涉及领域问题的专业能力。同时，该法兼顾了法律适用的确定性和灵活性需求，该法对合同法律适用的规定遵循当事人意思自治的原则，即当事人可以明确选择合同准据法，在当事人没有明确选择合同准据法时，合同适用迪拜国际金融中心的法律。

迪拜国际金融中心法院是迪拜司法体系的一部分，其本身没有与外国法院签订条约的权利。但中心法院在外国法院判决的承认与执行制度上，采取开放态度，并积极加强与其他国家法院之间的合作。中心法院通过与其他国家法院签订没有法律约束力的双边备忘录展开国际合作。备忘录对双方法院判决承认与执行的条件和程序进行了集中规定，虽然双边合作备忘录不具备法律约束力，但是其内容规定具有灵活性，对于迪拜国际金融中心法院的司法实践具有指导作用，这种灵活的国际司法合作，从侧面优化了迪拜的商务环境。

根据迪拜自由贸易区的长远发展，迪拜突出顶层制度的前瞻性和可预见性，通过修改法律，制度创新拓展迪拜发展的法律困境。阿联酋先后通过两项联邦法令和三项地方立法为迪拜建立自由区提供法律上的支持和保障。完善本地立法、司法与国际通行规则的对接。迪拜在自由区内取消股比限制，放松外汇管制，推行税收优惠，同时建立了多元化的争端解决机制并适用英美法规则。本地立法及时适应国际商事实践发展的新趋势，例如迪拜修订并颁布的《破产法》，在破产管理和债务重组上的制度创新保持与全球最前沿一致，高度便利化的市场主体进入与退出机制吸引了全球大量创新型企业前来投资创业。迪拜国际金融中心法院对于促进争议解决、保障迪拜自贸区的繁荣和吸引外资意义重大。

通过比较分析美国、新加坡和迪拜的金融制度、法律制度和税收制度，我们看到东道国完备的法律制度是一国和地区经济繁荣的根本，分析中的两个国家和一个地区的每一项商业行动，都可以找到法律依据；在有法可依、执法必严的基础上，新加坡和迪拜的税率在全球亦属于最低的，正是他们执行的低税率吸引了全球大量的资本到这些国家和地区寻求投资机会；再者，资本的流动，需要宽松的金融制度环境，美国、新加坡和迪拜拥有宽松的金融环境，资本进出几乎不受限制。改善一国和地区的商务环境，可从金融制度、法律制度和税收制度着手，其中法律制度及其执行是根本。

第 6 章

中国营商环境研究

6.1　中国营商环境分析

良好的营商环境是一个国家或地区经济社会发展硬环境和软环境的综合体现,也是一个国家或地区提升综合竞争力的客观需要。营商环境优化的核心思想是“制度至关重要”,具有更好的制度、更有力的法律保护、更少的政策扭曲的国家,将比不具备这些条件的国家更加富裕。世界银行的《营商环境报告》表明,良好的营商环境会使投资率增长 0.3%,GDP 增长率增加 0.36%(曾瑾,2019)。

当前我国营商环境总体向好,部分制度性交易成本呈下降趋势,“放管服”等各项改革举措初现成效。近年来,中央及地方各级政府紧紧围绕政府职能转变这个核心,简政放权、放管结合、优化服务三管齐下,营商环境逐步得到改善。根据中国财政科学研究院课题组对企业的问卷调研,在总样本中,有一半企业(50.7%)对营商环境较为满意,46.3%的企业认为一般,反映较差和极差的占比合计仅为 3%。分区域看,中部地区(53.5%)、东部地区(51.9%)满意程度略高,东北地区(50.3%)满意度则低于样本平均水平 0.4 个百分点,西部地区满意度最低,仅为 41.9%。反映较差和极差的合计比例均未超过 5%,表明各地区营商环境总体向好,各项改革举措初现成效(刘尚希,2018)。

6.1.1 中国营商环境的国际比较

世界银行《营商环境报告》作为客观的第三方外部评价，各国政府日益寻求从《营商环境报告》获得客观的数据作为行动依据，以吸引投资、创造就业、提高国际竞争力。对比往年世界银行报告可以发现，中国营商环境排名在持续上升。在2017年和2018年，中国营商环境排名分别为78位和46位，在2019年世界银行发布的《2020全球营商环境报告》，中国大陆营商环境进步显著，在全球总体排名比2018年上升15位，名列第31(见表6-1)。

表6-1　全球各经济体2020年营商环境排名

排名	经济体	营商环境分数	排名	经济体	营商环境分数
1	新西兰	86.8	19	拉脱维亚	80.3
2	新加坡	86.2	20	芬兰	80.2
3	中国香港特别行政区	85.3	21	泰国	80.1
4	丹麦	85.3	22	德国	79.7
5	韩国	84.0	23	加拿大	79.6
6	美国	84.0	24	爱尔兰	79.6
7	格鲁吉亚	83.7	25	哈萨克斯坦	79.6
8	英国	83.5	26	冰岛	79.0
9	挪威	82.6	27	奥地利	78.1
10	瑞典	82.0	28	俄罗斯	78.2
11	立陶宛	81.6	29	日本	78.0
12	马来西亚	81.5	30	西班牙	77.9
13	毛里求斯	81.5	31	中国大陆	77.9
14	澳大利亚	81.2	32	法国	76.8
15	中国台湾	80.9	33	土耳其	76.8
16	阿拉伯联合酋长国	80.9	34	阿塞拜疆	76.7
17	北马其顿共和国	80.7	35	以色列	76.7
18	爱沙尼亚	80.6	36	瑞士	76.6

续 表

排名	经 济 体	营商环境分数	排名	经 济 体	营商环境分数
37	斯洛文尼亚	76.5	63	印度	71.0
38	卢旺达	76.5	64	乌克兰	70.2
39	葡萄牙	76.5	65	美属波多黎各	70.1
40	波兰	76.4	66	布伦达鲁萨兰	70.1
41	捷克共和国	76.3	67	哥伦比亚	70.1
42	荷兰	76.1	68	阿曼	70.0
43	巴林岛	76.0	69	乌兹别克斯坦	69.9
44	塞尔维亚	75.7	70	越南	69.8
45	斯洛伐克共和国	75.6	71	牙买加	69.7
46	比利时	75.0	72	卢森堡	69.6
47	艾美尼亚	74.5	73	印尼	69.6
48	摩尔多瓦	74.4	74	哥斯达黎加	69.2
49	白俄罗斯	74.3	75	约旦	69.0
50	黑山共和国	73.8	76	秘鲁	68.7
51	克罗地亚	73.6	77	卡塔尔	68.7
52	匈牙利	73.4	78	突尼斯	68.7
53	摩洛哥	73.4	79	希腊	68.4
54	塞浦路斯	73.4	80	吉尔吉斯斯坦共和国	67.8
55	罗马尼亚	73.3	81	蒙古国	67.8
56	肯尼亚	73.2	82	阿尔巴尼亚	67.7
57	科索沃	73.2	83	科威特	67.4
58	意大利	72.9	84	南非	67.0
59	智利	72.6	85	赞比亚	66.9
60	墨西哥	72.4	86	巴拿马	66.6
61	保加利亚	72.0	87	博茨瓦纳	66.2
62	沙特阿拉伯	71.6	88	马耳他	66.1

续　表

排名	经　济　体	营商环境分数	排名	经　济　体	营商环境分数
89	不丹	66.0	115	多米尼加共和国	60.0
90	波斯尼亚和黑塞哥维那	65.4	116	乌干达	60.0
91	萨尔瓦多	65.3	117	约旦河西岸和加沙地带	60.0
92	圣马力诺	64.2	118	加纳	60.0
93	圣卢西亚	63.7	119	巴哈马群岛	59.9
94	尼泊尔	63.2	120	巴布亚新几内亚	59.8
95	菲律宾	62.8	121	史瓦帝尼	59.5
96	危地马拉	62.6	122	莱索托	59.4
97	多哥	62.3	123	塞内加尔	59.3
98	萨摩亚	62.1	124	巴西	59.1
99	斯里兰卡	61.8	125	巴拉圭	59.1
100	塞舌尔	61.7	126	阿根廷	59.0
101	乌拉圭	61.5	127	伊朗，伊斯兰教代表	58.5
102	萨摩亚	61.5	128	巴巴多斯	57.9
103	汤加	61.4	129	厄瓜多尔	57.7
104	纳米比亚	61.4	130	圣文森特	57.1
105	特立尼达和多巴哥	61.3	131	尼日利亚的格林纳丁斯	56.9
106	塔吉克斯坦	61.3	132	尼日尔	56.8
107	瓦努阿图	61.1	133	洪都拉斯	56.3
108	巴基斯坦	67.0	134	圭亚那	55.5
109	马拉维	60.9	135	伯利兹	55.5
110	科特迪瓦	60.7	136	所罗门群岛	55.3
111	多米尼加岛	60.5	137	佛得角	55.0
112	吉布提	60.5	138	莫桑比克	55.0
113	安提瓜和巴布达	60.3	139	圣基茨和尼维斯	54.6
114	埃及，阿拉伯代表	60.1	140	津巴布韦	54.5

续 表

排名	经　济　体	营商环境分数	排名	经　济　体	营商环境分数
141	坦桑尼亚	54.5	166	布隆迪	46.8
142	尼加拉瓜	54.4	167	喀麦隆	46.1
143	黎巴嫩	54.3	168	孟加拉国	45.0
144	柬埔寨	53.8	169	伽柏	45.0
145	帕劳群岛	53.7	170	圣多美和普林西比	45.0
146	格林纳达	53.4	171	苏丹	44.8
147	马尔代夫	53.3	172	伊拉克	44.7
148	马里	52.9	173	阿富汗	44.1
149	贝宁	52.4	174	几内亚比绍	43.2
150	玻利维亚	51.7	175	利比亚	43.2
151	布基纳法索	51.4	176	阿拉伯叙利亚共和国	42.0
152	毛里塔尼亚	51.1	177	安哥拉	41.3
153	马绍尔群岛	50.9	178	赤道几内亚	41.1
154	老挝人民民主共和国	50.8	179	海地	40.7
155	冈比亚	50.3	180	刚果,代表	39.5
156	几内亚	49.4	181	东帝汶	39.4
157	阿尔及利亚	48.6	182	乍得	36.9
158	密克罗尼西亚	48.1	183	刚果,民主党,代表	36.2
159	埃塞俄比亚	48.0	184	中非共和国	35.6
160	科摩罗	47.9	185	南苏丹	34.6
161	马达加斯加岛	47.7	186	利比亚	32.7
162	苏里南	47.5	187	也门代表	31.8
163	塞拉利昂	47.5	188	委内瑞拉	30.2
164	基里巴斯	46.9	189	厄立特里亚国	27.6
165	缅甸	46.8	190	索马里	20.0

资料来源：世界银行. Doing Business 2020.

从表 6-1 我们看到，营商环境排名前 20 的经济体大多来自 OECD 国家，营商环境最差的 20 个经济体大多数来自撒哈拉沙漠以南的非洲地区。考察营商环境较好的经济体，其共同点是电子系统的使用，包括在线企业业务注册流程、电子税务平台和允许财产在线转让等。营商环境好的经济体表现出了商业监管的高度透明。中国作为发展中国家，在未来的营商环境改革中，可以进一步推广电子系统在商业中的应用，以提升我国的营商环境，吸引更多的企业投资。

世界银行营商便利度指标的 10 个领域包括：开办企业、办理施工许可证、电力获取、财产登记、信贷获取、少数投资者的保护、纳税、跨境贸易、合同执行、破产办理等。中国在 2019 年除对财产登记、信贷获取两个领域没有进行改革外，在其他 8 个领域都做了改革（见表 6-2），从而改善了中国在国际社会的营商环境，提升了在全球的排名，并跻身营商环境改善最大的全球前十行列。

表 6-2　在 2018—2019 年营商环境提升幅度较大的十大经济体

经济体	排名	营商环境分数变化	营商环境便利化做出的改革									
			开办企业	办理施工许可证	电力获取	财产登记	信贷获取	少数投资者的保护	纳税	跨境贸易	合同执行	破产办理
沙特	62	7.7	√	√	√		√	√		√	√	√
约旦	75	7.6					√		√			
多哥	97	7.0	√	√	√	√	√					
巴林	43	5.9		√	√	√	√	√	√	√	√	√
塔吉克斯坦	106	5.7	√				√			√		
巴基斯坦	108	5.6	√	√	√	√			√	√		
科威特	83	4.7	√	√	√	√	√	√		√		
中国大陆	31	4.0	√	√	√			√	√	√	√	√
印度	63	3.5	√	√						√		√
尼日利亚	131	3.4	√	√	√					√	√	

资料来源：世界银行. Doing Business 2020.

2018—2019 年,表 6-2 中十大经济体所实施的改革占当年全球所有经济体改革总量的 1/5。各国和地区对营商环境的改革,或许出于政治的原因,也可能出于经济的原因或两者兼而有之。也有学者指出,邻国的经济繁荣也有可能是一国和地区进行改革的动机,当一国因采取改革措施而促进了经济发展,则会产生溢出效应,也即地缘的或者文化的相近性使得越来越多的国家加入改革的阵营。

低收入国家希望通过改善营商环境,获得更高水平的经济效率,以缩小与发达国家的收入差距。图 6-1 表明自 2003 年开始,全球 178 个经济体采取了 170 多项改革措施以降低开办企业的费用,消除企业进入市场的壁垒。尽管如此,我们看到,直到 2020 年,发展中国家和发达国家在开办企业方面依然存在很大的差距。低收入国家企业开办一家公司的费用占到人均收入的 50%,相比之下,高收入国家占比只有 4.2%。

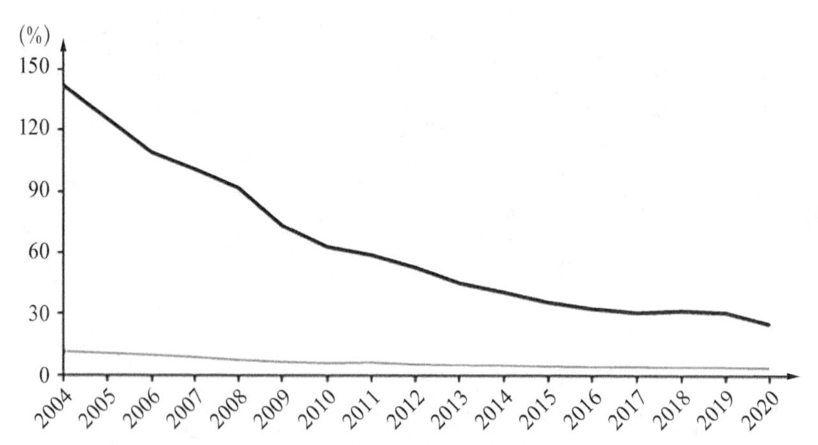

图 6-1　2004—2020 年发展中国家营商环境的成本占人均收入的曲线图

注:变化不明显的曲线为高收入国家;变化幅度较大的曲线为低收入和中等收入国家.
资料来源:Doing Business database.

就我国开办企业而言,"一站式服务"简政措施,使开办企业更为便利。但也要看到,与发达国家还有较大差距,当前这一指标的全球排名为第 27 位。

在营商环境的其他方面,根据世行《2020 全球营商环境报告》,我国通过精简办理接电流程,提高电费透明度,电力获取排名从第 14 位提升至第 12 位;通过简化对低风险工程建设项目的施工许可证要求,缩短供排水接入时间,我国办理施工许可排名从第 121 位提升至第 33 位;通过要求控股股东对不公平关联方交易承担连带责任,明晰所有权和控制结构,加强对少数投资者的保护,我国保护中小投资者排名从第 64 位提升至第 28 位;通过对小企业实行企业所得税优惠政策,降低某些行业的增值税税率,加强电子化纳税申报和缴纳系统,我国纳税排名从第 114 位提升至第 105 位;通过实行进出口货物提前申报,升级港口基础设施,优化海关行政管理和公布收费标准等措施,简化进出口程序,我国跨境贸易便利度排名从第 65 位上升到第 56 名,但我国在跨境贸易便利化领域仍显较大滞后;通过规定破产程序启动后的债权优先规则和提升债权人在破产程序中的参与程度,提高办理破产的便利度,我国破产办理排名从第 61 位上升到第 51 位。在世行《2020 全球营商环境报告》中,我国财产登记排名从第 27 位降至第 28 位;我国合同执行排名从第 6 位上升到第 5 位,在全球 190 多个经济体中排名非常靠前。我国电力成本等仍居高不下,物流成本呈上升趋势。中国财政科学研究院课题组调研数据显示,样本企业 2014—2016 年用电成本基本没变(0.88 元/度),且区域电价差异较大。再者,受近年来人工成本、技术升级带来的迭代成本增加等诸多因素影响,物流成本呈上升趋势,2014—2016 年物流成本占营业成本和总成本比重增速分别为 4.9%和 3%。

6.1.2　我国金融营商环境研究

6.1.2.1　企业融资环境

企业在生产经营的过程中,其自有资金常常无法满足自身商业活动,因此企业总是需要通过一定的渠道,为自身的经营活动筹措必要的资金。企业的发展离不开强大力度的资金支持,雄厚的资金可以为企业积累各种生产要素,实现超额利润(金鑫,2019)。

近年,我国营商环境的改善降低了企业的融资成本,企业外源融资成本总体呈现下降趋势。据中国财政科学研究院课题组的调研,样本企业银行贷款加权平均利率由 2014 年的 7.24%下降至 2016 年的 6.49%,降幅达 75 个基点。股权融资费用率 2015 年略增至 1.63%后,2016 年又下降至 1.42%。其他融资方式的成本费用率从 2014 年的 7.54%降至 2016 年的 7.07%。

但不同经济主体的融资成本差距较大，例如银行信贷资金主要流向国有企业和大中型企业，成本相对较低，而民企和小微企业信贷融资较为困难。2014—2016 年，样本国有企业银行贷款加权平均利率分别为 6.13%、5.91% 和 5.26%，明显低于同期民营企业的 7.65%、7.41%和 6.79%。企业不仅融资成本高，据世行《2020 全球营商环境报告》，我国信贷获取在 190 个经济体中排名第 80 位，横向比较来看，我国企业，尤其是非国有企业获得信贷有困难。

我们梳理了我国 2010—2019 年的利率数据(见表 6-3)，从历年数据变化可知，我国贷款利率不断下降，到 2015 年贷款利率降到历年最低。贷款利率的下降，使得实体经济融资成本降低，大大缩减了财务成本，有助于企业的生产经营。融资成本的降低，同时也催化企业加大资本运作力度，整合产业资源，做大做强。

表 6-3 2010—2019 年贷款基准利率变化一览

调整时间	≤6 个月	6 个月～1 年	1～3 年	3～5 年	>5 年
2010.10.20	5.10%	5.56%	5.60%	5.96%	6.14%
2010.12.26	5.35%	5.81%	5.85%	6.22%	6.40%
2011.2.9	5.60%	6.06%	6.10%	6.45%	6.60%
2011.4.6	5.85%	6.31%	6.40%	6.65%	6.80%
2011.7.7	6.10%	6.56%	6.65%	6.90%	7.05%
2012.6.8	5.85%	6.31%	6.40%	6.65%	6.80%
2012.7.6	5.60%	6.00%	6.15%	6.40%	6.55%
2014.11.22	5.60%		6.00%		6.15%
2015.3.11	5.35%		5.75%		5.90%
2015.5.11	5.10%		5.50%		5.65%
2015.6.28	4.85%		5.25%		5.40%
2015.8.26	4.60%		5.00%		5.15%
2015.10.24	4.35%		4.75%		4.90%
2016.1.1	4.35%		4.75%		4.90%
2017.1.1	4.35%		4.75%		4.90%

续　表

调整时间	≤6个月	6个月~1年	1~3年	3~5年	>5年
2018.10	4.35%		4.75%		4.90%
2019.1.1	4.35%		4.75%		4.90%
2020.1.1	4.35%		4.75%		4.90%

数据来源：中国人民银行官网.

虽然中国人民银行的贷款基准利率下降了，但中小企业融资难、融资贵问题未得到实质性解决。很多企业在资金筹集过程中存在融资渠道不畅的问题，而且我国资金市场发育不完全，企业能够选择的融资方式比较少，金融机构信贷资金在企业融资中占比很大。据赛迪智库调研，当前企业的融资财务成本和时间成本仍然偏高，银行对中小企业贷款利率在7%左右，若加上严格的抵押担保要求，以及附加房产土地抵押登记、工商查询、抵押物评估、会计审计等费用，实际融资成本高达14%，这远远高于中国人民银行的基准利率。据中小企业发展促进中心对全国6 000家企业融资成本的网上调查，51%的中小企业反映融资渠道单一，43%的企业反映贷款手续繁杂、费用较高，28%的企业反映融资担保和银行服务体系不完善。还有企业反映银行存在捆绑销售贷款，强行要求企业购买银行理财、保险产品等问题。我国企业存在着较为严重的债务期限结构失衡和融资期限歧视，中小企业和民营企业难以获得长期贷款支持，“短债常借”现象比较普遍，增加了企业研发的成本和不确定性，在一定程度上影响了企业创新创业的积极性。我国的营商融资环境不理想(杨畅，2020)。

6.1.2.2　资本流动

2019年3月15日，全国人大十三届二次会议表决通过了《中华人民共和国外商投资法》。该法自2020年1月1日起施行，取代之前的“外资三法”，即《中外合资经营企业法》《外资企业法》和《中外合作经营企业法》，成为外商投资领域的基础性法律。

《外商投资法》规定，国家对外国投资者的投资不实行征收。在特殊情况下，国家为了公共利益的需要依照法律规定对外国投资者的投资实行征收的，应当依照法定程序、以非歧视性的方式进行，并按照被征收投资的市场价值及时给予补偿。外国投资者对征收决定不服的，可以依法申请行政复议或者提起行政诉讼。外国投资者在中国境内的出资、利润、资本收益、资产处置所得、取得的知识产权许可使用费、依法获得的补偿或者赔偿、清算所得等，可以依法以人民币或者外汇自由汇入、汇出，任何单位和个人不得违法对币种、数额以及汇入、汇出的频次等进行限制。外商投资企业的外籍职工和中国香港、中国澳门、中国台湾职工的工资收入和其他合法收入，可以依法自由汇出。《外商投资法》的相关规定，有利于我国营商环境的优化，将会吸引更多的外商来中国投资。

6.1.3 我国税收营商环境研究

作为营商环境的重要组成部分，良好的税收营商环境不仅是企业发展的需要，更是国家核心竞争力的重要组成部分；好的税收营商环境不仅有助于降低市场运营成本，为企业发展持续注入新的活力，还将提升地区竞争力，为经济高质量发展筑牢基础。

6.1.3.1 我国“纳税”指标与其他国家的比较

税收是营商环境的重要组成部分，对于税收营商环境的优化有助于降低企业的经营成本、提升企业的市场竞争力。从 2019 年和 2020 年《营商环境报告》可知，通过采取“互联网＋税务”等措施，我国在“纳税”这一指标排名从第 114 位提升至第 105 位。

从表 6-4 可知，我国的纳税次数虽与世界最好的经济体有较大差距，但目前的纳税次数与亚太地区和 OECD 国家比，已经是取得了巨大的进步，这主要得益于我国在线网上纳税的推广和使用。纳税时间包括企业各种税收的准备时间、申报时间和交款时间，目前我国的纳税时间低于亚太地区和 OECD 国家，但远远高于最好的经济体，纳税所花时间大概是最好经济体纳税时间的 3 倍。随着国家税务总局推动的“纳税信用体系”和“互联网＋税务”的改革措施，未来我国企业的纳税时间还将进一步减少。总税率和社会缴纳费率是通过测量纳税人一年中负担的全部税费占其商业利润的比例来计算的。我国税收制度冗杂，税制体系庞大，除人大立法和国务院颁布的行政法规外，还存在着大量的部门规章，一定程度上不符合税收规范性的特征。从表6-4可知，无论是2019年还是2020年，我国的这一数据高于亚太地区和OECD国家，远远高于世界最好的经济体。这一指标表明我国企业纳税人所承担的税费占商业利润的比重较高。企业和税务部门面对的税制是较高的名义税率和较多的税收优惠，而《营商环境报告》对“总税率和社会缴纳费率”指标的计算仅采用名义税率，却不考虑各种形式的税收优惠措施。显然，在名义税率和税收优惠的共同作用下，对我国而言，企业的实际税率有可能远低于名义税率，但总体上，我国企业的税负水平处于高位。

表6-4　2019—2020年我国“纳税”得分及其国际比较

国家和地区	2019年指标			2020年指标		
	纳税次数（次）	纳税时间（小时）	总税率和社会缴纳费率（%）	纳税次数（次）	纳税时间（小时）	总税率和社会缴纳费率（%）
中国	7	142	64.9	7	138	59.2
亚太地区	21.2	180.9	33.5	20.6	173	33.6
OECD国家	11.2	159.4	39.8	10.3	158.8	39.9
最好的经济体	3	49	26.1	3	49	26.1

资料来源：世界银行. Doing Business 2019，2020.

6.1.3.2　我国税收营商环境改革现状及存在的问题

改革开放四十多年来，我国不断在宏观税负、税制结构和主体税种等方面进行改革，并取得了重大进展。随着我国经济的发展，全国税收收入持续快速增长，从1978年的519.3亿元增加到2019年的190 382亿元。税收收入占国内生产总值的比重从1978年的14.2%提高到2019年的19.2%，提高了5个百分点。与此同时，税收结构也发生了很大变化，所得税收入占全国税收收入的比重为33.9%，而货物和劳务税的比重下降。从企业的性质来看，2017年，来自股份制企业、私营企业和个体经营者、涉外企业、国有企业的税收收入占全国税收收入的比重分别为49.4%、18.1%、18.7%和9.5%（刘佐，2018）。

在宏观税负方面，无论是财政部公布的30%左右的税收负担，还是世界银行的统计数据或者是其他组织机构的测算，总体上，业界普遍认为我国的宏观税负偏高，因此决策层先后提出降低宏观税负和减税降费的要求。同时为应对复杂的国内外经济形势，我国陆续出台了一系列减税降费的政策，包括：全面下调增值税率、放宽小规模纳税人年销售额标准、实施部分行业的留抵退税；个人所得税改革全面铺开，推行综合与分类相结合的计税方法，调整税率结构，完善费用扣除模式，着力减轻中低收入者的个税负担；企业所得税方面改革力度也有所加强，包括扩大小型微利企业的税收优惠范围，提高企业研发费用加计扣除比例等推动创新创业发展的多项税收政策(鄢敏，2020)。通过减税降费政策，一定程度上改善了我国营商环境，降低了企业的税费等成本，税收负担占比呈下降趋势。据中国财政科学研究院课题组的调研，样本企业近三年纳税总额占营业收入的比重均值在5%左右。企业缴纳各项税收占综合成本的比重在5.5%左右。以"放管服"为重要内容的营商环境改革在持续推进。减税降费成效显著，但违规收费仍然是痛点，一些地区和部门还存在依托管理职能或利用行业资源、行政权力等违规收费、转嫁费用等现象。

企业税收负担有待进一步降低。根据世界银行数据，2018年我国企业税占利润总额的比重为64.9%，高于绝大多数国家和地区。据OECD数据，在企业税占总税收比例方面，东南亚国家的比例相对较高，为20%～30%，高福利国家的比例普遍在10%以下。以企业所得税、增值税和消费税衡量我国企业税收规模，2017年我国企业税占总税收的比例为68%，这一数值远高于其他国家。在留抵退税政策方面，这一政策仅针对增量留抵额，没有考虑存量问题。如果一家企业创业失败，之后办理清算注销，则留抵进项税不能向后结转抵扣，这在一定程度上抬高了企业的创业门槛。另外，对于生产周期较长的行业企业，期末留抵退税比例偏低，退税条件严苛，操作程序复杂。

6.1.4 我国法律营商环境研究

法治化营商环境是针对企业从设立到退出市场的整个过程中所必需的一系列具体制度环境，包括国家政策、法律、规则等制度安排。优化营商环境从根本上说，是一个动态的过程，是一个不断追求法治化的过程(韩业斌，2019)。法治化是一国和地区最好的营商环境，公开透明、公平公正的法治环境能够给企业以稳定的预期，有利于企业更好地安排自己的生产经营活动。

6.1.4.1　我国法治营商环境的现状

营造良好的营商环境,既要看整体,也要看局部;既要重视具体政策举措的改进完善,也要重视法律政策的普遍适用性、稳定性和公平性。最好的营商环境是法治,只有健全的法律规章、制度保障,才是企业家干事创业的最好环境(瞿长福,2019)。在健全稳定的法律制度保障下,企业家才可以公开平等地参与竞争,才可以持之以恒地专心闯市场,才可以有长远的市场预期和决策眼光与投资目标;在公开透明的营商环境下,企业家才能心无旁骛地处理好企业事务。

2013 年 11 月党的十八届三中全会审议通过了《中共中央关于全面深化改革若干重大问题的决定》,提出在我国建设法治化的营商环境。之后,在 2018 年和 2019 年的中央经济工作会议上,提出“建立公平开放透明的市场规则和法治化营商环境”。2019 年 5 月,中央依法治国办出台《关于开展法治政府建设示范创建活动的意见》和《法治政府建设与责任落实督察工作规定》两个文件;同年 5 月颁布了《市县法治政府建设示范指标体系》。这些文件的出台,标志着中央推动法治建设的方式发生转变,即“一手抓示范、一手抓督察”;同年 12 月,中央依法治国办启动了法治政府建设实地督察,督促推动各地法治政府建设与责任落实,中国迎来了法治建设的新阶段,法治政府的建设为营商环境的法治化提供了保障。2020 年 1 月 1 日正式施行的《优化营商环境条例》将营商环境建设纳入法治化轨道,标志着优化营商环境已作为一项重要制度纳入国家治理体系和治理能力现代化建设之中,从立法层面为优化营商环境提供了更为有力的保障和支撑(钱玉文,2020)。

此外,对于外商直接投资,2020 年开始施行的《外商投资法》强调对外商投资企业依法平等适用国家支持企业发展的各项政策,保障外商投资企业依法平等参与标准制定工作,政府采购依法对外商投资企业在中国境内生产的产品、提供的服务平等对待。这一举措有利于提振境外投资者信心,激发投资热情。优化营商环境,就要依法平等保护各类市场主体的产权和合法权益,坚持内外资企业一视同仁、平等对待。

经过一系列的法律规范,我国健全了法治化的营商环境。但我国法治化营商环境存在地区差异,全国发展不均衡。世界银行测评的我国营商环境是以上海与北京两个一线城市为样本，难以体现我国法治化营商环境的整体水平。调查显示，62.1%的样本企业认为司法机构执法公正、高效，但西部地区满意度仅为52.8%。仅29.3%的样本企业认为法律纠纷诉讼成本较低，仍有17.0%的企业认为诉讼成本较高。经济发展水平高的沿海地区法治化营商环境水平最高，而西北地区、西南地区和东北地区法治化营商环境水平偏低，具体到地区内部，分化更为严重，法治化营商环境表现出较强的区域不平衡。

长三角地区政府积极落实中央法治化营商环境优化政策，比如上海努力提高政府的行政效率，强调要着力为企业营造良好的法治化营商环境，政府甘当企业的"店小二"；浙江近年来大力推进"最多跑一次"改革，是企业获得感最强的省份。与之形成鲜明对比的是，一些内陆地方基层政府工作人员，在工作中懒政、不作为，甚至乱作为的情况常常发生，对当地法治化营商环境的破坏力较大，给企业造成较为严重的损失。

6.1.4.2 我国法治化营商环境存在的短板

第一，市场经济法律规范体系不完善。改革开放四十多年来，我国立法在速度和数量上较快、较多，到目前已经形成了基本的体系。我国在优化法治化营商环境改革中形成了一套成熟经验，但现实中市场法律制度存在一些问题。比如，我国《广告法》《食品安全法》和《行政处罚法》对于生产经营不规范企业的惩罚不一致，存在冲突。《广告法》对于发布虚假广告的企业，处以20万以上100万元以下的罚款；《食品安全法》对于违法食品、食品添加剂生产者处以5万元以上罚款；《行政处罚法》则规定违法行为轻微并及时纠正，没有造成危害后果的，不予行政处罚。此外，相关领域的法律存在不完善的情况。比如金融监管、知识产权保护、企业破产和员工安置等方面的法律需要进一步健全。有的领域需要尽快立法，比如中小投资者权益保护、数据共享与应用、信贷融资和跨境贸易等。经济全球化要求世界各国必须遵守市场经济和国际社会的相关规则，我国应从自身经济发展实际和客观条件出发，通过修改、完善、废除和补充等方式完善我国市场经济法律体系，进一步营造公平公正、规范有序、和谐诚信的社会主义市场经济环境，保护市场经济中各类市场主体的合法权益，营造良好的营商环境。

第二，基层政府法治化程度不高，存在行政执法不公和选择性执法现象。

良好的法治化营商环境,需要政府做到依法行政。但不同行政部门在对企业实施监督管理的过程中,仍存在有法不依、过程不透明、程序不规范、处理不公正现象;存在重检查、轻指导,重处罚、轻服务,承诺多、兑现少现象;存在办事效率低、行政审批时限长、选择性执法、吃拿卡要、故意刁难、以权谋私问题,破坏了法治化营商环境(阚春丽,2019)。政府违法行政不同程度存在,对企业权益和市场秩序的维护有待加强。调研中,较多的企业表示基层政府的法治化程度有待提高。政府作为营商环境的维护者,若出现单方面违约,必定严重破坏地方总体市场环境。政府的监管缺位问题依然存在,此类问题涵盖对政策文件的立改废释、行政处罚、商业秘密保护、执法监督、信用监管以及问责追究等方面。政府监管及服务不到位,部分地区虽设立了投资服务中心、企业服务中心等,但仍存在服务不到位、便利性不够等情况。审批改革及落实不到位,部分投资项目立项程序复杂,手续无法简化。主动服务意识不强、不愿担责、办事难等仍未彻底解决(刘尚希等,2018)。

第三,司法程序受外界干扰,导致司法不公正。司法是社会公平正义的最后一道防线,一国和地区营商环境良好,离不开司法的保障。企业,尤其是民营企业,需要的是一个竞争中性、不偏不倚、依法办事、不贴所有制标签的法治化营商环境。民营企业及其员工的人身财产安全未能得到有效保护,存在刑事手段介入经济纠纷问题,通过扩大刑法适用范围,把普通经济纠纷定性为违法犯罪,对涉事公司高管采取强制措施,查封、扣押、冻结企业财产,致使企业家创办的企业受到重挫,甚至遭受灭顶之灾(钱玉文,2020)。此外,行政手段插手民商事纠纷问题,通过行政进行干预。在我国,权利干预司法现象时有发生。再有,司法存在明显的地方化特征,司法机关受制于地方,导致司法审判权的地方化,地方保护主义比较严重。为营造更为稳定、可预期的制度环境,简政放权、减少不必要的监管,加强行政行为公开、透明,是营商环境法治化的基本要求。

当前,我国经济发展面临的不确定性因素增多,稳投资、稳预期至关重要。对企业家来说,稳投资、稳预期的一个重要方面,就是要有稳定公平透明、可预期的营商环境,才能更大激发活力和创造力。所以,每个地方、每个部门都要以更远的视野、更高的高度来理解和推进营造良好营商环境,把法治作为良好营商环境的基础。社会主义市场经济本质上是法治经济，我们应当打造更加稳定、公平、透明、可预期的营商环境，加快建设开放型经济新体制，在营商环境建设中更好发挥法治的引领和规范作用，为各类市场主体参与市场经济活动提供良好的制度保障。

6.2 上海营商环境调查

2003年开始，世界银行对全球190多个经济体的营商环境进行横向比较，并且每年定期发布《营商环境报告》。世界银行的《营商环境报告》对于促进全球资本流动有着“风向标”的作用，是投资者进行投资目的地选择的重要参考指南。鉴于此，全球各国和地区依据世界银行的《营商环境报告》进行有针对性的改革，因此近几十年来对全球城市商务环境的研究一直是热点。特别是科技的跨越式发展使各国面临快速变化的环境，对商务环境的考察也随之密集化和动态化。全球商业发展对城市生态环境建设提出了要求和挑战，特别是在政务环境、企业经营成本环境、人力资源环境、金融服务环境、政策法律环境、基础设施环境、产业关联环境、适合企业经营的社会环境等方面对商务环境提出了更高的要求。

全球各国和地区的经济发展越来越依赖于投资环境的改善，良好的商务环境日益成为地区吸引力和集聚力的重要因素。因此，分析上海的营商环境对于上海的经济发展具有重要的意义。

6.2.1 上海营商环境的国际比较

我们依据世界银行营商便利度指标的10个领域对上海的营商环境进行国际比较，包括开办企业、办理施工许可证、电力获取、财产登记、信贷获取、少数投资者的保护、纳税、跨境贸易、合同执行、破产办理等。

2017年以来，上海市先后制定实施了优化营商环境的1.0版和2.0版改革方案，上海优化营商环境工作取得了积极成效。但我们也看到，与国际一流营商环境相比，上海的营商环境建设还有较大提升空间。

6.2.1.1　上海营商环境国际比较较为占优的方面

从营商环境各项一级指标的名次来看，合同执行达到了世界第5的好名次，次于新加坡、韩国、挪威及哈萨克斯坦。此外，开办企业和电力获取也取得了显著成效。

第一，开办企业(Starting a Business)。通过采取“将公司印章发放完全纳入企业注册登记一站式服务”等措施，在上海开办企业的便利度大幅度提升。从表6-5可知，目前上海在注册企业所需流程和注册企业所需时间上高于中国香港、新加坡，但低于OECD高收入经济体。

表6-5　上海与其他国家或地区开办企业便利度比较

指　　标	上海	中国香港	新加坡	东亚、太平洋	OECD国家
注册企业流程(环节)	4	2	2	6.5	4.9
注册企业所需时间(天数)	9	1.5	1.5	25.6	9.2
注册企业费用占人均收入的比例	1.4%	0.5%	0.4%	17.4%	3.0%
最低资本	0.0	0.0	0.0	3.5	7.6

资料来源：世界银行官网.

第二，电力获取(Getting Electricity)。通过精简办理接电流程，提高电费透明度。在上海开办企业，获取电力的便利度提升。从表6-6可知，目前上海电力获取便利度整体上接近国际水平，在电力接入天数上略高于中国香港和新加坡，但远低于OECD高收入经济体。

表6-6　上海与其他国家或地区电力获取便利度比较

指　　标	上海	中国香港	新加坡	东亚、太平洋	OECD国家
获得电力接入流程(环节)	2	3	4	4.2	4.4
获得电力接入时间(天数)	32	24	26	63.2	74.8
费用占人均收入的比例	0	1.3%	22.0%	594.6%	61.0%
电力供应可靠度与税费透明度指数(0～8.0)	7.0	8.0	7.0	4.0	7.4

资料来源：世界银行官网.

第三,财产登记(Registering Property)。在世行《2020全球营商环境报告》中,我国财产登记排名从第27位降至第28位。从表6-7可知,除行政质量指标外,上海在财产登记方面的其他几个指标优于中国香港、新加坡和OECD高收入经济体。

表6-7 上海与其他国家或地区财产登记便利度比较

指　　标	上海	中国香港	新加坡	东亚、太平洋	OECD国家
流程(环节)	4	5	6	5.5	4.7
时间(天数)	9	27.5	4.5	71.9	23.6
费用(占财产的比例)	4.6%	7.7%	2.9%	4.5%	4.2%
行政质量指标(0～30.0)	23.5	27.5	28.5	16.2	23.2

资料来源:世界银行官网.

第四,合同执行(Enforcing Contracts)。通过规定可给予的合同延期次数上限和将延期限于不可预见和例外情况,提升执行合同的便利度。从表6-8可知,尽管目前上海合同执行力度与中国香港和新加坡在解决上及纠纷耗时上存在较大差距,但企业家解决商业纠纷耗时485天,费用为索赔金额的15.1%,均好于地区平均水平。

表6-8 上海与其他国家或地区合同执行力度比较

指　　标	上海	中国香港	新加坡	东亚和太平洋	OECD国家
时间(天数)	485	385	164	581.1	589.6
费用(索赔价值百分比)	15.1%	23.6%	25.8%	47.2%	21.5%
司法程序质量指数(0～18.0)	16.5	10.0	15.5	8.1	11.7

资料来源:世界银行官网.

6.2.1.2 上海营商环境国际比较存在的短板

第一,办理施工许可(Dealing with Construction Permits)。通过简化对低风险工程建设项目的施工许可证要求,缩短供排水接入时间,尽管上海在2019年对办理施工许可进行了简化,但从表6-9看到,目前上海在建造仓库所需流程和建造仓库所花时间高于中国香港和新加坡，甚至高于东亚、环太平洋国家或地区。

表6-9　上海与其他国家或地区办理施工许可便利度比较

指　　标	上海	中国香港	新加坡	东亚、太平洋	OECD国家
建造仓库的流程(环节)	18	8	9	14.8	12.7
建造仓库所花时间(天数)	125.5	69	35.5	132.3	152.3
费用占仓库价值的比例	2.3%	0.3%	3.3%	3.2%	1.5%
建筑质量控制指标(0～15.0)	15.0	15.0	13.0	9.4	11.6

资料来源：世界银行官网.

第二，信贷获取(Getting Credit)。法律保护强度这一指数主要衡量《抵押和破产法》对债权人和债务人的保护程度，从而促进借贷，因此用法律保护强度指数衡量信贷获取便利度。从表6-10可知，目前上海在法律保护强度指数上远低于中国香港和新加坡，甚至低于东亚和环太平洋国家的水平。

表6-10　上海与其他国家或地区信贷获取便利度比较

指　　标	上海	中国香港	新加坡	东亚、太平洋	OECD国家
法律保护强度指数(0～12.0)	4.0	8.0	8.0	7.1	6.1
信用信息深度指数(0～8.0)	8.0	7.0	7.0	4.5	6.8
信用登记范围(占成人)	100.0%	0	0	16.6%	24.4%
征信机构范围(占成人)	0	100.0%	64.2%	23.8%	66.7%

资料来源：世界银行官网.

第三，保护中小投资者(Protecting Minority Investors)。通过要求控股股东对不公平关联方交易承担连带责任，明晰所有权和控制结构，加强对少数投资者的保护，在世行《2020全球营商环境报告》中，上海这一指标提升较快。从表6-11可知，目前上海董事责任范围指数、股东诉讼简易性指数远低于中国香港和新加坡，对中小投资者的保护力度不够。

表 6-11　上海与其他国家或地区保护中小投资者力度比较

指　　标	上海	中国香港	新加坡	东亚和太平洋	OECD 国家
披露程度指数(0～10.0)	10.0	10.0	10.0	5.9	6.5
董事责任范围指数(0～10.0)	4.0	8.0	9.0	5.2	5.3
股东诉讼简易性指数(0～10.0)	5.0	9.0	9.0	6.7	7.3
股东权益指数(0～6.0)	5.0	5.0	5.0	2.0	4.7
拥有程度和控制指数(0～7.0)	6.0	5.0	5.0	2.4	4.5
公司透明度指数(0～7.0)	6.0	5.0	5.0	2.6	5.7

资料来源：世界银行官网.

第四，纳税(Paying Taxes)。通过对小企业实行企业所得税优惠政策，降低某些行业的增值税税率，加强电子化纳税申报和缴纳系统，在世界银行《2020 全球营商环境报告》中，我国纳税便利尽管取得了较大进步，但仍显较大滞后。从表 6-12 可知，目前上海在缴税的四个指标上落后于 OECD 高收入经济体，显著落后于中国香港和新加坡。

表 6-12　上海与其他国家或地区纳税比较

指　　标	上海	中国香港	新加坡	东亚和太平洋	OECD 国家
缴税(一年的次数)	7	3	5	20.6	10.3
时间(一年的时间)	138	35	64	173.0	158.8
总税款和应付项(占利润百分比)	62.6%	21.9%	21.0%	33.6%	39.9%
税收四因素指数(0～100.0)	50.0	98.9	72.0	56.4	86.7

资料来源：世界银行官网.

第五，跨境贸易(Trading Across Borders)。通过实行进出口货物提前申报、升级港口基础设施、优化海关行政管理和公布收费标准等措施，简化进出口程序。上海跨境贸易便利化领域仍显较大滞后。从表 6-13 可知，目前上海在进出口的边境合规时间上和费用上远高于中国香港、新加坡和 OECD 高收入经济体。

表 6-13　上海与其他国家或地区跨境贸易便利度比较

指　　标	上海	中国香港	新加坡	东亚和太平洋	OECD国家
出口时间：边境合规(小时)	18	1	10	57.5	12.7
出口成本：边境合规(USD)	249	0	335	381.1	136.8
出口时间：单据合规(小时)	8	1	2	55.6	2.3
出口成本：单据合规(USD)	70	12	37	109.4	33.4
进口时间：边境合规(小时)	37	19	33	68.4	8.5
进口成本：边境合规(USD)	230	266	220	422.8	98.1
进口时间：单据合规(小时)	11	1	3	53.7	3.4
进口成本：单据合规(USD)	75	57	40	108.4	23.5

资料来源：世界银行官网.

第六，破产办理(Resolving Insolvency)。通过规定破产程序启动后的债权优先规则和提升债权人在破产程序中的参与程度，提高办理破产的便利度。从表 6-14 可知，目前上海在破产率、破产事件和费用上高于中国香港和新加坡。

表 6-14　上海与其他国家或地区破产办理比较

指　　标	上海	中国香港	新加坡	东亚、太平洋	OECD国家
破产率	36.9%	87.2%	88.7%	35.5%	70.2%
时间(年)	1.7	0.8	0.8	2.6	1.7
费用(占财产的百分比)	22.0%	5.0%	4.0%	20.6%	9.3%
破产框架强度指数(0～16.0)	13.5	6.0	8.5	7.0	11.9

资料来源：世界银行官网.

综上，缺乏规范高效的破产程序、对债权人和债务人的保护力度不够、对中小投资者的权益维护不足和知识产权保护力度较弱是上海营商法制环境建设的主要短板，而执行合同的效率和社会治安是上海的相对优势所在。办理施工许可效率低、企业税负较重、政府信息透明度较低是上海提高政务效率面临的主要瓶颈。上海在办理施工许可、信贷获取、保护中小投资者、纳税、跨境贸易和破产办理等领域仍有改进空间，特别是在信贷获取、保护中小投资者、纳税和跨境贸易4个领域改进空间更大。

6.2.2 上海营商环境调查分析

新加坡、迪拜和中国香港的经济发展经验印证了一国和地区的经济发展与其投资环境强正相关，良好的商务环境是资本积聚的重要因素。根据本书研究的目的和需要，我们重点就上海的金融营商环境、税收营商环境和法律营商环境进行阐述和分析。

世界银行发布《全球营商环境报告(2020)》后，针对上海在营商环境方面存在的短板，上海于2020年4月10日出台《上海市优化营商环境条例》，以进一步优化上海的营商环境，增强上海的全球竞争力。《上海市优化营商环境条例》在法治保障、监管执法、市场环境、政务服务、公共服务等五个方面作了规定。

上海营商环境改革以市场主体获得感为评价标准，以“一网通办”为抓手，全面深化“放管服”改革，践行“有求必应、无事不扰”的服务理念，对标最高标准、最高水平，打造贸易投资便利、行政效率高效、政务服务规范、法治体系完善的国际一流营商环境。同时，上海加强与长三角相关省、市的交流合作，推动建立统一的市场准入和监管规则，着力形成要素自由流动的统一开放市场，打造长三角生态绿色一体化发展示范区的营商环境，提升长三角整体的营商环境水平。

6.2.2.1 上海金融营商环境分析

“募资难”“融资难”和“钱荒”是2018年度企业总结的高频词。中小微企业融资难、融资贵问题在我国乃至世界范围内都存在已久。自2018年11月1日起，国家高层领导人、银保监会、国务院办公厅陆续密集发声，针对民营企业融资难、融资贵问题，提出多项实质性考核指标和内部激励机制。

企业的融资渠道，指协助企业的资金来源，主要包括内源融资和外源融资两个渠道，其中内源融资主要是指企业的自有资金和在生产经营过程中的资金积累部分；协助企业融资即企业的外部资金来源部分，主要包括直接融资和间接协助企业融资两类方式。直接协助企业融资是指企业进行的首次上市募集资金(IPO)、配股和增发等股权协助企业融资活动，所以也称为股权融资；间接融资是指企业资金来自银行、非银行金融机构的贷款等债权融资活动，所以也称为债务融资。随着企业技术含量的提高和生产规模的扩大，单纯依靠内部协助企业融资已经很难满足企业的资金需求，外部协助企业融资成为企业获取资金的重要方式。外部协助企业融资又可分为债务协助企业融资和股权协助企业融资。

借款筹资方式主要是指向金融机构(如银行)进行融资，其成本主要是利息负债。向银行的借款利息一般可以在税前冲减企业利润，从而减少企业所得税。向非金融机构及企业筹资操作余地很大，但由于透明度相对较低，国家对此有限额控制。

向社会发行债券和股票属于直接融资，避开了中间商的利息支出。由于借款利息及债券利息可以作为财务费用(即企业成本的一部分)而在税前冲抵利润，减少所得税税基，而股息的分配应在企业完税后进行，股利支付没有费用冲减问题，这相对增加了纳税成本。所以一般情况下，企业以发行普通股票方式筹资所承受的税负重于向银行借款所承受的税负，而借款筹资所承担的税负又重于向社会发行债券所承担的税负。企业内部集资入股筹资方式可以不用缴纳个人所得税。从一般意义上讲，企业以自我积累方式筹资所承受的税收负担重于向金融机构贷款所承担的税收负担，而贷款融资方式所承受的税负又重于企业借款等筹资方式所承受的税负，企业间拆借资金方式所承担的税负又重于企业内部集资入股所承担的税负。

在众多的企业融资方式中，国内银行贷款仍是上海企业最主要的融资渠道。在调研中，我们发现中小微企业申请政策性担保类贷款存在周期较长、放款效率较低的问题，以及中小微企业面临政策性担保贷款利率较高、授信额度较小、担保较高的问题。中小微企业融资难的症结在于风控，具体包括提高风控效果难、成本与效果兼顾难。针对中小微企业融资难的问题，2020 年 3 月 13 日，上海市大数据中心、上海市中小微企业政策性融资担保基金管理中心与上海银行等 15 家银行签署协议并共同发布“大数据普惠金融担保合作方案”，采用“大数据+担保”融资模式，为上线大数据普惠金融应用的银行提供政策性融资担保增信，支持银行扩大信贷投放，助力上海市中小微企业开展生产经营活动。通过上海市大数据中心的大数据，银行运用金融科技手段综合评价后形成拟授信客户名单，再由上海市担保基金对名单中客户予以担保，支持银行加大信贷投放。从2019年底上海市大数据普惠金融应用上线到2020年3月份，在4个月不到的时间里，相关银行已通过上海市大数据普惠金融应用，为600多家中小微企业提供金融服务，数据调用逾2万次，通过大数据技术为总额4.3亿元的中小微企业贷款提供了支持。

对于上海的高科技企业，根据中国人民银行上海总部2020年发布的《2019年上海科技企业融资情况报告》显示，2019年四季度，上海新发放科技企业贷款的加权平均利率为4.28%，同比下降25个基点；比同期上海企业贷款加权平均利率低62个基点，比全国一般贷款加权平均利率低176个基点。2019年四季度，上海科技企业新发行债券的加权平均利率为2.41%，较上季下降45个基点，同比下降1.59%，比同期全国公司债和企业债发行利率分别低195个和264个基点，融资成本明显低于全国总体水平。2019年末，上海科技企业融资余额7 904.31亿元，较上年末增长16.5%。其中，间接融资和直接融资分别新增444.32亿元和677.78亿元。科创板开板以来，上海科企在科创板共融资54.61亿元。

间接融资发挥了主渠道作用，保持高速增长。2019年末，上海科技企业贷款(不含票据)余额2 397.42亿元，同比增长22.8%，分别比全市非金融企业贷款增速、各项贷款增速高15.6%和13.1%。同时，贷款覆盖面超过三分之一。2019年末，上海科技企业贷款户数为6 044家，较年初增加1 463户，增速31.9%。贷款主要集中在制造业，信息传输、软件和信息技术业，租赁和商务服务业，占比分别为59.8%，12.7%，9.4%。此外，贷款抵质押要求不断降低。2019年末，上海科技企业贷款中信用贷款占比已经提升至43.8%。值得注意的是，年末上海投贷联动项下科技企业贷款余额23.17亿元，占全部科技企业贷款余额的1%，较上年末增加1.03亿元，增速达4.7%。

直接融资呈现“多点开花、全线推进”格局。2019年末，上海科技企业债券融资余额为1 159.58亿元，增速高达30.4%。受科创板提振，2019年末股票融资余额达2 982.04亿元，比年初增长8.5%，其中IPO融资余额为807.71亿元，增速为11.1%。从当年IPO融资额看，科创板开板以来，上海科企在科创板融资的占比为69.9%，在主板和创业板的融资占30.1%。私募股权融资余额较年初增长14.7%，主要集中在风险投资(VC)阶段。年末政府产业基金余额为年初水平的近两倍，表明上海市政府通过财政资金的杠杆放大效应，在增加创投资本供给、克服市场失灵等方面发挥着积极的作用。

随着货币信贷政策的引导以及LPR形成机制改革的深入推进，金融机构与科技企业"深度合作、长期共赢"局面正逐步形成，低成本资金向科技企业不断倾斜。

6.2.2.2　上海税收营商环境分析

营商环境是一座城市、一个国家的重要软实力和核心竞争力，在优化营商环境的系统工程中，税收是重要的组成部分，上海不断聚焦持续优化税收营商环境，更好地促进上海扩大开放和深化改革，从而激发市场主体活力，实现上海经济的高质量发展。

2019年上海把优化税收营商环境摆在突出位置，在全面贯彻落实党中央及本市优化营商环境总体安排的基础上，进一步提升办税服务水平，积极落实减税降费各项政策举措，不断提升纳税人、缴费人满意度和获得感。经过改革，上海的纳税次数保持7次不变，分别为增值税、雇主为员工缴纳的个人所得税、企业所得税、土地增值税、房产税、印花税和城镇土地使用税。图6-2展示了2019年上海税收收入构成。

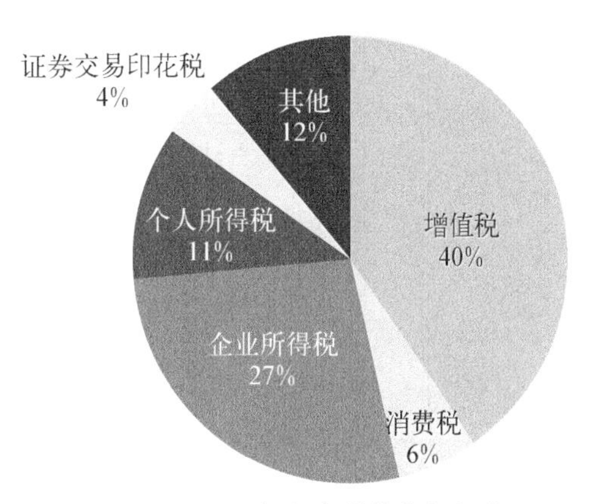

图6-2　2019年上海税收收入组成

资料来源：上海市税务局.

2019年中国实施更大规模减费降税，小微企业普惠性减税、个人所得税专项附加扣除政策于1月1日起实施；深化增值税改革措施于4月1日起实施；降低社会保险费率于5月1日起实施；清理规范行政事业性收费和政府性基金措施于7月1日起实施。在税负上，上海市税务局积极落实国家有关减税降费工作要求，扩大小型微利企业所得税优惠范围。2018年，对年应纳税所得额低于 100 万元(含)的小型微利企业,其所得减按 50%计入应纳税所得额,按 20%的税率缴纳企业所得税,企业所得税税负减少至 3.24%。2018 年 5 月 1 日起,纳税人发生增值税应税销售行为或者进口货物,将原来 17%和 11%的税率,分别调整为 16%和 10%。除增值税费减少外,城市维护建设税适用税率调整为 5%,地方教育附加从 2%降至 1%等,社保税率、住房公积金缴存比例等都降低,以减轻企业的税费负担。2019 年上海市累计新增减免税费约 1 800 亿元(以最新公布数据为准)。在多税种联动下获得了显著的减税效果,企业经营成本降低,抵御风险能力显著增强。

在减税降费的作用下,2019 年上海的税收收入近 5 年首次出现下降(图 6-3)。2019 年,上海市税务局组织完成税收收入 13 698.0 亿元,同比下降 0.9%(其中,增值税 5 535.9 亿元,消费税 841.6 亿元,企业所得税 3 745.0 亿元,个人所得税 1 509.3 亿元,证券交易印花税 567.6 亿元),完成出口退税 1 779.9 亿元。

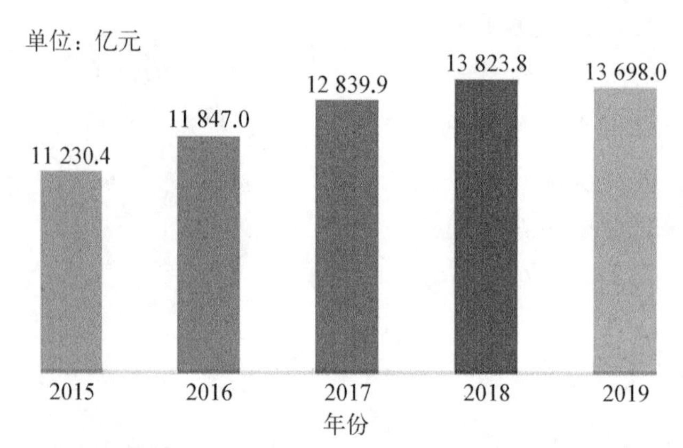

图 6-3 2015—2019 年上海税收收入情况

资料来源:上海市税务局.

为减少企业的纳税时间,上海在企业的纳税准备时间、申报时间和缴款时间三个方面进行了一系列改革。在纳税准备时间上,构建“网上、掌上、线上”三位一体模式,使得沟通效率提升;将国税和地税进行合并,将网上办税系统、12366 热线等合并,实现一网通办、一键咨询;同时将纳税人、税务机关和商业银行三方协议全程网签。通过智能化的改革,使企业纳税准备时间更短。为减少企业的纳税申报时间,上海推出了网上申报辅助系统,企业可将财务报表一键自动转化为申报表，企业在申报增值税时，纳税系统可将各种附加税费自动计算申报，从而一次性完成主税附加税申报。在缩减纳税缴款时间上，上海通过实现全程无纸化，简化了退税办理，同时推出 POS 刷卡缴税、商业银行柜台查询缴税等使得缴款时间大大减少。根据上海市税务局的调研结果：近半数小型微利企业全年纳税时间不超过 80 小时，超过半数受访企业全年纳税时间不超过 100 小时。全年纳税时间包括企业在某一年度内准备、申报及缴纳企业所得税、劳动力税费（个人所得税和五险一金）以及增值税所需的时间。

上海市税务局为深入贯彻落实国家和总局进一步深化“放管服”改革的要求，紧扣“为民服务解难题”的目标，从纳税人的痛点、堵点、难点入手，在便捷发票业务办理方面不断优化便民新举措。上海市纳税人无需再去办税服务大厅即可申领发票，通过在线选择由专业的物流公司配送或者通过就近的自助办税终端领取，领用发票业务所需时间明显减少，流程明显简化。根据上海市税务局的调研结果：83%的受访企业对发票申领、专业配送功能表示满意。

在税后流程上，根据财政部、税务总局和海关总署公告 2019 年第 39 号《关于深化增值税改革有关政策的公告》，2019 年 4 月起，增值税期末留抵退税制度开始全面试行，符合条件的企业（如纳税信用等级为 A 级或者 B 级、申请退税前 36 个月未发生违规或违法行为等），不区分企业行业，均可以在申报期内向主管税务机关申请退还增量留抵税额。2019 年 8 月，财政部和国家税务总局又联合印发了《关于明确部分先进制造业增值税期末留抵退税政策的公告》，进一步降低了非金属矿物制品等行业适用增值税留抵退税的门槛，加大了增量留抵退税的力度。上海对于符合条件的退税企业，只要填写申请表即可申请退税，从办理到企业收到退税款，平均仅需 5 个自然日。2019 年，增值税留抵退税政策惠及上海全市 1 711 家企业，退税规模达到 104.85 亿元。

上海在缩减纳税次数、降低总税收和缴费率、减少纳税时间、完善报税后流程等方面的改革成效显著。上海的税收营商环境持续改善，成绩稳步提升，显示了上海税务机关在减税降费方面持续发力，创造更加宽松的税收营商环境，促进上海经济高质量发展。

6.2.2.3　上海法律营商环境分析

法治是一种基本的思维方式和工作方式，法治化环境最能聚人聚财、最有利于发展。一直以来,我国不断完善法律的制定,推进全面依法治国。2014 年 10 月 20—23 日在北京举行的中国共产党第十八届中央委员会第四次全体会议审议通过了《中共中央关于全面推进依法治国若干重大问题的决定》,一经公布就引发了法律界和企业高管的关注,人们认为,加强对公权力的约束和对法律制度的完善将对中国深化改革和改善营商环境产生深远的影响。2015 年 3 月 8 日,十二届全国人大三次会议,提出要积极推进全面依法治国,营造公平有序的经济发展法治环境。2018 年 8 月 24 日,习近平总书记在中央全面依法治国委员会第一次会议上的讲话,提出必须抓住建设中国特色社会主义法治体系这个总抓手,努力形成完备的法律规范体系、高效的法治实施体系、严密的法治监督体系、有力的法治保障体系,形成完善的党内法规体系,不断开创全面依法治国新局面。

中国欧盟商会副主席斯蒂芬·赛克表示:“四中全会公报提出的立法先行、司法独立和司法公正对于一个正常运转的市场经济体至关重要。增强司法体系的透明度能够增加外资对中国政府机构的信任感。这一做法也有利于减少地方保护主义,在国内培育更为公平的经营环境。”中华全国律师协会副会长盛雷鸣说:“跨国公司有意到新的国家开展业务之前首先要做的事情就是聘请当地的律师对当地的地方性法规进行评估,法律环境的评估结果往往是企业决定投资与否的重要参考因素。”

从全球竞争角度来看,完善的法律体系和良好的法制环境一向是企业非常看重的软环境。中国官方 2020 年 4 月 26 日发布的《中国知识产权保护与营商环境新进展报告(2019)》显示,我国去年新设外商投资企业 5.98 万家,累计外商投资企业 62.7 万家,1 亿美元以上外资项目 834 个;全年实际利用外资 9 415 亿元人民币,同比增长 5.8%。但是,经过四十多年的高速经济增长,中国面临着人口红利消失、环境成本和劳资成本上升等一系列挑战,亟须通过结构转型、深化改革和改善营商环境来提升对资本的吸引力。

2018 年,为营造良好法治环境,上海法院出台 40 条意见,旨在依法保护企业家的人身自由和财产权利、知识产权、自主经营权,有效防范涉企业家产权冤错案件,全面保障企业家合法权益。法治能依法平等保护各类市场主体产权和合法权益,保护产权就是保护生产力。在上海,作为市场主体的民企、国企和外企，一律得到平等保护，在法律执行过程中，对各类市场主体切实做到诉讼地位、法律适用、责任承担一律平等，切实维护各类市场主体的诉讼权利和实体权益。

“执行合同”是上海营商环境建设的强项优势，上海法院综合运用各种强制执行措施，加大执行力度，建立联合信用惩戒机制，以促进交易诚信，努力实现胜诉权益。2018年，上海法院受理各类商事、金融案件22万件，审结21.8万件；审限内结案率99.17%，一审平均审理用时39.11天，平均执行用时62.81天，解决商事纠纷的时间、成本、司法程序质量指数等指标居于全球领先水平。

上海建立了由审判流程、裁判文书、执行信息、新闻信息等12个司法公开服务平台组成的“大数据司法公开系统”，以加强上海司法的透明化。2020年，上海在互联网门户网站设立常态化司法数据公开平台，定期、动态公开全市三级法院受理、审结、执结案件数据，与营商环境密切相关的各类司法数据实现全公开。此外，在司法审判的效率方面，上海也一直领跑全国。2019年上海法院解决商业纠纷平均耗时为485天，费用为索赔金额的15.1%，均好于全国整体水平。法治上海的创新实践，得到了国际社会的积极评价。

6.3 政策建议

6.3.1 优化我国营商环境的政策建议

6.3.1.1 优化我国金融营商环境，改善企业的融资环境

由于存在信息不对称、风控等因素，小企业、民营企业融资难、融资贵的问题不只我国独有，可以说是世界性难题。对比我国小微企业对整体经济的贡献情况，金融机构对小微企业融资的支持力度不够(见图6-4)。

中国小微企业最终产品和服务价值占GDP的比例约60%、纳税占国家税收总额的比例约50%，而2017年末中国金融机构小微企业贷款余额占企业贷款余额的比例约37.8%，小微企业的经济贡献与金融机构对小微企业的贷款支持力度有较大差距。

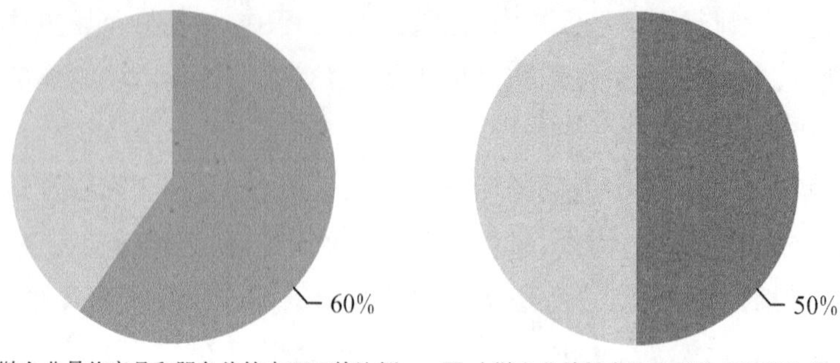

图 6-4　2017 年中国小微企业对经济的贡献情况

资料来源：易纲在"第十届陆家嘴论坛(2018)"的主旨演讲《关于改善小微企业金融服务的几个视角》.

为了解决企业融资难、融资贵的问题，国内各省市已尝试了一些方法，政策持续支持，模式不断创新。比如无锡市不断优化融资环境，设立市中小企业转贷应急资金、开展无锡市中小微企业信用担保风险补偿业务，推进产业金融深度合作。南京市致力于打造科技金融"南京模式"，南京市强化对科技型企业的定向贷款扶持，通过设立贷款风险补偿等专项资金支持银行对科技型企业采用信用贷款、知识产权质押等弱担保的创新担保方式，重点加大对初创期、成长期科技创新企业的支持力度。上海则采用"大数据＋担保"融资模式，通过上海市大数据中心的大数据普惠金融应用获取公共数据，经过运用金融科技手段综合评价后形成拟授信客户名单，再由上海市担保基金对名单中客户予以担保，支持银行加大信贷投放，以支持企业融资，激发市场活力。

6.3.1.2　优化我国税收营商环境，想方设法降低企业的税费负担，缩短企业办税时间

第一，完善我国税收法律体系，提升税收法治化水平。目前，关于税收实体法我国仅有四部，其他都是以行政法规形式存在，将税收行政法规提高到法律层次，对企业的税收政策予以法律保障。

我国存在大量的行政收费，且随意性较大。这类行政收费，增加企业对政府预期行为的不确定性，增加企业的经营风险和成本，影响企业的经营决策，不利于企业的投资。在税收立法不到位、国家税收法律体系不完善的情况下，国家要对政出多门的税收规范性文件进行审查，要从源头上防止税收违法文

件出台,促进税务机关严格规范执法。国家应规范行政收费项目,进一步清查收费项目,对乱收费行为及时制止,尽量减少收费项目,对于征收合理的收费进行税收改革,进行“费改税”,以此降低企业的收费不确定性。

第二,优化税负结构,完善税收政策,科学推进减税降负。近几年,国家出台税收优惠政策,税收优惠政策的力度不断加大,但企业的税负仍然较重。西方发达国家多采用间接税收优惠政策,比如美国中小企业实行“特别折旧”制度,可以延长半年以内的纳税周期,加拿大小企业可以延长三个月的纳税周期(周璐涵,2019)。而我国多采用直接的税收优惠政策,在税收优惠上,我们可以借鉴西方发达国家的做法采用间接税收优惠政策或者直接和间接相结合的政策。

鉴于美国已将公司所得税税率降到 21%,OECD 成员国当前的公司所得税平均税率不到 22%,为应对国际竞争,我国应该对企业所得税进行结构性减税。进一步降低企业所得税法定税率,将企业所得税的一般税率和小型微利企业的税率分别由当前的 25%和 20% 调整到 20%和 15%。

继续深入推进税制改革,增值税是我国第一大税种,随着营改增的全面完成,所有行业的中小微企业都需要缴纳增值税,但增值税还存在一些缺陷,未来应当对增值税率简化,并对增值税税率进行适当调低,扩大抵扣范围,加强整个抵扣链条完整性,以增强企业现金流,降低企业资金压力。

我国企业的税费负担现状,是由诸多深层次原因共同引致的。因此,降低我国企业的税费负担,不应仅在原有制度框架下做税费调整的“小手术”,而是应将其置于宏观层面,加强顶层设计,系统解决内部矛盾,为切实减轻企业负担创造必要条件。

第三,改进税收征管手段,提升纳税服务质量。尽管我国在征管流程、信息化技术和办税服务等方面采取了众多减时措施,与发达国家相比,我国的纳税耗时指标仍有较大差距,仍有一定的提升空间。近几年我国在纳税服务方面进行了较大的改进,方便了纳税人涉税事项的办理,提高了纳税人的效率,纳税服务不断升级。一方面,加强纳税服务人员的职业道德教育,对纳税服务工作进行监管,加强对纳税服务人员的培训,打造专业化的税务队伍;另一方面,大力推进“互联网+税务”的模式,加强电子税务建设,充分利用线上资源,利用微信、税务局门户网站等手段，避免信息的不对称情况，减少纳税人的纳税时间。

在实践中，各级政府不仅要运用现代化治理手段，为市场经济高效有序运行提供必要的外部条件，更重要的是要以市场经济主体为中心，实现纳税服务现代化。

6.3.1.3 优化我国法治化营商环境，坚持全面依法治国

我国社会主义法治体系日益完善，这为全面依法治国奠定坚实基础。全面依法治国，是实现国家治理体系和治理能力现代化的必然要求。法治是最好的营商环境，改革发展稳定，离不开法治护航；经济社会发展，有赖于法治赋能。应当继续坚持用法治持续优化我国营商环境；用最严格制度最严密法治保护生态环境。

第一，完善我国法律，建立健全相关法律法规。立法具有引领、推动、规范和保障作用，建设法治化的营商环境，民商事法律制度必须跟上改革的步伐，规范民商事活动，创造公平的市场环境，保障改革的顺利进行（钱玉文，2020）。加快体系化的营商环境法律出台，完善立法保障，弥补相关法律对建设法治化营商环境的滞后性。根据我国立法现状，对《民法典》等法规有关内容进行适当修订。在实践中，《广告法》和《食品安全法》存在立法与执法相矛盾、处罚与救济不匹配现象，建议修改。全国人大常委会可以研究制定《公平交易法》，给不同所有制企业发展提供公平竞争的法治氛围，强化平等保护。此外，应当特别对知识产权相关的法律体系进行完善，包括对专利保护制度，商标权、发明专利等重点知识产权领域的立法进行完善，以增强市场主体发明创造的积极性。

第二，坚持依法办事，公正执法，实现司法公正。执法是法律实施的关键环节。习近平总书记强调："全面推进依法治国，必须坚持严格执法。法律的生命力在于实施。如果有了法律而不实施，或者实施不力，搞得有法不依、执法不严、违法不究，那制定再多法律也无济于事。"政府职能是政府行政活动的灵魂，"把权力关进制度的笼子，让政府在法治轨道上运行"，促使政府依法做正确的事和正确做事。

在法律实施的过程中，不违反法律的实体和程序规定行事，公正地行使自

由裁量权，在执法中，不徇私枉法，做到依法办事，对各种所有制主体平等对待。切实增强市场主体的法治获得感，营造良好的法治化营商环境。

第三，提高基层政府法治化水平，提升政务服务水平。政府管理和服务要便民利民、优质高效。政府应下大力气精简行政审批的事项，进一步推动简政放权，建设服务型的政府。政府职能部门在执行政务工作中，提升审批效率，缩短审批时间，提升服务质量。2004年3月国务院印发的《全面推进依法行政实施纲要》提出，合理划分和依法规范各级行政机关的职能和权限，实现政府职责、机构和编制的法定化。十八届四中全会《决定》提出，推进职能法定化，行政机关要做到法定职责必须为、法无授权不可为（石佑启，2019）。习近平总书记指出："执法是行政机关履行政府职能、管理经济社会事务的主要方式，各级政府必须依法全面履行职能，坚持法定职责必须为、法无授权不可为，健全依法决策机制，完善执法程序，严格执法责任，做到严格规范公正文明执法。"通过规范政府的职能，使得政府依法行政。法治化营商环境的建设，离不开法治政府的建设。通过法治政府的建设，对政府可能出现的权利扩张、权力寻租和公权私用等进行约束。最终，使得政府和市场的边界清晰，有效释放市场活力，让市场这只"无形的手"充分发挥其作用，积极推动市场经济的发展，达成与行业自律组织的有效对接。

6.3.2　优化上海营商环境的政策建议

对标国际先进，对接国际通行规则，上海发挥已有优势的同时，应针对《2020全球营商环境报告》中指出的短板指标进行重点改革，找短板、找不足，进一步推进上海在纳税、获得信贷、保护中小投资者和跨境贸易等领域的改革实现重大突破，进一步增强上海营商环境的国际竞争力，吸引更多的企业来上海投资，促进上海的高质量发展。

6.3.2.1　发挥上海的"硬件"特色

上海地处太平洋西岸，亚洲大陆东沿，长江三角洲前缘；东濒东海，南临杭州湾，西接江苏、浙江两省，北接长江入海口，长江与东海在此连接，交通便利，腹地广阔，地理位置优势得天独厚。上海港是全球吞吐最大的海港，也是全球货运第三的空港，对外贸易占我国近三分之一。在政府规划和调控下，上海已经成为亚太地区重要的国际航运枢纽，具有互联互通方面的突出特色。

上海基于航运枢纽的优势和需求，吸引贸易商与金融、法律、物流服务的供应商在上海集聚，由此带动上海在国际金融、贸易融资、海事金融、保险、财务运作等方面发展。上海依托得天独厚的地理优势，发展航运、贸易、金融、法律、物流等，供应商们在此聚集，使企业在上海发展业务更加方便、快捷。

6.3.2.2　完善上海的“软件”

第一，加强法律保障力度。对照世界银行标准，围绕“法律保障力度”，为企业和个人在信贷获取、破产清算等领域提供良好的环境。

借鉴新加坡的做法，进一步完善上海的营商环境法治化体系。首先，健全商业法规体系，建立健全公正的司法审判系统，帮助企业在解决纠纷等方面加强商业法规体系建设。其次，完善法律仲裁体系，争取在上海试点中小股东纠纷商事仲裁或商事调解制度，赋予中小投资者保护中心的公益诉讼主体地位，建立中小股东“示范诉讼”制度试点，降低诉讼成本，推动实施中小股东“举证责任倒置”制度，加快完善企业和企业间、大股东和小股东、公司管理层和小股东之间的司法和仲裁绿色通道，为中小股东纠纷快速调解提供便利。最后，加强知识产权保护法治建设，严格实施涉及知识的法律法规，为企业提供强有力的知识产权保护。参考新加坡的经验，使上海成为企业知识产权资产管理的一站式中心，从知识产权的创造到对它的保护和利用，在一整套知识产业活动的各个环节上为企业增值。

第二，简化程序。在深化“放管服”改革过程中，对照世界银行标准，围绕“营商程序便利性”为企业开办、扩建、经营、跨境贸易等提供良好的环境，缩减企业制度性成本。

首先，简化施工许可流程。参照国内其他省市经验，取消施工图设计文件审查备案、施工合同备案、工程质量监督登记、工程安全监督备案等环节，将各环节业务窗口整合为投资建设项目审批综合受理窗口，实现“一个窗口受理、后台信息流转”。压缩审批时限，办理流程简化为综合受理窗口前台受理、后台审查、首席代表审定、窗口前台出件，实现审批提速。参考浙江、广东的经验，对施工图送审资料基本齐全、符合法定形式、非关键性材料缺失或有误的，相关部门一次性告知申请人需补正的材料、时限，申请人承诺按期补正材料的，相关部门预先受理并做出核准决定。力争将上海建筑施工许可环节和时间压缩到国际水平。

其次，设计更具竞争力的税率和税法，简化纳税。上海的缴税次数和缴税时间等指标均落后于发达经济体，可仿照新加坡实施具有竞争力的税率和税法，仿照新加坡实施低税负，并针对上海优先发展的现代服务业、人工智能、清洁能源等战略性新兴产业，制定发展方针。优化纳税服务，减少缴税次数。优化税后流程，建立企业纳税申报纠正措施便捷流程，逐步实现退税业务办理的无纸化操作。加强涉税信息互认，探索多元化缴税方式。

6.3.2.3　促进跨境贸易便利化

建立高效、便利的海关监管体系。“单一窗口”(Trade Net)标准化，贸易企业可以在非常短的时间内(新加坡为10秒钟之内)完成全部申请，并很快(新加坡为10分钟之内)获得批复。

针对跨境贸易多部门管理，管理部门协调以提高企业的通关速度，确保在一天之内货物凭提单即被清关提走。仿照新加坡自由贸易港的做法，允许通关货物按货物分类编码4位码报关，海关查验税则号只是为了确保商品是否属于管控商品如烟草以及是否需要许可证。新加坡海关允许自由贸易港贸易商凭过境提单办理通关，并免予监管停留在自贸港储存区的货物，但须船舶抵达起十四日内将货物内转储到依关税法核准登记的其他仓储地点。海关对区内企业监管以充分信任为前提，使港区真正处于“境内关外”。

第 7 章

研究结论与展望

7.1 研究结论

7.1.1 基于环境要素的研究结论

国际商务环境即指一个国家、一个地区，乃至一个企业从事国际商务活动所必须考量的各种内外因子的总和。可以把国际商务环境看作是国际商务开展的条件、国际商务活动中的一些事件以及能够对企业国际商务活动产生影响的不可控的外部因素的总称。国际商务环境要分析的是超越国别的限制，具有影响全球性国际商务活动的规律性、共性、广泛制约性的因素。

国际商务环境是各种直接或间接影响和制约国际商务活动各种因素的集合。其影响因素分为宏观、中观、微观三个不同层级，影响范围分为全球、区域、国别三个不同维度。虽然表述方法各异，但国际商务环境所涵盖的核心内容不变，即国际商务环境主要考量的是政治环境、经济环境、制度环境、法律环境、金融环境、投资环境、贸易环境、税收环境、社会环境、文化环境、技术环境、自然环境。

不同层级、不同维度的国际商务环境具有不同特点。宏观国际商务环境具有综合性、关联性、趋势性、有限可控性；中观国际商务环境具有制度稳定性、市场自发性、政策导向性；微观国际商务环境具有主体敏感性、主体互动性、客体可塑性。不同层级、不同维度的国际商务环境存在耦合关系。首先，宏观国际商务环境变化往往在长期内催生中观国际商务环境改变；其次，中观国际商务环境改变直接引导微观国际商务环境发生较快变化。不同层级、不同维度的国际商务环境同时又存在对立统一关系，主要表现为国际商务软环境与国际商务硬环境的对立统一。第一，国际商务软环境相对独立于国际商务硬环境而存在；第二，国际商务软环境可以突破国际商务硬环境的约束。制度性的国际商务环境之间具有紧密的内在联动关系。首先，产权是制度性国际商务环境的逻辑起点；其次，各国不同的产权制度设定导致企业运行和市场交易制度的差异；最后，各国产权制度的差异会通过国际互动不断调适、磨合。

国际商务环境是在以科技为先导、以经济为中心的日趋激烈的综合国力竞争的演进下而发展变化的。在影响国际商务环境的众多环境因素中，经济环境、贸易环境、投资环境、金融环境、税收环境无疑是最为重要的。其中，市场化力量不可小觑。各国经济朝着市场化的方向发展，扩容了国际商务环境的体量，改善了国际商务环境的品质。市场经济是指市场在资源配置中发挥决定性作用的经济，它是商品经济的发达阶段。经济发展就是要提高资源尤其是稀缺资源的配置效率，以尽可能少的资源投入生产尽可能多的产品、获得尽可能大的效益。理论和实践都证明，市场配置资源是最有效率的形式。市场决定资源配置是市场经济的一般规律，市场经济本质上就是市场决定资源配置的经济。市场经济提高了资源配置的效率，改善了国际商务环境的品质。同时，我们不得不承认科技革命对国际商务环境的影响不断加深，经济信息化中科技进步的加快发展是国际商务环境发展的主要动力。第三次科技革命在20世纪70年代掀起了新的高潮，信息技术和信息产业在这场科技革命中起到了“火车头”的作用。科技知识的空前快速生产、传播和转化，对国际商务环境、各国经济增长方式和国际经济竞争产生了深刻影响。一方面，科学技术对传统产业有着高度的渗透和改造；另一方面，基于知识的新兴产业层出不穷。随着各国经济信息化的快速发展，对国际商务环境乃至整个人类社会的影响将逐渐显现。

政治环境、制度环境、法律环境、文化环境、社会环境也是决定国际商务环境优劣的重要力量。人口、粮食、能源、水资源、生态环境等一些全球性经济问题仍然影响着国际商务环境。与国际商务环境的快速发展相联系，人口、粮食、能源、水资源、生态环境等一些全球性经济问题日益突出，成为影响人类经济和社会可持续发展的障碍；这些问题不妥善解决，势必将影响国际商务环境的健康发展。

新冠肺炎疫情的暴发扩大了本已存在的“反全球化”“逆全球化”思潮，全球化几十年来形成的生产体系、贸易格局、经济合作、商务联系日渐脆弱，经济全球化和自由贸易将面临严峻挑战。但我们认为新冠疫情更可能滋生“霍布斯式萌芽”，因为各国(各社会)的“退缩自闭”存在着巨大的风险，经济全球化势不可挡。可以肯定的是，未来几十年“全球化”与“逆全球化”的博弈将不断存续，过程会很艰辛，但前途终究光明。国际商务环境会变得阶段性地不友好，但不能阻挡疫情过后的“报复性”修复。

7.1.2　基于指标体系的研究结论

国际商务环境评价分析方法较多，学者大多选择熵值法、聚类分析法、层次分析法和因子分析法，用以分析商务环境的综合排名情况与各指标间的内部差异情况。

目前世界范围内与国际商务环境有关的成熟评价指标体系有三个，分别来自世界经济论坛发布的年度《全球竞争力报告》、经济学人智库每五年发布一次的《营商环境排名》以及世界银行发布的年度《全球营商环境报告》。由于国际商务环境的高度复杂性，即便是最权威的指标亦未能涵盖所有的考核点，都或多或少存在这样那样的问题。其中，最为突出的不足有：一是尚未建立一套基于各国国情，能真实反映经济的整体竞争力和投资前景的权威性、科学化，并有国际影响力的指标体系；二是现有的评价指标体系过于宏观，并未有针对性地根据不同区域特点灵活设置评价指标；三是现有指标体系仅适合于市场经济体系，不适合转轨经济、计划经济体系；四是现有指标体系指标设置是“成熟经济体”导向，而非“成长经济体”导向；五是现有指标未能全面反映政府在政商关系中的职能、角色和行为等问题，由于对营商环境指标的片面认识，导致政府只偏重企业登记流程简化与便捷这一方面；六是部分指标合理性、精确度存疑，如纳税、获得信贷等，缺乏微观角度细化完善营商环境评价指标，导致部分指标合理性、精确性不足。

有鉴于此，我们试图创建一套国际商务环境评价“飞行鸟”指标体系。该指标体系以平衡计分卡为原理，以文献分析为基础，以对指标体系的理解为来源，以专家意见为指导，结合国际商务环境的特征与发展趋势编制而成。指标体系从四个维度展开，分别是国际环境维度、国内环境维度、行业发展维度、企业经营维度。国际环境维度为鸟首，国内环境维度和行业发展维度为两翼，企业经营维度为鸟身。整个指标体系设计指标共计135个，其中一级指标4个，二级指标25个，三级指标106个。

7.1.3　基于比较的研究结论

通过比较分析美国、新加坡和迪拜的金融制度、法律制度和税收制度，我们看到东道国完备的法律制度是一国和地区经济繁荣的根本，被比较对象的每一项商业行动，都可以找到法律依据；在有法可依、执法必严的基础上，新加坡和迪拜的税率在全球亦属于最低的，正是他们执行的低税率吸引了全球大量的资本到这些国家和地区寻求投资机会；再者，资本的流动，需要宽松的金融制度环境，美国、新加坡和迪拜拥有宽松的金融环境，资本进出几乎不受限制。改善一国和地区的商务环境，可从金融制度、法律制度和税收制度着手，其中法律制度及其执行是根本。

当前中国营商环境总体向好，部分制度性交易成本呈下降趋势，“放管服”等各项改革举措初显成效。近年来，中央及各级地方政府紧紧围绕政府职能转变这个核心，简政放权、放管结合、优化服务三管齐下，营商环境逐步得到改善。为营造良好的国际商务环境，我们需要托住“底板”、补齐“短板”、拉长“长板”，向制度要红利，向服务要红利。

7.2　研究展望

未来已来，在今天乃至未来相当长的一段时间内“不确定”已然成为唯一的确定因素的情形下，国际商务环境必将面临更为严峻的局面，在抬眼望去皆为“黑天鹅”“灰犀牛”的情形下，如何驱赶“黑天鹅”，防范“灰犀牛”，以便为国际商务活动的开展营造良好的“生态环境”？我们不能回避，我们必须直面。作为学者，我们的责任是尽己所能做好研究。本书的研究只是一个开篇，随着研究的深入，我们越发感觉研究的不足，未来我们将因循之前的研究思路，在系统性上下功夫，在应用性上做文章。

所谓在系统性上下功夫，是指我们试图构筑一个国际商务环境生态系统，把这一系统冠名为“国际商务环境 RS+系统”(见图 7-1)。我们将任何一个商务主体比作“种子”(Seed)，将商务主体得以运营的商务环境比作“土壤”(Soil)，这一土壤是否肥沃，能否让种子生根开花结果，需要“阳光”(Sunshine)普照，需要“雨露”(Rain)滋润，而我们把影响国际商务环境发展变化的各项政策比作“阳光”，把促使国际商务环境有效运作的体制机制视作“雨露”。目前，我们只是搭建了“国际商务环境 RS+系统”的基本框架，未来我们将持续研究该系统的有效运作，以便为更为复杂情形下的国际商务活动开展提供更好的制度环境、运作环境。

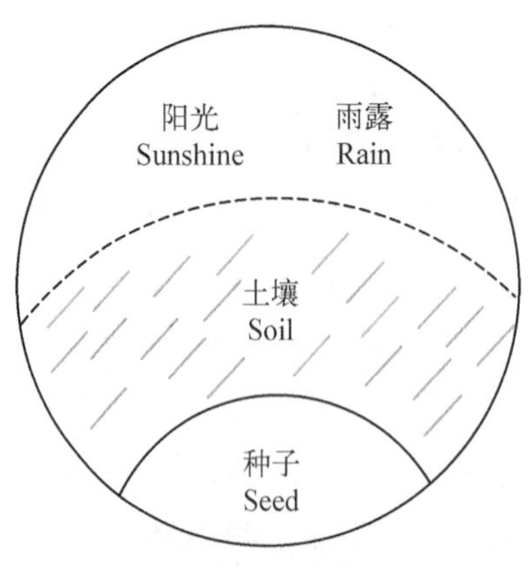

图 7-1 “国际商务环境 RS+系统”

所谓在应用上做文章，是指将理论研究成果用于指导具体实践。这既是应用研究的最高标准，也是应用研究的最低要求。与我们在总结本书的不足部分中阐述的意见一致，我们尽可能将本书未能实现的部分目标，在未来的研究中逐一实现。具体而言，作为本书的一大亮点，也是本书的创新点之一，我们构建了一套国际商务环境评价的指标体系，并将此指标体系命名为“飞行鸟”指标体系。但遗憾的是，限于数据的可获得性，我们未对该指标体系进行过实际验证，该指标体系的科学性目前只是停留在理论层面，尚未经过实践的检验。而事实上许多在理论上看似正确的论断未必在实践中一定有效，验证不仅是个必要的过程，而且还是个将理论成果推向应用的有效途径。鉴于此，未来我们将在验证中不断完善、丰富、改进我们的指标体系，以使该指标体系能真正成为衡量国际商务环境指数的风向标。

后　记

本书最早构想于 2016 年高峰高原学科建设之际。时年，为了建设商务经济学高峰高原学科，我们对学科发展做了系统思考，我们认为当今的学科发展不能走单打独斗的老路，而应创交叉融合新举。当今世界随着科技的不断发展，使经济形态、商务运作发生了许多新的变化，所谓新技术催生新经济，新经济呼唤新的商业模式，反映的正是这样一种状况。因此，商务经济学科必须聚焦商品流、资金流、物流、信息流四流汇聚；必须关注产业链、供应链、价值链三链再造；必须走链式发展之路。基于这样的思考，我们将商务经济学科研究凝练为商务环境、商业模式、商务大数据分析三个方向，于是就有了围绕三个方向研究的系列学术专著的诞生。

本书是集体研究的成果。各章的撰写分工如下：贺瑛（第一章、第七章），张荣佳（第二章），张期陈（第三章），刘会齐（第四章），侯文平（第五章、第六章），贺瑛负责本书的总纂工作。

复旦大学出版社郭峰为本书的编辑、校对、出版付出了大量心血，我们敬佩她的专业素养和敬业精神，感谢她和她的同仁们的倾心投入，使得本书能以今天的面貌问世。

贺　瑛

2020.12

本书主要参考文献

[1] 王炜瀚,王健. 国际商务(第3版)[M]. 北京：机械工业出版社,2019.

[2] 王效俐,于业明,吴东鹰. 国际商务环境变化的管理[J]. 华东经济管理,2000,14(2)：70-71.

[3] 王效俐,马丹. 论环境对国际商务的影响[J]. 同济大学学报(社会科学版),1999,10(2)：44-51.

[4] 薛求知,刘子馨. 国际商务管理(第2版)[M]. 上海：复旦大学出版社,2002.

[5] 窦卫霖. 国际商务环境(英文版)[M]. 北京：对外经济贸易大学出版社,2009.

[6] 王文潭. 国际商务管理[M]. 北京：首都经济贸易大学出版社,2010.

[7] 齐绍洲,刘威,亢梅玲. 国际商务环境[M]. 武汉：武汉大学出版社,2011.

[8] 杨言洪. 国际商务环境研究[M]. 北京：对外经济贸易大学出版社,2011.

[9] 王建华,邹志波,曹细玉. 国际商务：理论与实务[M]. 北京：北京交通大学出版社,2012.

[10] 田明华. 国际商务[M]. 北京：电子工业出版社,2007.

[11] 罗建兵. 国际商务管理[M]. 北京：清华大学出版社,2014.

[12] 肖光恩. 国际商务概论[M]. 武汉：武汉大学出版社，2011.

[13] Alex R，Merigó J M，Cancino C A，et al. Twenty-five years (1992-2016) of the International Business Review：A bibliometric overview [J]. International Business Review，2019，28(6)：101587.

[14] Calma A，Suder G. Mapping international business and international business policy research：Intellectual structure and research trends [J]. International Business Review，2020，29(3)：101691.

[15] Laughton D. The academic development of international business as an academic discipline [J]. Journal of Teaching in International Business，2005，16(3)：47-70.

[16] Chandra R，Newburry W. A cognitive map of the international business field[J]. International Business Review，1997，6(4)：387-410.

[17] Liesch P W，Hakanson L，McGaughey S L，et al. The evolution of the international business field：A scientometric investigation of articles published in its premier journal[J]. Scientometrics，2011，88(1)：17-42.

[18] Griffith D A，Cavusgil S T，Xu S. Emerging themes in international business research [J]. Journal of International Business Studies，2008，39(7)：1220-1235.

[19] Nambisan S，Zahra S A，Luo Y. Global platforms and ecosystems：Implications for international business theories [J]. Journal of International Business Studies，2019，50(9)：1464-1486.

[20] Witt M A. De-globalization：Theories，predictions，and opportunities for international business research [J]. Journal of International Business Studies，2019，50：1053-1077.

[21] Altman S A. Will Covid-19 Have a Lasting Impact on Globalization? [N]. Harvard Business Review，May 20，2020.

[22] 文学，郝君富. 国际金融格局演变的新趋势及对策分析[J]. 新金融，

2012(009)：12-16.

[23] 张丽平. 国际金融环境的变化趋势与影响[J]. 发展研究，2013(09)：48-52.

[24] Kregel J. 我们能创造一个稳定的国际金融环境，确保网络资源向发展中国家转移？[J]. 后凯恩斯经济学杂志，2004，26(4)：573-590.

[25] Bénétrix, Agustin S, Lane P R, Shambaugh J C. International currency exposures, valuation effects and the global financial crisis [J]. Journal of International Economics, 2015, 96(jul. suppl.): S98-S109.

[26] 李婧. 新国际金融环境下的中国金融开放安全[J]. 经济与管理研究，2009(6)： .

[27] 冯石岗，李大赛. 国际金融环境与中国金融改革研究[J]. 廊坊师范学院学报(自然科学版)，2013，013(001)：42-45.

[28] 朱峰. 论中国—东盟自由贸易区人民币区域化发展的国际金融生态环境[J]. 东南亚纵横，2014(009)：48-52.

[29] 赵忠伟. 浅析国际金融经济环境对我国经济发展产生的作用[J]. 现代营销：学苑版，(6)：24-25.

[30] 杨跃胜. 当前金融环境下外贸企业汇率风险防范对策探析[J]. 财会学习，2013(01)：58-60.

[31] Hayami M. The role of Japan amid the changing international financial environment

[32] 陈春生. 国际金融环境的变迁与中国金融业发展道路的选择[J]. 陕西经贸学院学报，2001(03)：4-9.

[33] 张永海. 金融环境变化对财务公司的影响[J]. 企业改革与管理，2007(009)：7-8.

[34] 于上钧. 国际金融环境下商业银行的发展[J]. 时代金融，2018，718(36)：89+98.

[35] 黄卫东. 在当前国际金融环境下外贸公司如何规避汇率风险[J]. 中国经贸，2016(13).

[36] 贺鸿为. 国际贸易格局分化与国际贸易秩序演变[J]. 企业改革与管理,2016,277(08):123.

[37] 黄闻涛. 当前国际金融环境下涉外公司如何规避汇率风险[J]. 全国流通经济,2019(003):44-46.

[38] 程缓. 国际金融经济环境对我国经济发展的积极影响[J]. 现代营销(信息版),2019(11).

[39] Porta R L, Lopez-De-Silanes F, Shleifer A, et al. Legal Determinants of External Finance[J]. Nber Working Papers, 1997, 52(3): 1131-1150.

[40] Raghuram G R, Zingales L. The Great Reversals: The Politics of Financial Development in the 20th Century[J]. OECD Economics Department Working Papers, 2000.

[41] 李扬. 中国城市金融生态环境评价[M]. 北京:人民出版社,2005.

[42] 李延凯,韩廷春. 金融环境演化下的金融发展与经济增长:一个国际经验[J]. 世界经济,2013(8):145-160.

[43] 李思奇,武赟杰. 国际自由贸易港建设经验及对我国的启示[J]. 国际贸易,2018(004):27-33.

[44] 张亚斌,范子杰. 国际贸易格局分化与国际贸易秩序演变[J]. 世界经济与政治,2015(003):30-46.

[45] 王金波. 国际贸易投资规则发展趋势与中国的应对[J]. 国际问题研究,2014(002):118-128.

[46] 张音. 关于国际货币体系改革的研究综述[J]. 金融理论与教学,2014(03):42-45.

[47] Salvatore D. The operation and future of the international monetary system[J]. 1995, 17(5): 513-530.

[48] Fratianni M, Hauskrecht A. From the Gold Standard to a Bipolar Monetary System[J]. 1998, 9(1 Supplement): 609-636.

[49] 蒙震,李金金,曾圣钧. 国际货币规律探索视角下的人民币国际化研究[J]. 国际金融研究,2013(010):66-73.

[50] Mundell R A. The International Financial System and Outlook for Asian Currency Collaboration [J]. The Journal of Finance, 2003, 58(4): 3-7.

[51] 邹平座,刘晓星,霍东旭. 国际货币竞争力指数研究报告[J]. 智库理论与实践,2017,12(06): 97-123.

[52] Mussa M. The evolving international monetary system and prospects for monetary reform[J]. Journal of Policy Modeling, 1995.

[53] Mundell R A. The international monetary system: The missing factor [J]. Journal of Policy Modeling, 1995.

[54] 孙晓青. 人民币汇率改革: 国际货币金融环境风险分析[J]. 现代国际关系,2005(08): 34-40.

[55] Rugina A N. A reorganization plan of the International Monetary Fund: As oriented toward conditions of stable equilibrium (1973)[J]. International Journal of Social Economics, 2001.

[56] Adnan Rovčanin, Amra Kožarić. The program of a possible reform of the international monetary fund (IMF)[J]. Ekonomska Istraživanja, 2008, 21(4): 96-105.

[57] 傅华强. 深化金融改革,改善国际金融环境[J]. 江苏经贸职业技术学院学报,2003(01): 55-58.

[58] 康悦,卢慕瑶,李文心. 中国国际收支结构及发展趋势分析[J]. 营销界,2019(28): 8-9.

[59] 陈卫东,梁婧,范若滢. 从国际收支的变化和国际比较理解中国经济增长模式[J]. 国际金融研究,2019(003): 13-23.

[60] 杨亚男. 浅析国际金融环境对我国经济发展的影响[J]. 财讯,2018(36): 8-9.

[61] 傅家骥,姜彦福,雷家骕,等. 我国金融安全的国际环境[J]. 科学决策,1999(01): 2-8.

[62] Arezki, Rabah and Candelon, Bertrand and Sy, Amadou Nicolas Racine, Sovereign Rating News and Financial Markets Spillovers:

Evidence from the European Debt Crisis (April 13, 2011). CESifo Working Paper Series No. 3411.

[63] Belke A, Dubova I, Osowski T. Policy uncertainty and international financial markets: the case of Brexit[J]. Applied Economics, 2018, 50(34-35), 3752-3770.

[64] Brunnermeier M K. Deciphering the Liquidity and Credit Crunch 2007-2008[J]. Journal of Economic Perspectives, 2009, 23(1): 77-100.

[65] Calvo S, Reinhart CM. Capital flows to Latin America: is there evidence of contagion effects? World Bank, Washington (World Bank Policy Research Working Paper 96/1619), 1996.

[66] Charlotte C. Integration of european bond markets[J]. Journal of Banking & Finance, 2014(42): 191-198.

[67] Corsetti G, Pesenti P, Roubini N, Tille C. Competitive devaluations: toward a welfare-based approach. J. Int. Econ., 2000, 51: 217-241.

[68] De Haas R, Van Lelyveld. Multinational banks and the global financial crisis: weathering the perfect storm[J]. Journal of Money, Credit and Banking, 2014, 46: 333-364.

[69] Giordano R, Pericoli M, Tommasino P. Pure or wake-up-call contagion? another look at the emu sovereign debt crisis. International Finance, 2013, 16(2): 131-160.

[70] Glick R, Rose A K. Contagion and trade: why are currency crises regional? [J]. J. Int. Money Finance, 1999, 18: 603-617.

[71] Jing Z, Elhorst J P, Jacobs J P A M, et al, 2018. The propagation of financial turbulence: interdependence, spillovers, and direct and indirect effects[J]. Empirical Economics, 2018, 55(1): 169-192.

[72] Kaminsky G L, Reinhart C M. On crises, contagion, and confusion [J]. J. Int. Econ., 2000(51): 145-168

[73] Kritzman M, Li Y Z. Skulls, financial turbulence, and risk

management[J]. Financial Analysts Journal, 2010, 66(5), 30-41.

[74] Luis Felipe Céspedes, Roberto Chang, Diego Saravia. Monetary policy under financial turbulence: an overview. Working paper, Central Bank of Chile, Rutgers University.

[75] Mendoza E G, Quadrini V. Financial globalization, financial crises and contagion[J]. J. Monet. Econ., 2010, 57: 24-39.

[76] Minai Mohd Sobri and Esuh Ossai-Igwe Lucky. Entrepreneurial Attitudes During Economic Turbulence: Evidence from Nigeria[J]. International Business Management, 2016(10): 2391-2397.

[77] Okpara J O, Wynn P. Human resource management practices in a transition economy: Challenges and prospects [J]. Management Research News, 2007, 31(1): 57-76.

[78] Ringe, & Wolf-Georg. The irrelevance of brexit for the european financial market. European Business Organization Law Review, 2018, 19(1), 1-34.

[79] Sampson, T. Brexit: the economics of international disintegration. The journal of economic perspectives, 2017, 31(4), 163-184.

[80] Stigter, H., (2002) Co-operation as a response to a turbulent environment. EIM Business and Policy Research, 1-40.

[81] Vandenbussche, H., Connell, W., & Simons, W. (2017). Global value chains, trade shocks and jobs: an application to brexit. Cesifo Working Paper.

[82] Yu, Y. and Lindsay, V. (2016). "Export Commitment and the Global Financial Crisis: Perspectives from the New Zealand Wine Industry." Journal of Small Business Management, 54: 771-797.

[83] 沈联涛. 2009:《十年轮回：从亚洲到全球的金融危机》,上海远东出版社.

[84] 易宪容,王国刚. (2010). 美国次贷危机的流动性传导机制的金融分析. 金融研究,(005),41-57.

[85] 余永定. 2008：美国次贷危机：背景、原因与发展，当代亚太，第 5 期，14-32。

[86] 余永定.（2010）. 从欧洲主权债务危机到全球主权债务危机. 国际经济评论，第 6 期，14-24.

[87] 金瑞庭，李大伟.（2016）. 英国“脱欧”对欧盟及全球经济的影响及我国对策. 中国发展观察，（012），58-61.

[88] 许安拓.（2016）. 英国脱欧对全球经济的可能影响. 人民论坛，（020），28-30.

[89] 吴标.（2017）. “英国脱欧”对世界贸易的影响——基于复杂网络的收入支出模型分析. 国际经贸探索（01），5-17.

[90] 赵琼，郭程翔.（2019）. 英国脱欧前后英镑与主要货币之间的波动性及其溢出效应研究. 经济问题（11）. 17-24.

[91] 宋建奇.（2013）. 从欧债危机看国际金融环境的变化与挑战. 债券（07），63-67.

[92] 杨飞.（2014）. 次贷危机和欧债危机对新兴市场的传染效应研究——基于 dcc-mvgarch 模型的检验. 国际金融研究（06），42-51.

[93] 张梦露，吴凤. 欧债危机对中国经济的影响——基于欧债危机演进测度的研究[J]. 武汉大学学报，2015(3)：80-85.

[94] World Bank Group. Doing Business 2020[R]. The World Bank，2019.

[95] Benito Arrunada. Pitfalls to Avoid When Measuring Institutions：Is Doing Business Damaging Business? [J]. Journal of Comparative Economics，2010，35(4)：729-747.

[96] Corcoran A，Gillanders R. Foreign direct investment and the ease of doing business[J]. Review of World Economics，2015，151(1)：103-126.

[97] Bruhn M，Mckenzie D J. Entry Regulation and Formalization of Microenterprises in Developing Countries[J]. World Bank Research Observer，2013，29(2)：186-201.

[98] Pavel Körner，Z. Kudrna，O. Vychodil. Measuring Business Environment

Quality in Central Europe[J]. Finance a Uver, 2002, (12): 674-697.

[99] Radukic S, Stankovic J. Evaluation of Local Business Environment in The Republic of Serbia[J]. Procedia Economics & Finance, 2015, (19): 353-363.

[100] Leung C K, Wu C T. Innovation Environment, R & D Linkages and Technology Development in Hong Kong[J]. Regional Studies, 1995, 29(6): 533-546.

[101] Samara E T, Georgiadis P, Bakouros I, et al. The impact of innovation policies on the performance of national innovation systems: A system dynamics analysis[J]. Technovation, 2012, 32(11): 624-638.

[102] Casanueva C, Castro I, Galan J L, et al. Informational networks and innovation in mature industrial clusters[J]. Journal of Business Research, 2013, 66(5): 603-613.

[103] The Economist Intelligence Unit. Business Environment Ranking and Index 2014[R]. The Economist Intelligence Unit, 2014.

[104] Ahmad, N. and Hoffman, A, A Framework for Addressing and Measuring Entrepreneurship[R]. OECD Statistics Working Papers, 2007.

[105] Romijn Henny, Manuel Albaladejo. Determinants of innovation capability in small electronics and software firms in southeast England[J]. Research Policy, 2002, 31: 1053-1067.

[106] So uitaris V. External communication de terminants of innova tio n in the context of a newly industrialized country: A comparison of objective and perceptual results from Greece[J]. Technovation, 2001, 21: 25-34.

[107] Faber J, Hesen A B. Innovation capabilities o feuro pea n nations: Cross — na tional analyses of patents and sales of product innovations[J]. Research Policy, 2004, 33: 193-207.

[108] Porter M, Stern S. The New Challenge to America's Prosperity: Findings From the Innovation Index[R]. Council on Competitiveness, Washington, D. C, 1999.

[109] Furman J L, Porter M, Stern S. The determinants of national innovative capacity[J]. Research Policy, 2002, 31: 899-933.

[110] 娄成武,张国勇. 治理视阈下的营商环境: 内在逻辑与构建思路[J]. 辽宁大学学报(哲学社会科学版),2018,46(02): 59-65+177.

[111] 钟飞腾,凡帅帅. 投资环境评估、东亚发展与新自由主义的大衰退——以世界银行营商环境报告为例[J]. 当代亚太,2016(06): 118-154+158-159.

[112] 盛从锋,徐伟宣,许保光. 中国省域投资环境竞争力评价研究[J]. 中国管理科学,2003(03): 77-83.

[113] 邓宏兵,李俊杰,李家成. 中国省域投资环境竞争力动态分析与评估[J]. 生产力研究,2007(16): 77-78+93+161.

[114] 张波. 企业营商环境指标的国际比较及我国的对策[J]. 经济纵横,2006(10): 62-65.

[115] 董志强,魏下海,汤灿晴. 制度软环境与经济发展——基于 30 个大城市营商环境的经验研究[J]. 管理世界,2012(04): 9-20.

[116] 许可,王瑛. 后危机时代对中国营商环境的再认识——基于世界银行对中国 2 700 家私营企业调研数据的实证分析[J]. 改革与战略,2014,30(07): 118-124.

[117] 江静. 制度、营商环境与服务业发展——来自世界银行《全球营商环境报告》的证据[J]. 学海,2017(01): 176-183.

[118] 杨涛. 营商环境评价指标体系构建研究——基于鲁苏浙粤四省的比较分析[J]. 商业经济研究,2015(13): 28-31.

[119] 娄成武,张国勇. 基于市场主体主观感知的营商环境评估框架构建——兼评世界银行营商环境评估模式[J]. 当代经济管理,2018,40(06): 60-68.

[120] 赵彦飞,陈凯华,李雨晨. 创新环境评估研究综述: 概念、指标与方法

[J]. 科学学与科学技术管理,2019,40(01): 89-99.

[121] 穆献中,何帆. 非洲五大产油国石油投资环境评价——基于熵权法和物元模型[J]. 企业经济,2015(05): 119-122.

[122] 张玉梅. 中国省域矿业投资环境评价指标体系建立与结果分析[J]. 中国矿业,2015,24(06): 38-41+47.

[123] 刘海飞,许金涛. 基于改进主成分的省域投资环境竞争力评价指标体系研究[J]. 经济问题,2017(03): 12-18.

[124] 陈凯华,寇明婷,官建成. 中国区域创新系统的功能状态检验——基于省域 2007-2011 年的面板数据[J]. 中国软科学,2013(04): 79-98.

[125] 中国科技发展战略小组.《中国区域创新能力评价报告 2016》[R]. 北京: 科学技术文献出版社,2016.

[126] 中国科学技术战略发展研究院. 国家创新指数报告 2016-2017[R]. 北京: 科学技术文献出版社 1-103,2017.

[127] 王郁蓉,师萍. 创新环境研究综述[J]. 科学管理研究,2014,32(04): 52-55.

[128] 唐磊磊. 大连市中小企业营商环境分析[D]. 东北财经大学,2012.

[129] 倪志良,郭俊汝. "一带一路"、税收营商环境与中国 OFDI[J]. 工业技术经济,2020,39(02): 55-62.

[130] 秦冲. 广东省营商环境评价研究[D]. 华南理工大学,2018.

[131] 樊纲,王小鲁,张立文. 中国各地区市场化进程报告[J]. 中国市场,2001(06): 58-61.

[132] 王小鲁,樊纲,余静文. 中国分省份市场化指数报告(2018)[M]. 北京: 社会科学文献出版社,2018.

[133] 李志军. 中国城市营商环境评价[M]. 北京: 中国发展出版社,2019.

[134] 聂辉华,韩冬临,马亮,张楠迪扬. 中国城市政商关系排行榜 2018[R]. 北京: 人大国发院政企关系与产业发展研究中心,2019.

[135] 第一财经研究院,复旦大学产业发展研究中心. 中国城市和产业创新力报告 2017[R]. 上海: 第一财经研究院与复旦大学,2018.

[136] 倪琳,邓宏兵,姚婷婷. 湖北省现代服务业投资环境竞争力评价及对策

研究[J]. 科技管理研究，2015，35(20)：56-61.

[137] 罗登跃. 基于因子分析的企业自主创新能力评价研究[J]. 科技管理研究，2010，30(08)：11-13+66.

[138] 王鹏飞，石林芬. 基于因子分析的大中型工业企业区域创新能力评价研究[J]. 科技管理研究，2008(05)：113-115.

[139] 朱丽静. 河北工业企业自主创新能力评价[EB/OL]. [2006-12-11]，中国统计信息网.

[140] 李兴文，刘国新. 企业自主创新能力的评价及实证分析[J]. 科技与经济，2007，20(5)：3-7.

[141] 欧阳春花. 循环经济视角下的企业自主创新能力评价指标研究[J]. 科学管理研究，2008，26(4)：21-23.

[142] 孙晓华，原毅军. 因子分析法在企业自主创新能力评价中的应用——以辽宁省工业企业为例[J]. 科技管理研究，2008(6)：37-39.

[143] 国家统计局，国家科技部. 中国科技统计年鉴 2008[M]. 北京：中国统计出版社，2006.

[144] 曹洪军，赵翔，黄少坚. 企业自主创新能力评价体系研究[J]. 中国工业经济，2009(09)：105-114.

[145] 潘勇，温素清，高堃，张嘉兴，石宏涛，邱玲. 营商环境监测评价指标体系研究[J]. 市场研究，2019(06)：12-15.

[146] 董彪，李仁玉. 我国法治化国际化营商环境建设研究——基于《营商环境报告》的分析[J]. 商业经济研究，2016(13)：141-143.

[147] 马晓白. 如何提升中国营商环境国际排名[J]. 中国经济报告，2017(07)：72-76.

[148] 潘闻闻. 对标世界银行指标体系　改善上海营商环境[J]. 科学发展，2018(04)：83-89.

[149] 刘志荣. 中小企业服务体系的形成、运作机理与评价[D]. 暨南大学，2010.

[150] 程春生. 民营企业营商环境优化建议[J]. 合作经济与科技，2018(02)：136-137.

[151] Batra, Geeta; Kaufmann, Daniel; Stone, Andrew H. W.. 2003. Investment Climate Around the World: Voices of the Firms from the World Business Environment Survey. Washington, DC: World Bank.

[152] 朱巧玲,董莉军.西方对外直接投资理论的演进及评述.中南财经政法大学学报[J],2011,(5).

[153] Ronaldo Parente, Ke Rong, Jose Mauricio Galli Geleilate, Everlyne Misati. Adapting and sustaining operations in weak institutional environments: A business ecosystem assessment of a Chinese MNE in Central Africa. Journal of International Business Studies 2019, 50(2): 275-291.

[154] 刘智勇,魏丽丽.我国营商环境建设研究综述:发展轨迹、主要成果与未来方向[J].当代经济管理,2020,42(2),22-27.

[155] 罗长远.营商环境视角下的新冠疫情冲击与应对,2020-02-24,澎湃新闻 https://www.thepaper.cn/newsDetail_forward_6124558.

[156] 王炜瀚,王健.国际商务[M].北京:机械工业出版社,2020.

[157] 苏报君.苏州市优化营商环境创新行动 2020[N].苏州日报,2020-3-8.

[158] 王效俐,马丹.论环境对国际商务的影响[J].同济大学学报(社会科学版),1999,10(2):44-51.

[159] 奥尔森.集体行动的逻辑[M].上海:上海三联书店,1995.

[160] 查尔斯·W.L.希尔.国际商务(第七版)[M].周健临,译,周健临,校.北京:中国人民大学出版社,2009.

[161] 罗斯托.经济增长的阶段[M].北京:中国社会科学出版社,2001.

[162] 戴维·S.兰德斯.国富国穷[M].北京:新华出版社.门洪华,译,程克雄,译校,2001.

[163] Coase R H. The nature of the firm[J]. Economica, New Series, 1937, 16(4): 386-405.

[164] 巴泽尔.产权的经济分析[M].上海:三联书店上海分店.费方域,段毅

才，译，2002.

[165] 哈耶克. 自由秩序原理[M]. 北京：生活·读书·新知三联书店. 邓正来，译. 1997.

[166] 顾钰民. 马克思主义制度经济学[M]. 上海：复旦大学出版社，2005.

[167] 逄锦聚，洪银兴，林岗，等. 政治经济学[M]. 北京：高等教育出版社，2002.

[168] 赫尔南多·德·索托. 资本的秘密[M]. 北京：华夏出版社，2017.

[169] 亚当·斯密. 国民财富的性质和原因的研究(国富论 1776)[M]. 北京：商务印书馆，2002.

[170] Schultz T W. Reflections on Investment in Man[J]. The Journal of Political Economy, 1962, 70(2): 1-8.

[171] 李晨赫. 国务院扶贫办：中国贫困人口数量从 7.7 亿人下降到 3 046 万人[N]. 中国青年报，2019-06-18.

[172] 戴维·伊斯顿. 政治生活的系统分析[M]. 北京：华夏出版社，1989.

[173] 米歇尔·克罗齐耶，埃哈尔·费埃得伯格. 行动者与系统——集体行动的政治学[M]. 上海：上海人民出版社，2007(9).

[174] 齐绍洲，刘威，亢梅玲. 国际商务环境[M]. 武汉：武汉大学出版社，2017.

图书在版编目(CIP)数据

国际商务环境/贺瑛编著. —上海：复旦大学出版社，2023.9
ISBN 978-7-309-16887-7

Ⅰ.①国… Ⅱ.①贺… Ⅲ.①国际商务-经济环境-高等学校-教材 Ⅳ.①F74

中国国家版本馆 CIP 数据核字(2023)第 108527 号

国际商务环境
GUOJI SHANGWU HUANJING
贺　瑛　编著
责任编辑/郭　峰

复旦大学出版社有限公司出版发行
上海市国权路 579 号　邮编：200433
网址：fupnet@fudanpress.com　http://www.fudanpress.com
门市零售：86-21-65102580　团体订购：86-21-65104505
出版部电话：86-21-65642845
江苏凤凰数码印务有限公司

开本 787×960　1/16　印张 17.5　字数 267 千
2023 年 9 月第 1 版第 1 次印刷

ISBN 978-7-309-16887-7/F · 2983
定价：69.00 元